Petra Müssig

HÖHENMUT
statt Höhenangst

Schritt für Schritt zum Berggenuss

pietsch

Abbildungsnachweis:
Cover: Getty/Christoph Oberschneider/500px
Innenteil: Alle Fotos von Bella Wieser außer:
6/7: Getty/Karen Desjadin; 8/9. Getty/Sebastian Condrea; 10/11. Getty/Henrik Trygg; 14/15: Getty/Achim Thomae; 28/29: Getty/Roberto Moiola / Sysaworld; 30/31: Getty/piola666; 31: Getty/Henrik Trygg; 36/37: Getty/Kemter; 49, 50: Getty/Henrik Trygg; 55: Getty/Ascent Xmedia; Petra Kargl; 58: Getty/Karen Desjadin; 60 (o.): Getty/imageBROKER/Mara Brandl; 60 (u.): Getty/Karen Desjadin; 61 (o.): Getty/Christoph Wagner; Petra Kargl; 62 (u.): Getty/Mystockimages; 63: Getty/Veronica Verlan; 78/79: Getty/Patchareeporn Sakoolchai; 80: Getty/Artur Debat; 90: Getty/Ababsolutum; 91 (u.): Getty/Christoph Oberschneider/500px; Petra Kargl; 99: Getty/Sebastian Condrea; 103: Getty/Patchareeporn Sakoolchai; 107: Getty/Francesco Vaninetti Photo; 117: Getty/Christoph Wagner; 123: Getty/Roberto Moiola / Sysaworld; 128 (o.): Getty/Pavliha; 128 (u.): Getty/Amriphoto; 132/133: Getty/DieterMeyrl; 134/135: Getty/Christoph Wagner; 136: Getty/Westend61; 138: Getty/Ascent Xmedia; 141: Getty/Amriphoto

Eine Haftung des Autors oder des Verlages und seiner Beauftragten für Personen-, Sach- und Vermögensschäden ist ausgeschlossen.

ISBN 978-3-613-50969-6

Ein Unternehmen der
Paul Pietsch Verlage GmbH & Co. KG

1. Auflage 2024

Sie finden uns im Internet unter
www.pietsch-verlag.de

Lektorat: Niko Schmidt
Cover, Layout und Satz: grafik+design Kornelia Erlewein
Druck und Bindung: PBtisk a.s. Pribram
Printed in Czech Republic

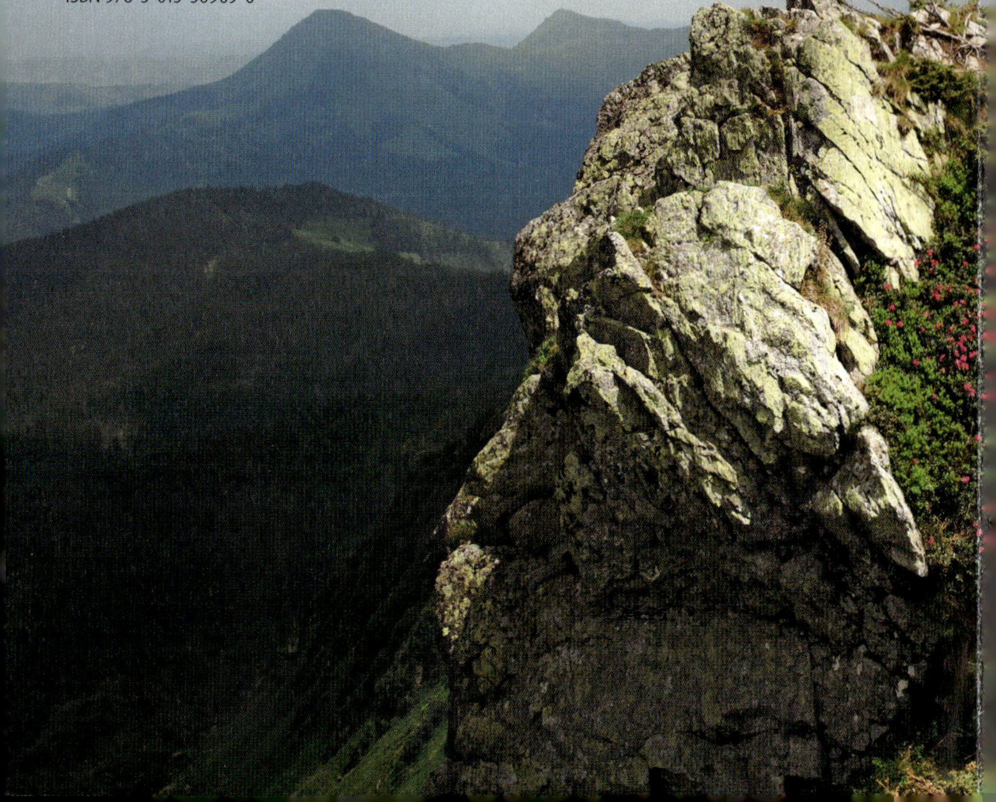

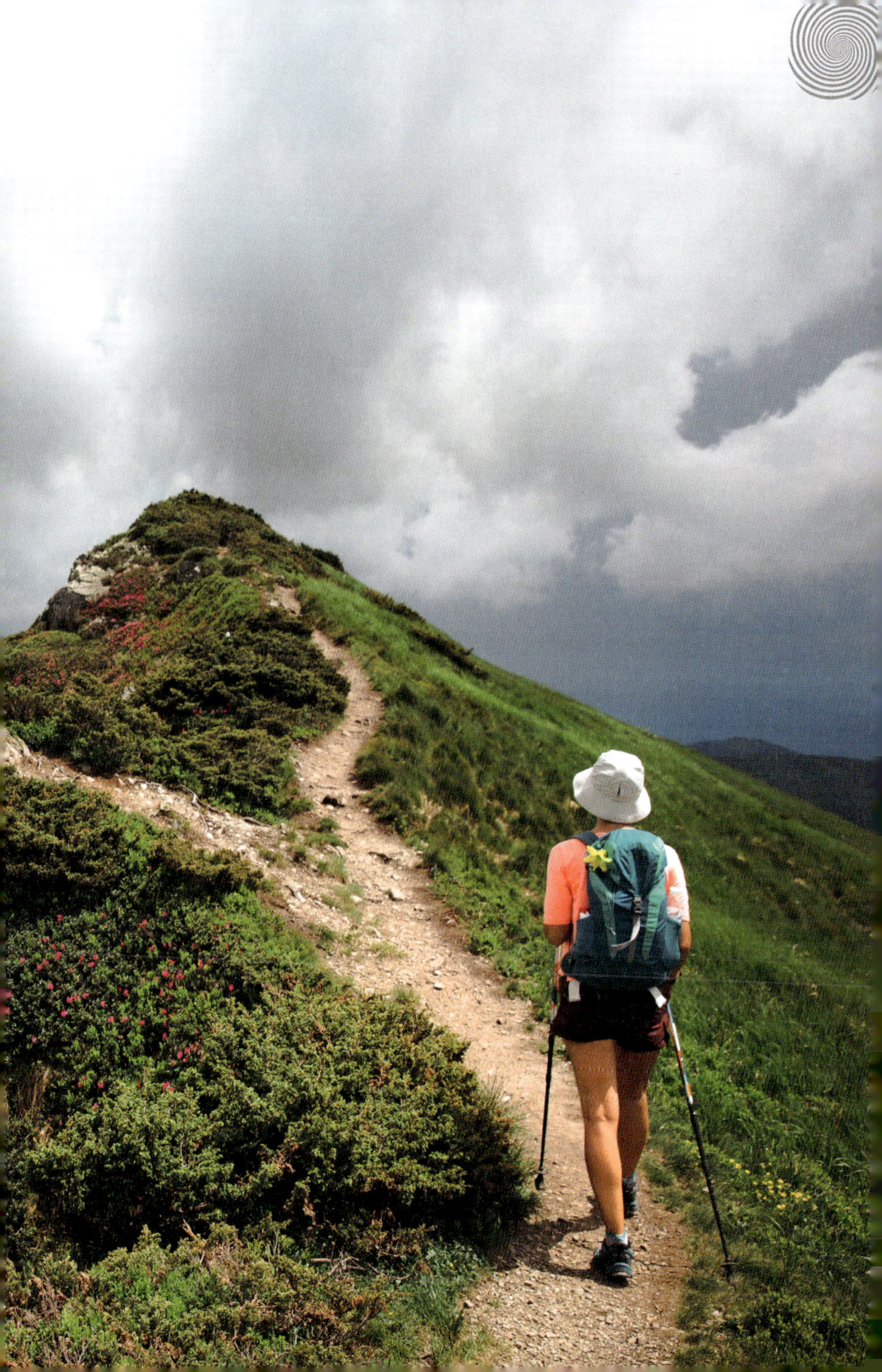

Vorwort | **Mut steht am Anfang, Freude am Schluss** **6**

Einleitung | **»... eine ganz tolle Bergtour!«** **10**

Wie die Angst vor der Angst alle Vorfreude vermiesen kann 11

Kapitel 1 | **Im tiefen Tal** **14**

Was Sie über Höhenangst wissen sollten 14

Höhen-Mut, Höhen-Angst oder Höhen-Stress? 16

Stress und Angst regulieren: die Höhenangstskala 29

Mit Zuversicht losstiefeln: Hilfreiches für die Tourenplanung 33

Kapitel 2 | **Schritt für Schritt zum Höhenmut** **36**

Was Sie bei unserer Wanderung erleben, üben und meistern können 37

Die Haltung macht´s! 38

Tritt- und Schrittübungen für sicheres Gehen 38

Wer raufgeht, muss auch (sicher) wieder runter 49

Ein »Lagecheck« zur rechten Zeit spart Nerven und bringt Sicherheit 49

Den Blick schweifen lassen, aber richtig! 55

Höhenschwindel erkennen – Höhenschwindel reduzieren 55

Bergwanderungen sind kein Spaziergang! 72

Was Sie über Kraft, Ausdauer und Erholung wissen sollten 72

Kapitel 3 | **Schlüsselstellen meistern mit der Höhenmutmethode** **78**

Schritt für Schritt an Schlüsselstellen üben 79

Kapitel 4 | **Bergwander-Wissen für Höhenmutige!** **92**

Was beim Begehen von bestimmen Geländeformen helfen kann 92

Keinen Blick für die Blumenvielfalt **93**

Schmale Wege durch steilere Wiesenhänge – das kann helfen: 94

Schluss mit Schotterschlottern **94**

Schotter, Kies und Geröll Grat … geht´s mir nicht so gut 103

Gratwege – das kann helfen: **104**

Seil? Gibt Sicherheit! **106**

Seilversicherungen – das kann helfen: 109

Was der Wanderer nicht kennt … **113**

Fels muss man nicht mögen, aber man kann sich dran gewöhnen 113

Keine guten Aussichten – oder doch? **116**

Gipfel, Kanzeln und Aussichtsplattformen – das kann helfen: 118

Eiskalt überrascht **120**

Altschnee- und Firnfelder queren – das kann helfen: 121

Schwindelig durch Heavy Metal **123**

Hängebrücken, Eisenstege und Gitterwege – das kann helfen: 125

Entspannt in den Bergen herumgondeln **129**

Bergauf und bergab mit Gondeln, Berg- und Seilbahnen 129

Kapitel 5 | **Hilfreiche Stimmen im Ohr: Höhenmütige berichten** **134**

Was bisherigen Kursteilnehmerinnen und Kursteilnehmern zu mehr Höhenmut verholfen hat 135

Öfter mal die Klappe halten … kann, muss aber nicht helfen 137

Checkliste: Hilfestellungen und Unterstützung 138

Jetzt sind Sie dran! 142

Anhang

Quellen/Fußnoten 143

Kontakt zur Autorin 143

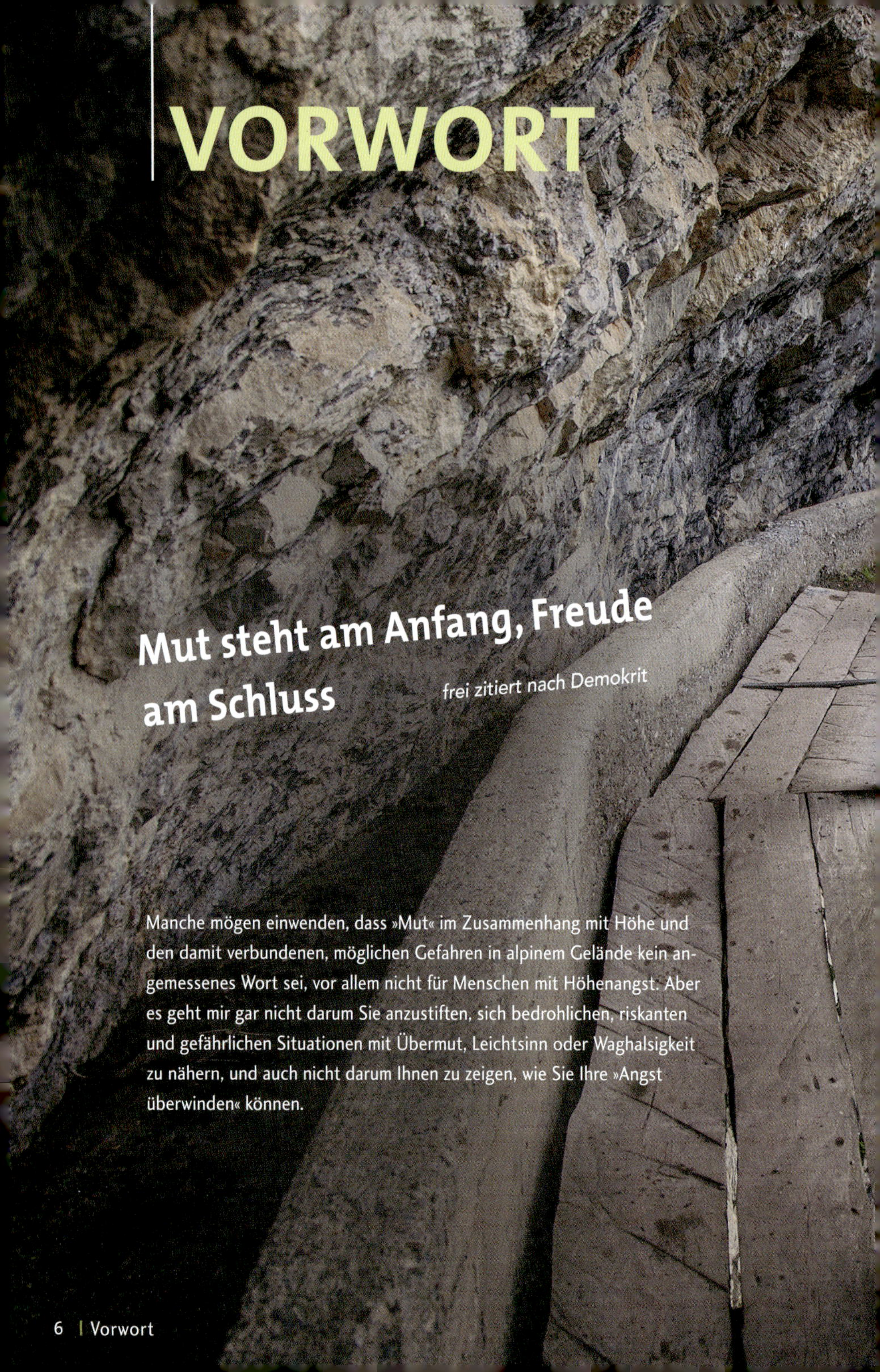

VORWORT

Mut steht am Anfang, Freude am Schluss

frei zitiert nach Demokrit

Manche mögen einwenden, dass »Mut« im Zusammenhang mit Höhe und den damit verbundenen, möglichen Gefahren in alpinem Gelände kein angemessenes Wort sei, vor allem nicht für Menschen mit Höhenangst. Aber es geht mir gar nicht darum Sie anzustiften, sich bedrohlichen, riskanten und gefährlichen Situationen mit Übermut, Leichtsinn oder Waghalsigkeit zu nähern, und auch nicht darum Ihnen zu zeigen, wie Sie Ihre »Angst überwinden« können.

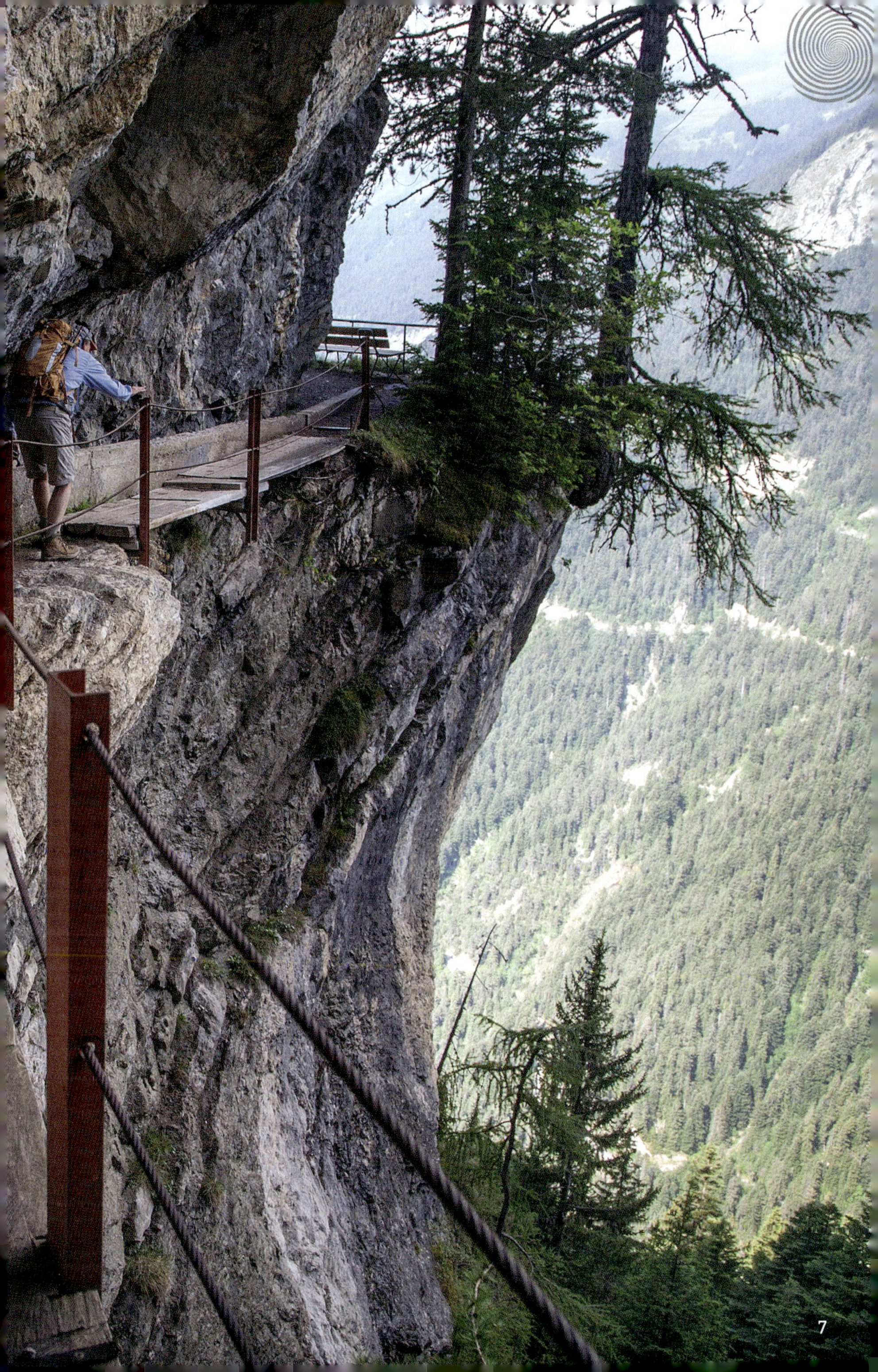

Vielmehr möchte ich Sie für diese Art von Mut begeistern, bei dem sich Hoffnungslosigkeit zur Entdeckerfreude wandelt. Ein Mut, der Sie dazu bewegt, sich auf kluge Art mit Ihrer Höhenangst zu beschäftigen, mehr darüber zu erfahren und dann konsequent zu üben, was Sie tun – und lassen! – können, um künftig sicherer, zuversichtlicher und mit Selbstvertrauen in den Bergen unterwegs zu sein.

Das Buch ist wie ein Höhenmuttraining aufgebaut. Schritt für Schritt erwandern wir einen Gipfel und erleben auf dem Weg dorthin eine ganze Reihe von Herausforderungen, die Ihnen wahrscheinlich bekannt vorkommen. Auch wenn es Sie reizen würde, nur jene Kapitel zu lesen, bei denen es um Ihre ganz persönlichen Herausforderungen geht, lege ich Ihnen ans Herz, das Buch von Anfang an zu lesen: Die Kapitel bauen aufeinander auf, und in jedem Kapitel erfahren Sie mehr zu Hintergründen und Ursachen, die Ihnen helfen können, Höhenangst besser zu verstehen.

Lesende ohne Höhenangst, vor allem die bergerfahrenen unter Ihnen, werden sich womöglich über manche Erklärungen oder Anregungen wundern. Bevor Sie sich entrüsten, erinnern Sie sich bitte daran, für wen dieses Buch geschrieben ist. Für jene sind so manche unter Alpinisten übliche Erklärungen und Vorgehensweise vielleicht schon zu beängstigend oder (noch) nicht relevant. Stattdessen mögen einfache Anregungen, die weniger ausführlich erklärt sind, Ihrem Empfinden nach weitaus mehr unterstützen.

Hoffentlich haben Sie nach der Lektüre des Buches Lust, einige der vorgestellten Übungen auszuprobieren! Dafür rate ich Ihnen, sich Wege und Geländeformen zu suchen, die für Sie zunächst nicht besonders bedrohlich erscheinen. Auf diese Weise können Sie die Übungen entspannt kennenlernen und ausprobieren. Wenn Sie anfangs zu herausfordernde Übungen wählen, könnte dies zu Stress oder Angst führen, was keine optimalen Voraussetzungen dafür schafft, sich an die Übun-

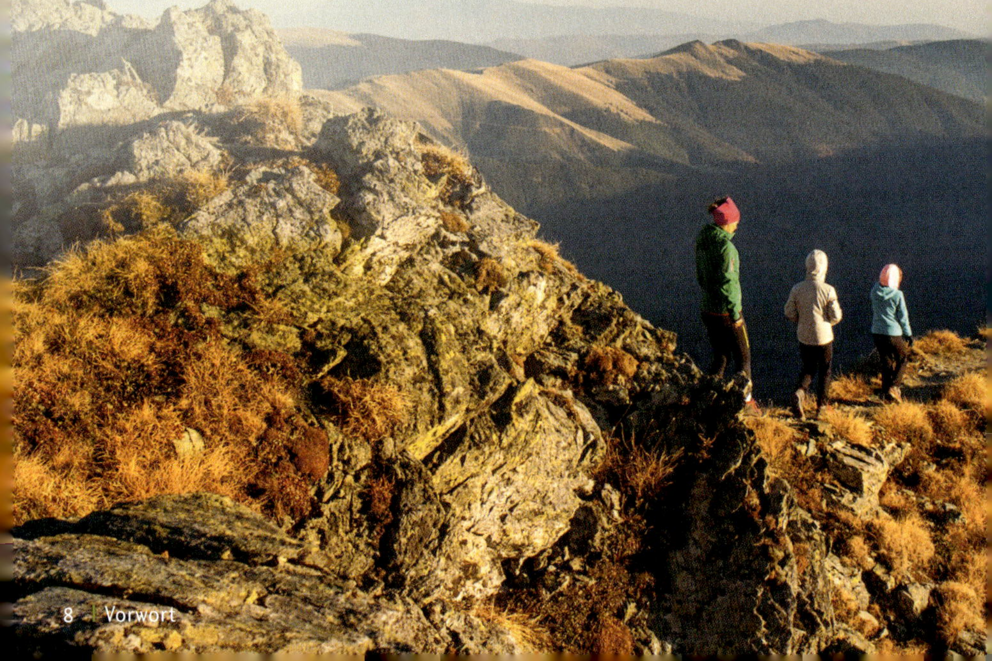

gen zu erinnern und sie erfolgreich einzusetzen. Diesem Prinzip folge ich auch in meinen Kursen und Trainings: Das Übungsgelände sollte die meiste Zeit unter der für Sie als stark bedrohlich empfundenen Schwelle liegen, damit Sie weitgehend entspannt möglichst viele »Aha-Erlebnisse« und »gelingende Erfahrungen« machen können. Das sind die besten Voraussetzungen für Selbstvertrauen und einen »gesunden Mut«!

Gleich vorweg möchte ich ankündigen, dass auch in diesem Buch eine Reihe von »Merksätzen« wiederholt vorkommen. Das war einer der wenigen kritischen Kommentare zu meinem ersten Buch über Höhenangst, *Berggenuss statt Höhenangst* von 2011, das ebenfalls im pietsch Verlag erschienen ist. Dabei ist doch »die Wiederholung die Mutter des Gelingens«! In jedem meiner Trainings und Kurse, ganz gleich in welcher Sportart, erfahre ich, wie wichtig und hilfreich es ist, die Übenden häufig an bestimmte Dinge zu erinnern. Entweder weil diese anfangs noch ungewohnt sind, oder weil sie gerade in herausfordernden Momenten vergessen werden könnten. Sollte Ihnen bei der einen oder anderen Wiederholung ein »Ohrwurm« entstehen: wunderbar! Dies wird dann bereits seinen Sinn und hoffentlich eine spürbar hilfreiche Auswirkung zeigen.

Aus Gründen der Lesbarkeit bin ich beim Gendering recht flexibel vorgegangen. Ich habe versucht, Mehrfachnennungen zu vermeiden und dort, wo es den Lesefluss nicht stört, einen Doppelpunkt zu verwenden. Falls es Ihr Lesevergnügen nicht beeinträchtigt, können Sie sich gern hinter jede männliche oder weibliche Form ein »m/w/d« hinzudenken.

Ich freue mich über Ihren Mut, mich nun lesend Schritt für Schritt durch das Abenteuer »Höhenmut« zu begleiten! Einen ersten Merksatz können Sie damit schon als verstanden markieren:

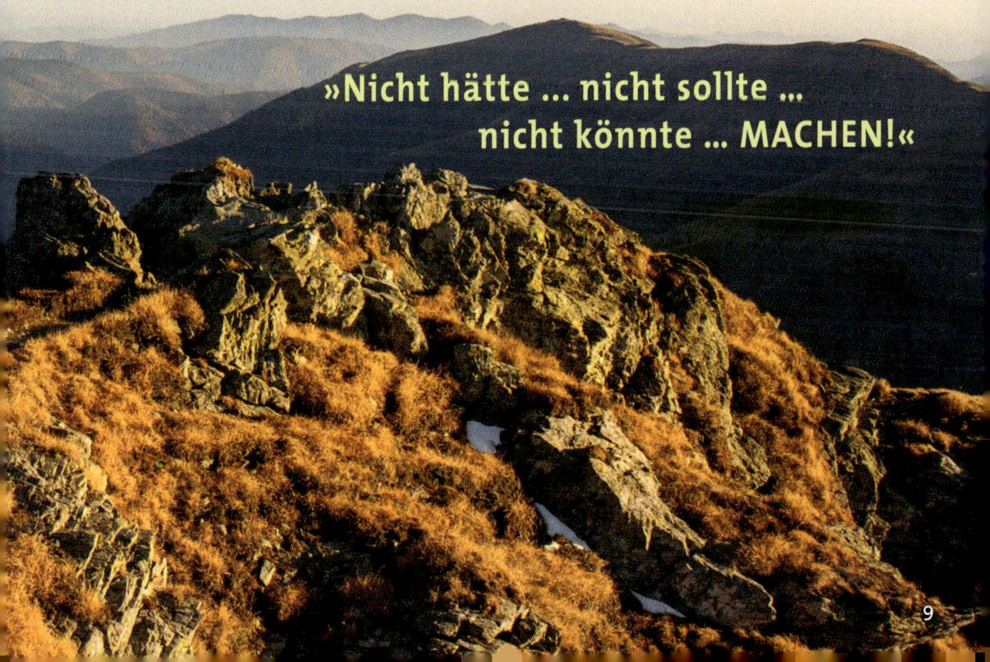

**»Nicht hätte … nicht sollte …
nicht könnte … MACHEN!«**

EINLEITUNG

»... eine ganz tolle Bergtour!«

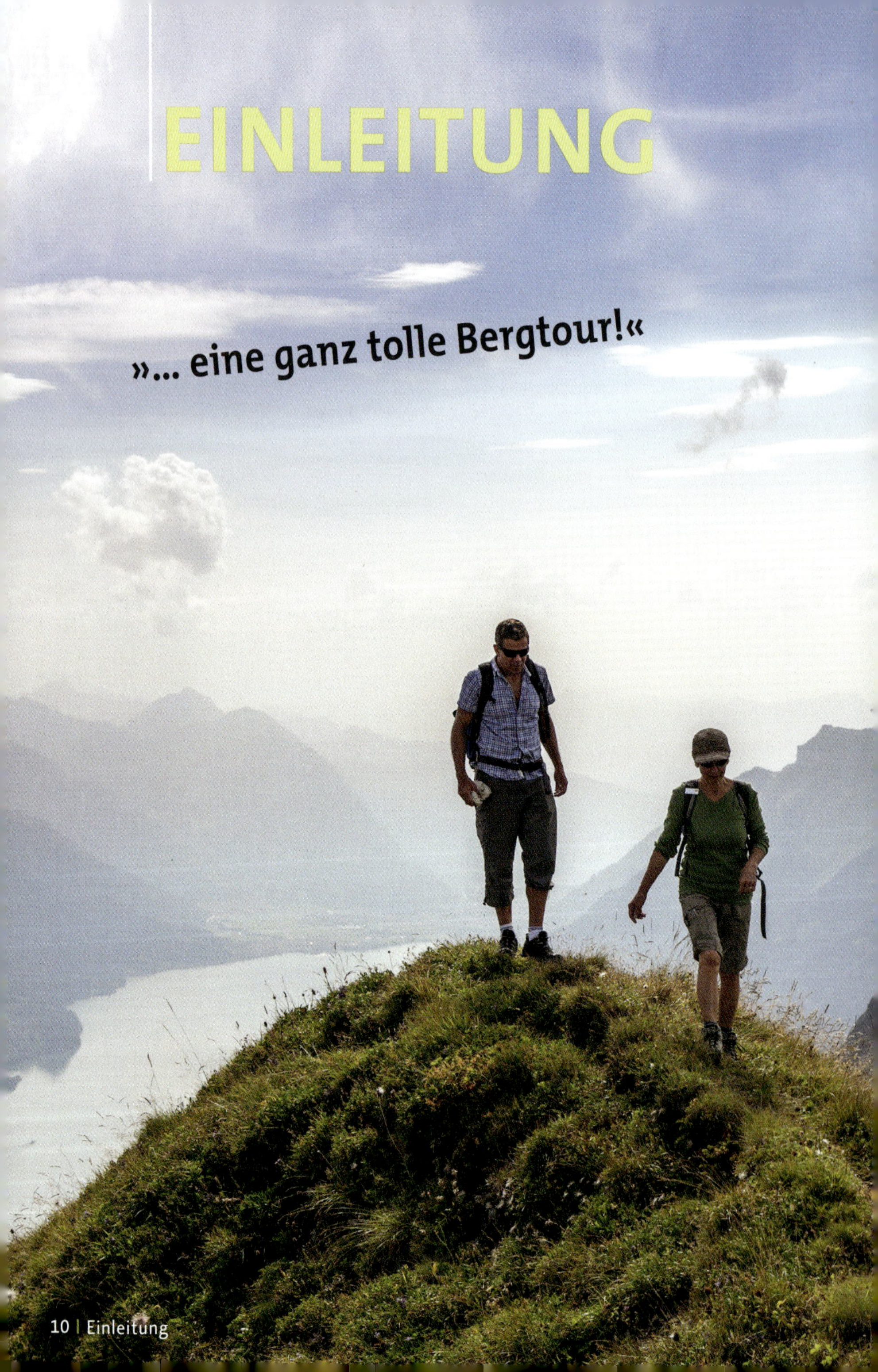

Wie die Angst vor der Angst alle Vorfreude vermiesen kann

Wenn Sie sich dieses Buch gekauft oder es geschenkt bekommen haben, kennen Sie vermutlich diesen Stoß ins tiefe Tal des Fürchtens, wenn Ihr Partner, Ihre Partnerin, jemand im Freundeskreis oder ein Mitglied Ihrer Wandergruppe voller Vorfreude einen Plan für eine »ganz tolle Bergtour« verkündet. Je freudiger die anderen von der geplanten Tour schwärmen, desto stärker wird bei Ihnen dieses mulmige Gefühl, geprägt von sorgenvollen Gedanken darüber, was Sie auf dieser Wanderung erwartet. Ob Sie mithalten können oder die anderen wegen Ihnen umdrehen und die Tour abbrechen müssen? Ob Ihre Begleitung wieder äußerst waghalsig direkt am Abgrund stehen wird und die »herrliche Aussicht« lobt, während Ihnen zunehmend unwohl und schwindelig ist und Sie genau wissen, dass es da vorne auf dem Weg nur noch schrecklicher werden kann und überhaupt: Wie kommen Sie da jemals wieder runter?

Dabei mögen Sie die Berge! Eigentlich. Wenn da nur nicht immer diese Angst wäre. Die Angst abzustürzen, die Angst nicht mithalten zu können, die Angst, dass der Weg für Ihr technisches oder konditionelles Vermögen zu schwierig wird, dass es da irgendwo ein Seil oder eine Eisenleiter zu überwinden gibt; und die größte Angst: der Höhenangst unterwegs hilflos ausgesetzt zu sein.

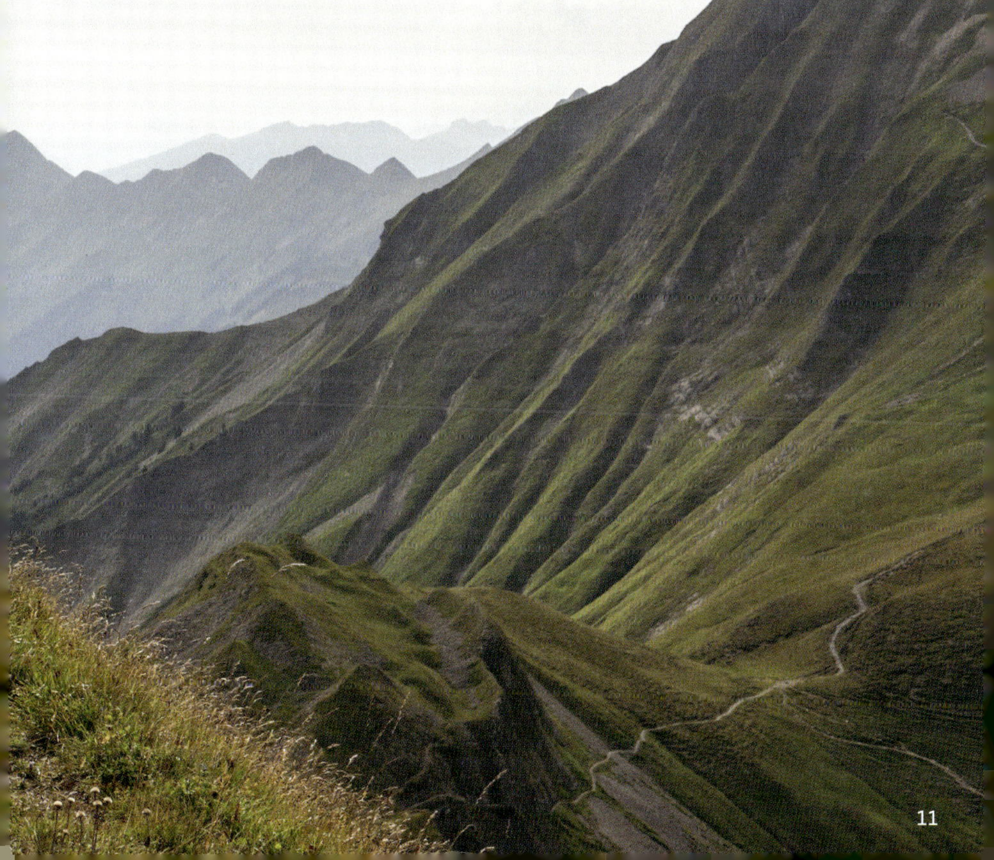

Trotzdem sagen Sie zu. Schließlich ist da endlich mal wieder ein freies Wochenende, der große Urlaub, die wertvolle Zeit miteinander, die fröhliche Wandergruppe … und außerdem tun Ihnen Berge einfach gut! Auch wenn geschätzte 80 Prozent der Menschen in meinen Höhenmuttrainings von sich alleine aus nicht auf die Idee kämen, sich überhaupt – und schon gar nicht mit Genuss – auf derart schmalen, ausgesetzten, absturzgefährdeten Wegen und in ungewohnten Geländeformen zu bewegen: Der Berg ruft trotzdem!

Was nun folgt, teilen Sie vermutlich mit 95 Prozent aller von Höhenangst Betroffenen: Sie informieren sich. Im Internet. Sie lesen Tourenbeschreibungen und suchen darin akribisch nach Hinweisen, die Ihre – Ihrem Empfinden nach berechtigten – Sorgen bestätigen. Sie überprüfen die Farben und die Icons, mit denen die einzelnen Touren beschrieben werden. Blau? Müsste gehen, ist aber wahrscheinlich langweilig. Rot? Also ich weiß ja nicht, das heißt doch … was steht denn da noch so? Schwarz? NIE IM LEBEN! Sie öffnen weitere Seiten, auf denen die Schwierigkeitsskalen für die geplante Tour verlinkt sind, geraten von dort auf irgendwelche Social-Media-Kanäle, und überall sehen Sie: Bilder. Unmengen von Bildern. Bilder von schmalen Pfaden entlang der steilsten Hänge. Bilder von Menschen, die – auf der geplanten Tour! – todesmutig an einer Absturzkante oder auf einer Hängebrücke stehen. Bilder mit grauenhaften Weit- und Tiefblicken und solche mit von unten aufgenommenen Wanderern, wie sie sich (ebenfalls irgendwo da in der Region, wo die nächste Tour geplant ist) an einem Seil im Steilhang nach oben hangeln.

Mein Tipp: Seien Sie vorsichtig mit einer derartigen Vorbereitung. Ihrer Sicherheit zuliebe ist es unverzichtbar, sich vor einer Tour über vieles genau zu informieren und sich angemessen vorzubereiten.

Aber bedenken Sie bei Ihren Recherchen, dass niemand, kein Hobbyfotograf und schon gar kein professioneller Fotograf unspektakuläre Bilder veröffentlichen würde. Wenn Sie sich die im Internet NACH der gemeisterten Tour veröffentlichten Fotos ansehen, können Sie dieses Phänomen schnell selbst beobachten. Sie werden sich fragen, wo zum Teufel unterwegs eine so schlimme Stelle gewesen sein soll? Dabei waren Sie genau an dieser Stelle, allerdings aus einer anderen Perspektive gesehen.

So können Bilder und Berichte, deren Inhalte das Gehirn als bedrohlich einordnet, Gedanken schaffen und aufblasen, die Stress oder Angst immer weiter befeuern. Auf als bedrohliche empfundene Informationen reagiert der Körper mit der Ausschüttung von Botenstoffen, die Sie körperlich und mental in einen Alarmzustand versetzen. Im schlimmsten Fall nehmen Stress und »Angst vor der Angst« in dem Maße zu, je intensiver und je länger Sie sich in wohlgemeinter Vorbereitung auf Ihre Tour spektakuläre Bilder und Berichte antun.

Wenn Ihnen die bisher beschriebenen Erfahrungen bekannt sind, besteht möglicherweise der Wunsch, oder angesichts einer konkret geplanten Wanderreise eine gewisse Notwendigkeit, etwas gegen Ihre Höhenangst zu unternehmen und Sie entschließen sich zu einem Höhenmuttraining. In diesem Buch nehme ich Sie Schritt für Schritt mit auf ein solches Training, bei dem Sie sich lesend an Ihre persönlichen

Schlüsselstellen wagen können und erfahren, wie sich diese durch konsequentes Üben künftig zunehmend leichter meistern lassen.

In diesem Sinne begrüße ich Sie hier und jetzt auf dieser Bank im tiefen Tal am Fuße unseres Übungsberges zu Ihrem Höhenmuttraining und wünsche Ihnen viele hilfreiche Erkenntnisse und Übungsanregungen, die Lust auf Ausprobieren machen und viele Gelegenheiten zum Sammeln von »gelingenden Erfahrungen« bieten. Diese sind – Sie erinnern sich ans Vorwort – die besten Voraussetzungen für Selbstvertrauen und gesunden Höhenmut!

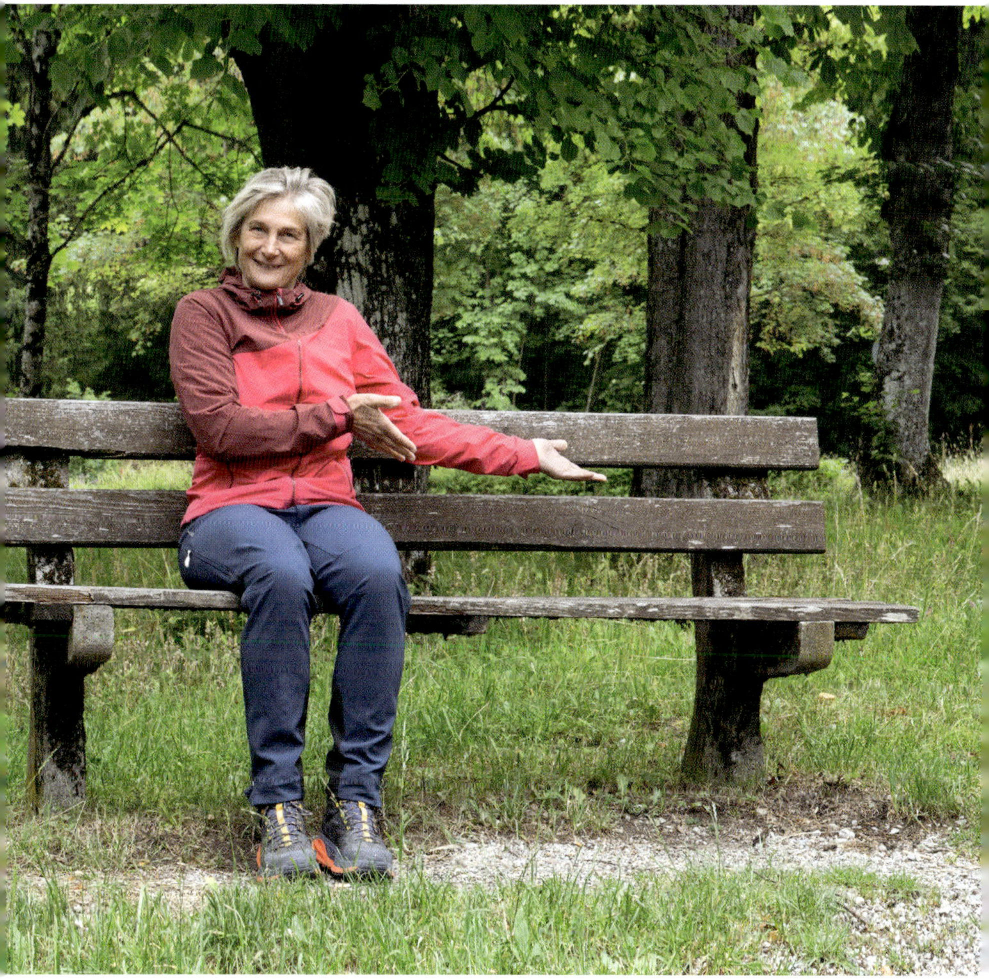

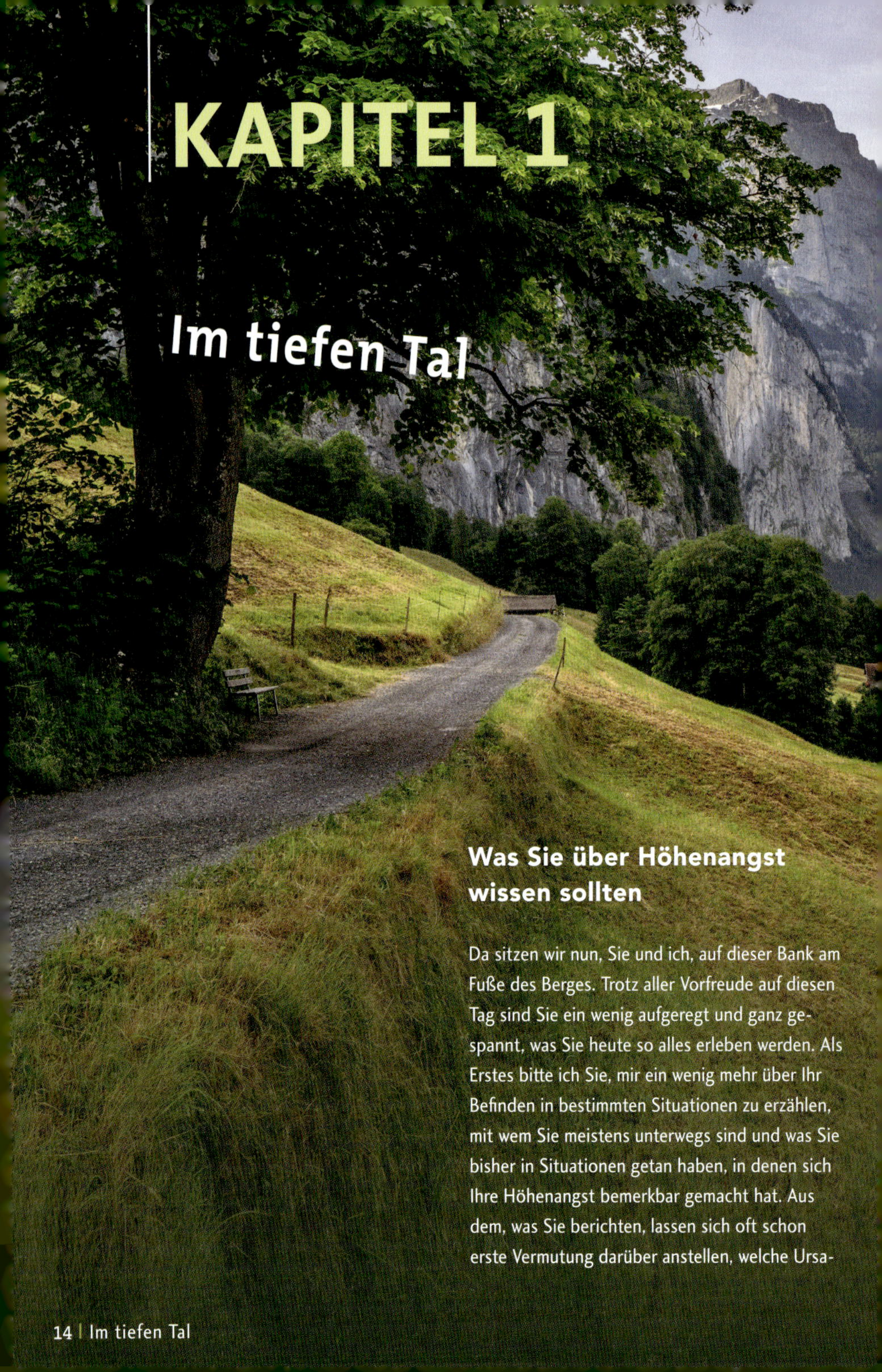

KAPITEL 1

Im tiefen Tal

Was Sie über Höhenangst wissen sollten

Da sitzen wir nun, Sie und ich, auf dieser Bank am Fuße des Berges. Trotz aller Vorfreude auf diesen Tag sind Sie ein wenig aufgeregt und ganz gespannt, was Sie heute so alles erleben werden. Als Erstes bitte ich Sie, mir ein wenig mehr über Ihr Befinden in bestimmten Situationen zu erzählen, mit wem Sie meistens unterwegs sind und was Sie bisher in Situationen getan haben, in denen sich Ihre Höhenangst bemerkbar gemacht hat. Aus dem, was Sie berichten, lassen sich oft schon erste Vermutung darüber anstellen, welche Ursa-

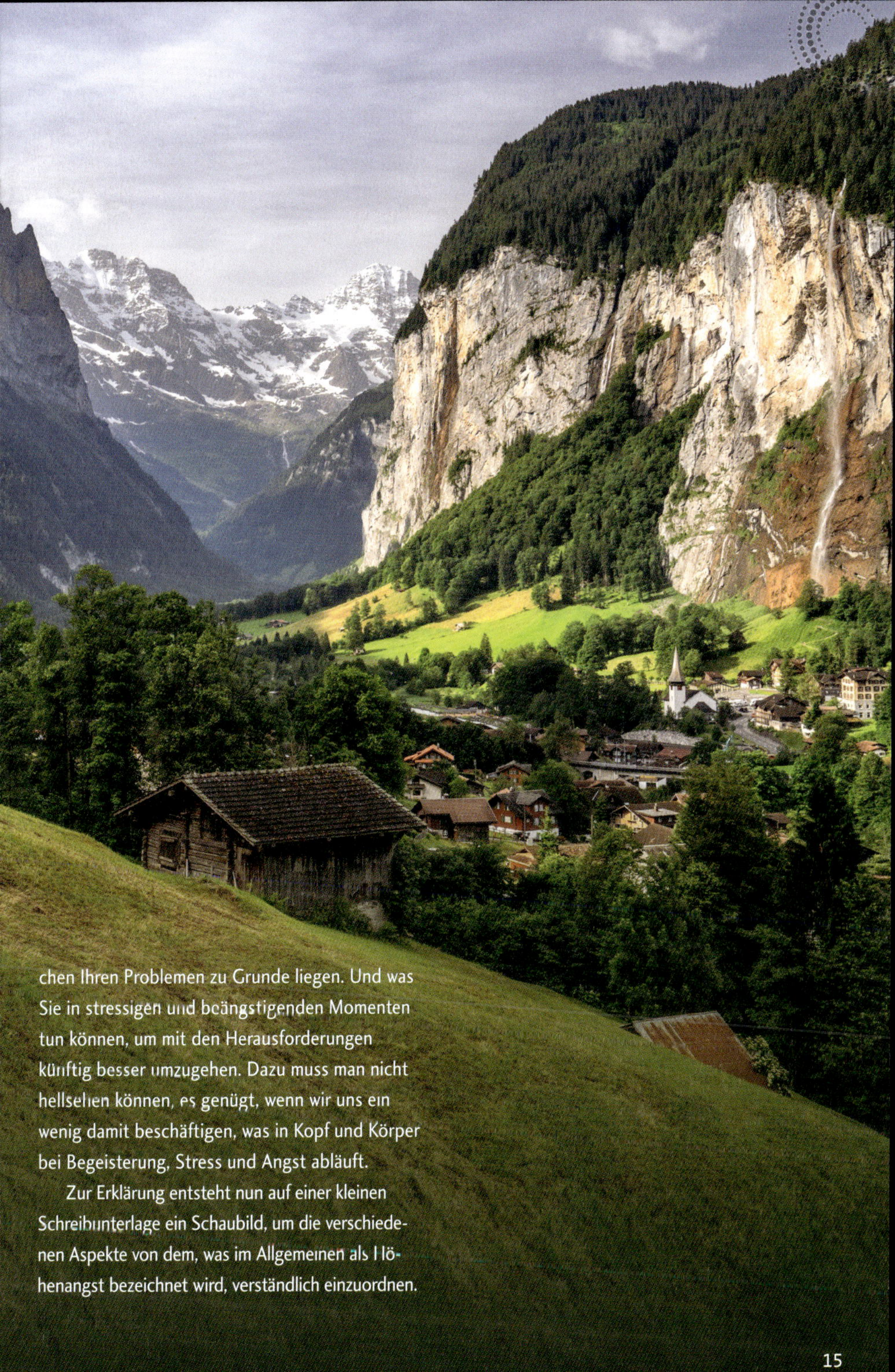

chen Ihren Problemen zu Grunde liegen. Und was Sie in stressigen und beängstigenden Momenten tun können, um mit den Herausforderungen künftig besser umzugehen. Dazu muss man nicht hellsehen können, es genügt, wenn wir uns ein wenig damit beschäftigen, was in Kopf und Körper bei Begeisterung, Stress und Angst abläuft.

Zur Erklärung entsteht nun auf einer kleinen Schreibunterlage ein Schaubild, um die verschiedenen Aspekte von dem, was im Allgemeinen als Höhenangst bezeichnet wird, verständlich einzuordnen.

Höhen-Mut, Höhen-Angst oder Höhen-Stress

Alles beginnt mit einer Wahrnehmung durch die Sinnesorgane. Ihre Augen, Ohren oder Tastzellen nehmen einen Reiz, also eine Wahrnehmung oder eine Information, auf und leiten diesen weiter zum Gehirn. Noch bevor Ihnen bewusst wird, was Sie sehen, hören oder spüren, hat das Gehirn diesen Reiz schon mit bisherigen Erfahrungen abgeglichen. Je nachdem, was dieser Abgleich ergibt, werden im Gehirn unterschiedliche Areale aktiviert, die – je nach Areal und Intensität des Reizes – körperliche und emotionale Reaktionen auslösen können.

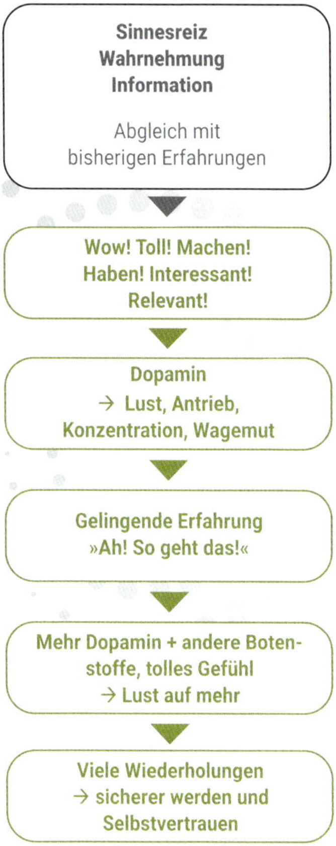

Aussicht auf Gelingen? Begeisterung!

Wenn das Gehirn einen Reiz oder eine Wahrnehmung als »neu, interessant, spannend … aber meisterbar« einordnet, entsteht im besten Fall: Begeisterung! Das könnte sich dann etwa so anhören: »Wow! Toll, wie die den Weg da in den Felsen gebaut haben! Ein bisschen eng ist das ja schon, aber eigentlich …, wenn ich mich da ganz rechts halte, müsste das gut gehen.“

Das Vorhaben erfordert also durchaus ein wenig Mut, und im besten Fall hilft der Körper beim »Mutmachen«. Bei »Herausforderungen mit Aussicht auf Gelingen« wird im Gehirn der Botenstoff Dopamin ausgeschüttet. Dopamin macht bereit, fokussiert, setzt in Bewegung und lässt uns wagen. Wenn die Herausforderung dann tatsächlich gelingt – womit Sie ja schon gerechnet haben, Sie waren sich nur nicht ganz sicher, wie das Ganze verläuft, insofern ist das, was Ihnen gerade gelungen ist, durchaus eine freudige Überraschung –, erhöht sich die Ausschüttung von Dopamin und weiteren Botenstoffen. Je größer die Überraschung und das Erstaunen, dass das ja doch viel besser gelaufen ist als anfangs gedacht, desto höher die Ausschüttung. Dieser Botenstoff-Cocktail sorgt für Begeisterung, Freude und Stolz auf das Gemeisterte, macht Lust und gute Laune und sorgt dafür, dass Sie diese Erfahrung möglichst oft wiederholen möchten, weil sich das Gelingen so toll anfühlt. Durch diese vielen Wiederholungen (das nennt sich »Üben« und wird später noch eine große Rolle spielen) werden Sie zunehmend sicher und das Vertrauen in Ihr eigenes Können nimmt zu.

Vielleicht fragen Sie sich gerade, warum ich Ihnen das erzähle? Sich mit Mut an kniffelige Stellen wagen und dabei auch noch Lust und gute Laune zu haben, ha! Das wäre ja zu schön! Aber deswegen sind Sie doch gar nicht hier.

Doch, genau darum geht es bei diesem Höhenmuttraining: mit Bedacht, in einem sicheren Rahmen und in angemessenen Herausforderungen wiederholt die Erfahrung zu machen. »Ah! So geht das! Mensch, das kann ich ja! Das war gar nicht so schwer wie ich dachte! Da ist ja gar nichts (von dem, was ich befürchtet habe)! Jetzt weiß ich, was ich in solchen Momenten tun kann!«

Zudem lernen Sie, wie Sie Ihre Nervosität und Anspannung regulieren können, also selbst dafür zu sorgen, dass Ihre Aufregung ein gewisses Maß nicht übersteigt und Sie weiterhin handlungs- und reaktionsfähig bleiben.

Selbstverständlich gilt es dabei, bestimmte Grenzen zu wahren, sich nicht zu überfordern, nicht zu viel auf einmal zu wagen oder zu erwarten und vor allem nicht »übermütig« zu werden. Aber Schritt für Schritt, mit jedem »Ach so geht das! Das kann ich tun, und das lass ich lieber bleiben!« wachsen Ihre Erfahrungen mit herausfordernden Geländeformen, was Sie sich zutrauen können und auf was Sie lieber mutig und entschlossen verzichten sollten.

Vielleicht hilft das zu verstehen, warum andere Menschen in Situationen, die Ihnen Unwohlsein bereiten, stattdessen mit Begeisterung, Lust und guter Laune reagieren. Deren Gehirn beurteilt solche Herausforderungen oder Aufgaben als machbar, vielleicht weil etwas Vergleichbares bereits einmal gemeistert wurde, oder weil das Vertrauen in das eigene Können groß genug ist. Ich bin sicher, dass Sie diese Begeisterung aus eigener Erfahrung kennen. Bestimmt gibt es Aufgaben oder Tätigkeiten, bei denen Sie sich auf angenehme Art und Weise herausgefordert fühlen und die Ihnen »gelingende Erfahrungen« mit den damit einhergehenden Hochgefühlen bescheren.

Aber Sie kennen – ganz offensichtlich vor allem im Zusammenhang mit Höhe und mit Tiefe – eben auch die anderen beiden möglichen Reaktionen, nämlich Stress und Angst. Zwischen diesen beiden ganz bewusst zu entscheiden ist meiner Erfahrung nach Voraussetzung für einen klugen Umgang mit Höhenangst.

Angst? Oder Stress?

Wenn Sie dieses Buch lesen, weil Sie Höhenangst haben, werden Sie vermutlich erst einmal keinen Unterschied zwischen Angst und Stress machen. Sie fühlen sich angesichts bestimmter Vorhaben, Aufgaben oder Herausforderungen in den Bergen, auf Türmen, Hochhäusern oder Brücken unwohl, zögerlich, angespannt, besorgt, haben schweißnasse Hände oder Herzklopfen, also haben Sie Höhenangst. Punkt.

Allerdings lassen sich gerade bei Höhenangst durchaus Unterschiede bei der Entstehung und beim Ablauf der Angst beobachten, und tatsächlich wird das Wort »Angst« für die Beschreibung unterschiedlicher Zustände genutzt.

Zum einen beschreibt Angst einen **Zustand**, der sich durch Anspannung, Besorgnis, Nervosität, innere Unruhe und Zweifel bemerkbar macht. Dieser Zustand kann sich schon bemerkbar machen, wenn man noch kilometerweit von dem entfernt ist, was man fürchtet. Und er kann über einen längeren Zeitraum in auf- und absteigenden Intensitäten anhalten.

Zum anderen wird Angst den (Basis-)Emotionen zugeordnet, und die **Emotion** Angst unterscheidet sich hinsichtlich der Entstehung und des Ablaufs deutlich vom Zustand Angst. In ihren Auswirkungen hingegen sind sich die »Emotion Angst« und der »Zustand Angst« nicht nur verblüffend ähnlich, der Zustand kann die Emotion auch noch ordentlich befeuern.

Kompliziert? Nein, eigentlich nicht. Wir brauchen uns nur darauf zu einigen, für den »Zustand Angst« künftig ein anderes Wort zu verwenden, nämlich »Stress«.

Die Emotion Angst entsteht in einer bestimmten Gehirnregion durch die Wahrnehmung einer akuten, unmittelbaren Gefahr oder Bedrohung und weist in den meisten Fällen auf eine Überforderung hin. Oder auf den Umstand, dass (noch) keine angemessenen Umgangsmöglichkeiten mit einer plötzlich auftretenden Gefahr oder Bedrohung vorhanden sind.

Stress hingegen entsteht in einer anderen Gehirnregion und wird durch die Wahrnehmung von zumeist individuell unterschiedlich empfundenen Stressoren ausgelöst. Dies geschieht beispielsweise, wenn man den Eindruck hat oder schon einmal die Erfahrung gemacht hat, dass eine Situation unangenehm werden könnte, nicht bewältigt werden kann, man hilflos ausgeliefert ist oder man sich blamieren könnte. Diese Befürchtungen, manchmal auch Überzeugungen, können uns nicht nur stressen, sie können zudem vom Gehirn als Bedrohung eingeordnet werden und somit Angst auslösen oder verstärken.

Stress und Angst sind also eng miteinander verflochten, und je stärker der Stress ist, desto größer ist die Wahrscheinlichkeit, das Angst ausgelöst oder verstärkt wird. Wenn es uns also gelingt, vor und während unserer Wanderung Stress zu reduzieren, wird die Wahrscheinlichkeit, dass der Körper in bestimmten Situationen mit der Emotion Angst reagiert, geringer. Schauen wir uns das gleich genauer an.

Höhenangst ist nicht automatisch eine Angststörung

Der Vollständigkeit halber möchte ich an dieser Stelle auch mögliche übersteigerte Formen der Reiz- und Wahrnehmungsverarbeitung – sogenannte Angststörungen – erwähnen, die durch sehr belastende Erfahrungen in der Kindheit oder aufgrund traumatischer Erfahrungen entstanden sein können. Dann kann es sein, dass das Gehirn auf bestimmte Wahrnehmungen sehr viel sensibler, schneller und heftiger mit der Emotion Angst reagiert und einmal ausgelöste Angstreaktionen viel mehr Zeit benötigen, um wieder abzuklingen.

Meiner Ansicht nach ist Höhenangst nicht automatisch eine psychologische Störung. Zuerst einmal ist das, was bei Höhenangst in Kopf und Körper abläuft, eine natürliche Reaktion auf etwas, das man vielleicht noch nicht kennt, bei dem man schon einmal unangenehme Erfahrungen gemacht hat, vielleicht auch, weil man in bestimmten Situationen aus Unkenntnis falsch reagiert oder weil tatsächlich ein erhöhtes Risiko besteht. Wenn allerdings schon in eigentlich ungefährlichen Situationen heftige körperliche und psychische

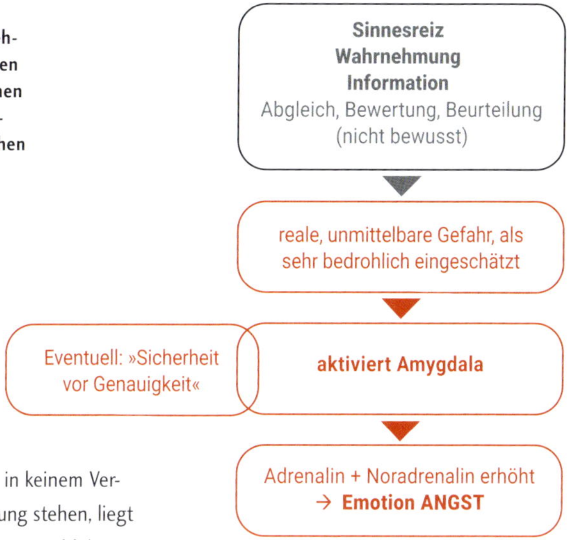

Alarmstufe Rot: Bei der Wahrnehmung einer akuten, unmittelbaren und potenziell lebensbedrohlichen Gefahr kann die Amygdala blitzschnell heftige Angst mit typischen Auswirkungen auslösen.

Angstreaktionen auftreten, die in keinem Verhältnis zur eigentlichen Bedrohung stehen, liegt möglicherweise eine Angststörung vor. Meiner Erfahrung nach leiden Menschen mit einer echten Angststörung nicht nur in den Bergen oder in der Höhe unter starken Angstreaktionen, sondern auch in vielen Alltagssituationen. Menschen mit einer Angststörung erkennen möglicherweise, dass ihre Angst unangemessen oder unbegründet ist, können keinen Einfluss darauf nehmen und die Angst nicht regulieren.

Wenn Sie unter Angststörungen, Neurosen oder einer »Posttraumatischen Belastungsstorung (PTBS)« leiden, kann Ihnen dieses Training leider nicht helfen. Es ist keine Therapie, mit der sich pathologische Ängste und Vergleichbares behandeln lassen. Menschen mit Angststörungen oder PTBS wenden sich bitte an entsprechend ausgebildete Fachleute. Vielleicht findet sich auch eine Therapeutin oder ein Therapeut, der den im Buch beschrieben Weg mit Ihnen gemeinsam gehen möchte. In der Regel aber gibt es für den Umgang mit Angststörungen konkrete Ansätze, die psychotherapeutisch ausgebildeten Fachleuten vorbehalten sind. Sollten Sie an einer Angststörung, einem PTSB oder einer anderen trauma- oder stressbezogenen Krankheit leiden, suchen Sie bitte Rat und Unterstützung bei einem Psychologen oder einer Psychotherapeutin.

Alarmstufe Rot: die Emotion Angst!

Für die Verarbeitung von Reizen, die durch die Wahrnehmung von Gefahren oder Bedrohungen Angst auslösen (die Emotion Angst!) ist die Amygdala zuständig. Für den anderen Zustand werde ich ab jetzt den Begriff »Stress« verwenden. Die Amygdala ist ein kleines, paarig angelegtes mandelförmiges Organ, das zum limbischen System gehört.
Bei der Wahrnehmung einer als akut, unmittelbar und potenziell lebensbedrohlich eingeordneten Gefahr kann die Amygdala durch die Ausschüttung von Adrenalin und Noradrenalin blitzschnell heftige Angstreaktion mit typischen Auswirkungen auslösen:

- Angst entsteht angesichts einer real existierenden, aktuell vorhandenen Bedrohung.
- Angst weist meistens auf Überforderung hin.
- Angst tritt (anscheinend) plötzlich auf.
- Angst verursacht Empfindungen wie Enge, Starre, Lähmung; häufig engt sich auch das Blickfeld ein.
- Bei Angst ist das Denkvermögen stark eingeschränkt, dafür die Fluchttendenz umso größer.
- Angst ist vergleichsweise kurzlebig: Wenn der auslösende Reiz nicht mehr wahrnehmbar ist, klingen die beschriebenen Empfindungen und Auswirkungen nach und nach wieder ab.

Wenn Angst von diesen Merkmalen geprägt ist, handelt es sich um eine aus der Evolution her angelegten »Basisemotion«: Emotionen entstehen im limbischen System, dem Zentrum der Emotionsverarbeitung. Sie lösen eine extrem schnelle, uns nicht bewusste Bewertung von Situationen aus und können heftige körperliche Reaktionen in Gang setzen, die uns auf ein bestimmtes Verhalten vorbereiten und zum Handeln bewegen sollen. Das Gehirn merkt sich Situationen, in denen wir schon einmal heftige Angst empfunden haben, um in vergleichbaren künftigen Situationen noch schneller warnen und reagieren zu können.

Die Angst vor der Angst

Bemerken Sie bitte die Formulierung: »in vergleichbaren künftigen Situationen«. Wenn Sie an einer ganz bestimmten Stelle, ob auf einer Wanderung oder bei einer anderen Gelegenheit, bereits einmal große Angst erlebt haben, und Sie kommen später wieder an dieser Stelle vorbei, kann das Gehirn diese starke emotionale Erfahrung erinnern und die Situation mit hoher Wahrscheinlichkeit blitzschnell erneut als bedrohlich beurteilen.

Außerdem kann das Gehirn schon beim Anblick einer ähnlich aussehenden Geländeform mit erhöhter Alarmbereitschaft reagieren. Und als ob das nicht schon Alarm genug wäre, kann allein die bloße Erinnerung an ein als sehr bedrohlich empfundenes Erlebnis in Zusammenhang mit der Möglichkeit, so etwas noch einmal erleben zu müssen, Stress auslösen. Das ist dann die gefürchtete »Angst vor der Angst«. Die sollte besser »Stress wegen möglicherweise auftretender Angst« heißen, weil dann läge – wie Sie noch sehen werden – die Lösung mehr als einen Schritt näher.

Unabhängig davon, ob damit bereits schlechte Erfahrungen gemacht wurden oder nicht, reagiert jedes Gehirn grundsätzlich und immer (allerdings in verschiedenen Ausprägungen) auf einige potenziell akute Lebensgefahren. Zum Beispiel auf die Gefahren zu ertrinken, zu ersticken, zu verbrennen oder abzustürzen. Das macht verständlich, warum vergleichsweise viele Menschen unter Höhenangst leiden. Und dass der Begriff »Höhenangst« irreführend gewählt ist, geht es doch bei den meisten Klagenden vielmehr um die Angst, abzustürzen.

Es ist unbestreitbar, dass Angst eine mächtige und sinnvolle Emotion ist, die es vermag, uns blitzschnell in die Lage versetzen, uns in Sicherheit zu bringen und zu schützen. Und dass Angst uns in erster Linie Gutes tun möchte. Problematisch wird es, wenn Angstgefühle übermächtig werden, wenn die Wucht der Angstreaktion der tatsächlichen Situation gar nicht entspricht oder wenn Angst so stark wird, dass unser Urteils-, Denk- und Handlungsvermögen ebenso wie unsere Motorik »einfrieren«: Das kann tatsächlich zu sehr gefährlichen Bergerlebnissen führen. Zudem kann es vorkommen, dass das Gehirn bei der Einstufung eines Reizes als potenziell sehr gefährlich manchmal die Genauigkeit für die Geschwindigkeit opfert. Das kann vor allem dann passieren, wenn man ohnehin schon aufgeregt, beunruhigt oder gestresst ist. Stellen Sie sich vor, Sie haben es gerade eilig und werden ausgerechnet jetzt von einer Bekannten gebeten, ein Päckchen Taschentücher aus deren Handtasche zu holen. Leicht genervt greifen Sie in die Handtasche, zucken zusammen, quieken erschrocken auf und lassen die Tasche fallen: Darin ist ein rattengroßes Felltier! Beim näheren Hinsehen entpuppt sich dieses Felltier als buschiger, fellähnlicher und vor allem harmloser Schlüsselanhänger. Ihr Gehirn allerdings hat die Wahrnehmung sicherheitshalber blitzschnell als bedrohlich eingestuft und damit nach dem Prinzip »Sicherheit vor Genauigkeit« reagiert.

Ähnliches kann auf einer Wanderung passieren: Ihr Gehirn schätzt einen bestimmten An- oder Ausblick blitzschnell als sehr bedrohlich ein und löst deswegen heftige Reaktionen aus. Klar gibt es Situationen, in denen Ihr Gehirn zum Glück genau das macht, was ich eben beschrieben habe.

Aber Sie werden im Laufe unserer Wanderung feststellen, dass so manche alarmierende Einschätzung in erstaunlich vielen Situationen tatsächlich etwas zu vorschnell geschieht und Angst auslösen kann, wo es gar nicht nötig ist, Angst zu haben. Schließlich ist nicht alles, was uns auf einer Wanderung in den Bergen begegnet, gleich akut, unmittelbar und potenziell lebensbedrohlich. Trotzdem fühlen Sie sich gelegentlich … nun ja, irgendwie … »höhen-ängstlich«. Oder vielleicht doch eher »höhen-gestresst«?

Es ist nicht alles Angst, was stresst

Je nach Stärke des auslösenden Reizes, also wie gefährlich das Gehirn eine Situation bewertet, kann die Amygdala bereits bei einer geringeren Gefahrenstufe aktiviert werden und die Ausschüttung bestimmter Botenstoffe veranlassen, wenn auch in abgeschwächter Intensität. »Angst light«, weil zwar möglicherweise »Gefahr in Verzug«, aber noch keine ausgewachsene Angstreaktion erforderlich ist. In diesem Fall bleibt Zeit, um die Informationen über die Wahrnehmung in andere Bereiche im Gehirn weiterzuleiten. So in etwa: »Achtung, aufgepasst! Erhöhte Wachsamkeit, aber noch nicht das volle Programm! Prüft ihr da oben (der Reiz wird von der unteren Mitte des Gehirns an den oberen vorderen Bereich geleitet, sozusagen »bottom up«) erst einmal, was da los ist! Vielleicht könnt ihr auf konkrete Erinnerungen zurückgreifen oder habt sogar Lösungen?«

Dazu werden nun weitere, größtenteils im Frontallappen des Großhirns liegende Areale, aktiviert. Hier sind unter anderem das Bewusstsein, das Denkvermögen, der Verstand, zu Einstellungen gewordene Denkgewohnheiten, mentale Konzepte und Vorstellungen, die Fähigkeit zu planen und bewusste Handlungen auszuführen, die Fähigkeit, Impulsen zu widerstehen und das bewusste Risiko-Management angesiedelt. In den Wissenschaften werden diese Fähigkeiten als »exekutive Fähigkeiten« oder als »Fähigkeiten der Selbstregulation« bezeichnet, wobei ich persönlich den zweitgenannten Begriff bevorzuge. Schließlich geht es auch beim Umgang mit der Höhenangst vielmehr um die trainierbare Fähigkeit, Anspannung, Stressempfinden, Gedanken und

Aufmerksamkeit selber bewusst zu regulieren und nicht darum, belastende Gedanken oder Empfindungen einfach »abzustellen, wegzumachen, loszuwerden oder zu besiegen«.

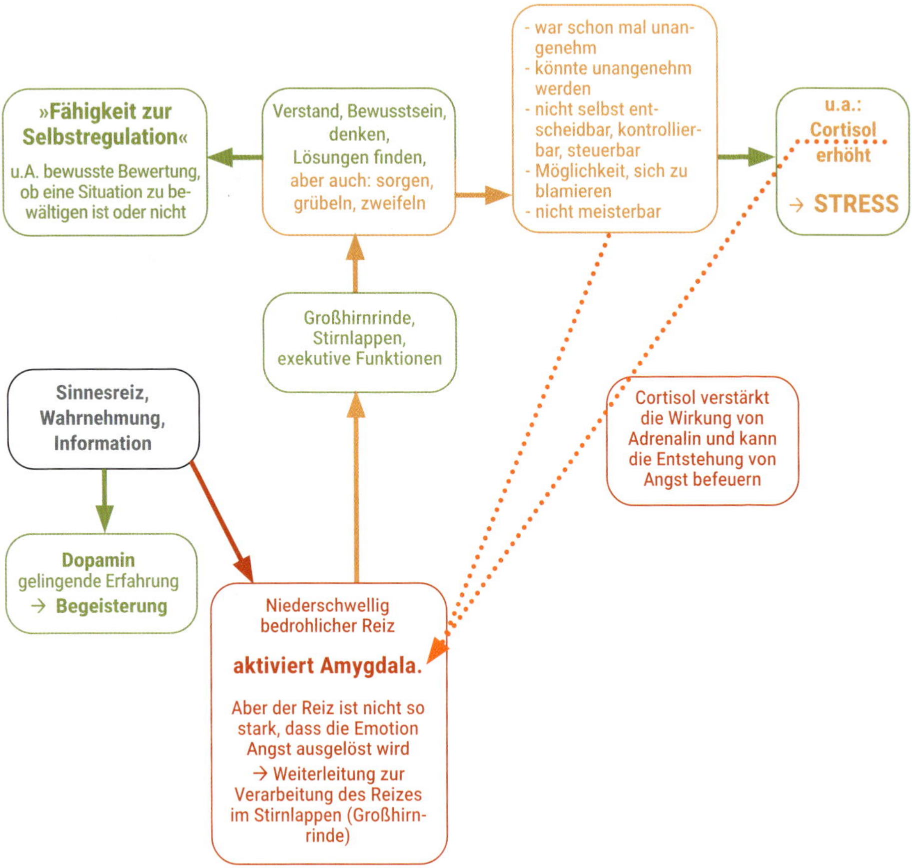

Gedanken, Sorgen, Zweifel und Befürchtungen können Stress verursachen, der wiederum kann Angstreaktionen auslösen oder verstärken.

Allerdings sitzt in diesem großartigen Organ auch unsere Fähigkeit zu grübeln, automatisch oder aus Gewohnheit zu reagieren, sich Sorgen zu machen, zu zweifeln und sich eventuell mögliche, in der Zukunft liegende Vorkommnisse so realistisch auszumalen, dass die dadurch entstehenden inneren Bilder durchaus das Potenzial haben, im besten Fall die Zentren für Begeisterung zu aktivieren, oder eben: uns so richtig zu »stressen«.

Stress kann durch die Wahrnehmungen von Erfahrungen, Überzeugungen oder Befürchtungen ausgelöst werden. Beispielsweise in den folgenden Situationen:

- Etwas war schon bereits unangenehm oder könnte unangenehm werden.
- Man hat keine Selbstbestimmung oder Einflussmöglichkeit.
- Man fühlt sich einer Situation hilflos ausgesetzt und sieht keine Möglichkeit zur Veränderung.
- Die Möglichkeit, sich zu blamieren, besteht.

Nicken Sie gerade? Weil Ihnen das eine oder andere vertraut vorkommt? Vermutlich kennen Sie diese endlosen Gedankenschleifen darüber, was Ihnen bei der Wanderung alles begegnen oder passieren könnte. Das Grübeln darüber, was passieren würde, wenn Ihre Mitwandernden wegen Ihnen die Tour abbrechen müssten. Oder was Sie tun sollten, wenn Ihr Partner wieder einmal unbedingt Wege gehen möchte, die eigentlich keine sind. Natürlich könnten Sie eine Entscheidung treffen und sich weigern, mitzugehen! Aber das könnte Blamage, Streit oder sogar ein »Mach doch was du willst, dann gehe ich halt allein« auslösen. Das sind Gedanken, Überzeugungen, Vermutungen und Erfahrungen, die das Gehirn durchaus als »Bedrohung« beurteilen kann.

Im Gegensatz zum zuvor beschriebenen Ablauf »bottom up«, bei dem Reize vom limbischen System ausgehend höher gelegene Bereiche des Gehirns aktivieren, kann es beim Grübeln, Sorgenmachen und Vorstellen dessen, was alles passieren könnte, genau andersherum ablaufen, nämlich »top down«. Dann aktiviert das im oberen Gehirnbereich angelegte Denk-, Grübel- und Vorstellungsvermögen das weiter unten gelegene limbische System. Dessen Aktivierung kann ganz schön »stressen« und mithilfe verschiedener Hormone die Freisetzung des Stresshormons Cortisol auslösen.

Cortisol ist ein lebenswichtiges Hormon, dessen Werte im Blut einem natürlichen Tagesrhythmus unterliegen. Bei Stress steigt der Cortisolspiegel im Blut an und erhöht beispielsweise die Leistungs- und die Konzentrationsfähigkeit, die Aufmerksamkeit – auch für mögliche Gefahren –, beschleunigt die Atemfrequenz und verstärkt die Herzaktivität. Außerdem verstärkt Cortisol die Wirkung von Adrenalin, einem Hormon, das im Rahmen einer Angstreaktion ausgeschüttet wird. Alle diese Auswirkungen von Stress können uns dabei helfen, Aufgaben zügig zu erledigen oder einer Bedrohung schnell zu begegnen. Endet die Herausforderung, sinkt der Cortisolspiegel normalerweise wieder auf den natürlichen Ausgangswert ab.

Ein kurzfristiger, stressbedingter Anstieg von Cortisol kann also durchaus hilfreich sein. Wenn der Cortisolspiegel aber nach einer Herausforderung oder Aufgabe nicht wieder absinkt, oder jemand aus einem aktuell oder schon seit längerem belastenden, stressigen Alltag einen bereits erhöhten Cortisolspiegel mitbringt, kann das Gehirn sensibler und schneller auf Bedrohliches reagieren. Einfach ausgedrückt: Je höher die Werte von Cortisol, Adrenalin und Noradrenalin im Blut sind, desto wahrscheinlicher ist (Höhen-)Angst.

Das könnte erklären, warum jemand mal stärker und mal weniger stark mit Höhenangst zu kämpfen hat, warum es Lebensabschnitte gibt, in denen die Höhenangst stärker wird, oder warum die Höhenangst nach einem bestimmten Lebensereignis deutlich zunimmt. Das können länger anhaltende familiäre oder partnerschaftliche Belastungen sein, eine unerwartete und als nachteilig empfundene berufliche Veränderung oder andere vergleichbare Erfahrungen, bei denen übermäßige Belastungen über einen langen Zeitraum andauern und den Cortisolspiegel dauerhaft erhöhen.

Auf unserer bevorstehenden Trainingswanderung lege ich daher großen Wert darauf, Ihnen zu vermitteln, wie Sie ihr Maß an Anspannung oder Aufregung nach jeder überstandenen Herausforderung reduzieren können, um den damit verbundenen Cortisolspiegel möglichst rasch wieder abzusenken. Ihr Stresspegel sollte sich in Wellenform bewegen und dabei zu keiner Zeit eine bestimmten Grenze überschreiten.

Bei der Einschätzung Ihres Stresspegels kann Ihnen die »Höhenangstskala« helfen, die auf den Seiten 32/33 unten ausführlich erklärt wird.

Auswirkungen von Stress und Angst

Erstaunlicherweise ist es relativ egal, ob Sie einer sehr bedrohlichen Gefahr ganz real Auge in Auge gegenüberstehen und Ihr Körper zunehmend heftig mit der »Emotion Angst« reagiert, oder ob Sie durch Befürchtungen, Erinnerungen, innere Widerstände oder der lebhaften Vorstellung von dem, was alles passieren könnte, »Stress« auslösen: Ab einer gewissen Schwelle der durch die Wahrnehmung ausgelösten Nervenaktivität werden vom Gehirn eine Reihe mentaler und körperlicher Auswirkungen in Gang gesetzt, die Ihnen dabei helfen sollen, auf Bedrohungen oder Gefahren vorbereitet zu sein und Sie zu schützen.

Die Anzahl der durch Stress und Angst ausgelösten körperlichen, mentalen und seelischen Veränderungen variiert je nach Quelle und Studie. Im Kontext für den Umgang mit Höhenangst interessieren uns einige dieser Auswirkungen ganz besonders:

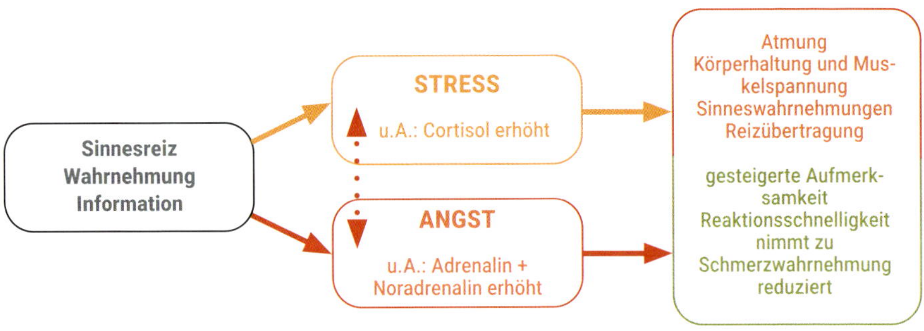

Ab einer gewissen Schwelle der ausgelösten Nervenaktivität werden vom Gehirn eine Reihe mentaler und körperlicher Auswirkungen in Gang gesetzt.

Die Atmung verändert sich

Die Atmung wird schneller und flacher, was zu einer schlechteren Sauerstoffversorgung führen kann. Sauerstoffmangel kann im Gehirn unter anderem die Konzentrationsfähigkeit beeinträchtigen und die Muskelleistung reduzieren, was wiederum vom Gehirn als Warnsignal interpretiert werden kann. Das äußert sich etwa in Gedanken wie: »Echt blöd hier! Hier kann man nicht nur 'runterfallen, sondern auch ersticken!«

So kann allein durch die Veränderung der Atemtechnik in stressigen oder beängstigenden Momenten zusätzlicher Alarm in Kopf und Körper ausgelöst werden. Das lässt sich vermeiden, indem Sie einfach atmen. »Atmen Sie! Haben Sie geatmet? Halten Sie gerade die Luft an?« Das sind Sätze, die Sie auf unserer gemeinsamen Wanderung sehr oft hören werden.

Muskelspannung und Körperhaltung verändern sich

Bei Stress und Angst werden körperliche Reaktionen in Gang gesetzt, die uns in die Lage versetzen sollen, uns in Sicherheit zu bringen, zu schützen und notfalls auch zu wehren. Dazu wird die Muskulatur in einen »leistungsbereit-angespannten« Zustand versetzt, und der Oberkorper krümmt sich mit angespannten Schultern zum Schutz der im Brust- und Bauchraum liegenden Organe nach vorn.

Werden Stress und Angst allerdings zu stark, können selbst diese hilfreichen Schutzmaßnahmen ihre Funktion einbüßen. Dies kann zum Beispiel geschehen, wenn:

- Gehirn und Muskulatur aufgrund einer »Stressatmung« länger nicht ausreichend mit Sauerstoff versorgt werden, was vom Gehirn wiederum als Bedrohung interpretiert wird und Alarmreaktionen auslösen und befeuern kann;
- die Anspannung der Muskulatur so stark zunimmt, dass die Koordination – also das fein aufeinander abgestimmte Zusammenspiel der Muskeln – beeinträchtig wird;
- der Körperschwerpunkt durch die Schutzhaltung so stark aus der Mitte gerät, dass sich Gleichgewicht und Trittsicherheit auf nachteilige Weise verändern.

Übrigens können sich die beschriebenen Veränderungen in Abhängigkeit der Aufregung bis hin zum Erstarren steigern. Dies sollte jedoch gar nicht erst geschehen. Deshalb werden Sie gleich zu Beginn unserer Wanderung Möglichkeiten kennenlernen, mit denen Sie Atmung, Muskelspannung und Körperhaltung regulieren können.

Aufmerksamkeit und Reaktionsschnelligkeit nehmen zu

Das bei Stress ausgeschüttete Hormon Cortisol steigert (unter anderem) die Aufmerksamkeit. Auch für potenzielle Gefahren, die dadurch in den Fokus rücken und noch schneller wahrgenommen werden. Eigentlich eine gute Sache! Allerdings erhöht sich damit die Chance fürs »Gefahrensuchen«: Je ungemütlicher das Gelände wird, desto intensiver und angespannter wird Ausschau nach möglichen Bedrohungen gehalten. Dann kann es zu solchen Erlebnissen kommen, die ich mehrfach schon selbst erlebt habe: Die Höhenmuttrainerin fragt: »Und? Wie schätzen Sie diesen **Weg** ein?« Der Mensch mit Höhenangst lässt sich beim ausführlichen Betrachten des Geländes **neben, unter und oberhalb** des Weges Zeit und sagt dann: »Hm, ja, geht eigentlich. Die Bäume da unten würden mich ja auffangen.« Hmmm. Hatte ich nicht nach dem **Weg** gefragt?

Eigentlich wollte ich wissen, wie Sie den Weg einschätzen!

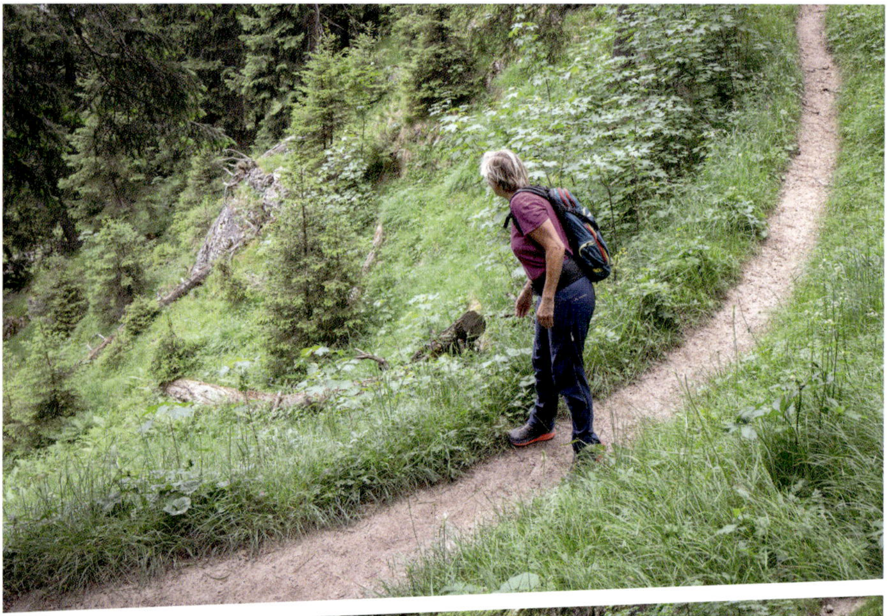

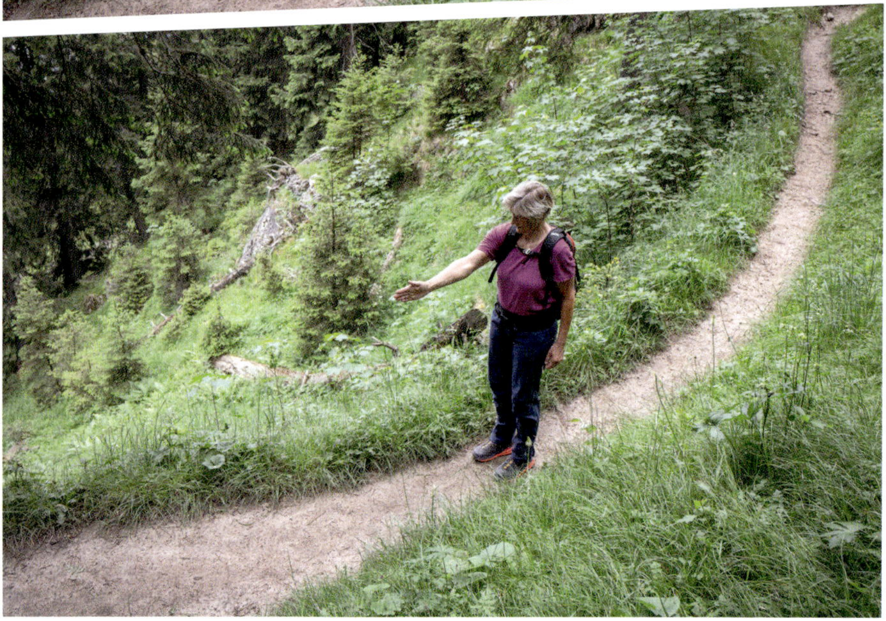

Konzentrieren Sie sich lieber auf den Weg, anstatt links und rechts davon nach Gefahren zu suchen.

Bei dieser aufmerksamen Gefahrensuche spielt der Blick in zweierlei Hinsicht eine maßgebliche Rolle: Zum einen durch das eben beschriebene »Gefahrensuchen«. Der Blick ist dann nicht dort, wo er hingehört, nämlich auf dem Weg vor Ihnen. Dadurch entgehen dem Gehirn wichtige Informationen über das vor Ihnen liegende Gelände, die für die Berechnung von Gleichgewicht, Balance und Bewegungsausführung benötigt werden. Ganz schlechte Voraussetzungen für das Begehen von Wegen, die in ihrer Art von den üblichen, gewohnten Asphaltstraßen abweichen. Selbst dort könnte ein »Hans-guck-in-die-Luft-oder-sonst-wohin« stolpern oder gegen einen Laternenpfahl laufen.

Dazu kommt: Der Blick ist ja deswegen nicht auf den voranliegenden Weg gerichtet, weil nach möglichen Gefahren Ausschau gehalten wird. Die lassen sich mit einem gewissen Stresspegel und ab einer bestimmten Höhe und Geländeform immer und überall finden. Vor allem, wenn Sie ungehindert und unablässig dorthin sehen, wo »Ihre Angst haust«. Weil bei Stress auch die Reaktionsschnelligkeit gesteigert ist, kann ein An- oder Ausblick, der eigentlich gar nicht so schlimm ist, vorsichtshalber und schnell (Sie erinnern sich an das Prinzip »Sicherheit vor Genauigkeit«) als bedrohlicher eingestuft werden, als ein zweiter Blick ergeben würde. Für den dann meistens der Mut fehlt.

Außerdem kann auf eine bestimmte Art des Blickens Höhenschwindel auslösen und verstärken. Dazu erzähle ich jetzt hier auf unserer Bank nicht viel; das können Sie an einer sicheren Stelle auf unserer Wanderung (im zweiten Kapitel ab Seite 36) bald selbst erleben.

Folglich heißt es für einen klugen Umgang mit der Höhenangst: **den Blick im Auge zu behalten**, auf eine bestimmte Art zu schauen und sich manche Blicke gar nicht erst anzutun. Mehr darüber erfahren Sie während unserer Wanderung in den Situationen, in denen die Blicksteuerung relevant ist.

Alarmstufe Rot: Denken ist aus.

Wie Sie in der Höhenangstskala auf den Seiten 32/33 noch sehen werden, nehmen die bisher beschriebenen Stress- und Angstreaktionen mit zunehmender Intensität der wahrgenommen Bedrohung zu. Dabei spielt nicht nur das an sich Bedrohliche eine Rolle, sondern auch die Dauer, der Ihr Körper den Stress- und Angstreaktionen ausgesetzt ist. Das bedeutet: Wenn Sie auf einer Wanderung völlig entspannt sind und ganz unvermittelt vor einer Stelle stehen, die Sie als Bedrohung wahrnehmen, wird diese Wahrnehmung vermutlich weniger stark alarmieren und schneller wieder abklingen, als wenn Sie bei der Wanderung von Anfang an gestresst sind.

Wenn bestimmte Befürchtungen, Vermutungen, Überzeugungen oder Zweifel schon vor oder ab Beginn der Wanderung Stress auslösen und dieser im Laufe der Wanderung zunimmt, und wenn ab einer bestimmten Höhe dann auch noch Angst auslösende Wahrnehmungen wie Ausgesetztheit, Absturzgefahr, Seilsicherungen und Vergleichbares hinzukommen, kann das alles zusammengenommen über kurz oder lang eine ausgewachsene Angstreaktion auslösen. Eine derart starke Angst geht in der Regel mit einer Reihe von typischen Auswirkungen einher: Sie erstarren, sind wie gelähmt, Ihr Blick ist tunnelartig und starr auf etwas ganz in der Nähe gerichtet (nicht mehr länger »direkt ins Grauen«), Ihr Herz schlägt wie verrückt, der Atem hat schon vor einer ganzen Weile die reguläre Frequenz gekündigt, Sie hören Ihre Mitwandernden zwar sprechen, aber die

Worte schaffen es nicht mehr in Ihr Bewusstsein, und Ihr (Nach-) Denken darüber, was Sie jetzt tun können (außer sofort von hier zu flüchten!) ist aus. Aus wie Brot beim Bäcker um fünf Minuten vor Ladenschluss, also nicht mehr verfügbar, aus wie abgestellt.

Natürlich stellt sich das Denken nicht einfach so ab. Zutreffender ist: Bei einer sehr starken, durch Angst ausgelösten Aktivität der Nervenzellen wird die Reizübertragung zwischen den Gehirnzellen und zwischen den verschiedenen Arealen im Gehirn mehr oder weniger stark gehemmt. Das wirkt sich auch auf die Reizübertragung vom Gehirn zur Muskulatur aus: Koordination und Bewegungsfluss werden immer ungenauer bis hin zur Erstarrung, zudem wird das Denkvermögen reduziert. In als so gefährlich beurteilten Situationen sollen sofort und blitzschnell rettende Reaktionen ausgelöst werden, denn Nachdenken würde zu lange dauern. Außerdem wird durch die Reizhemmung der Zugriff auf jene Gehirnbereiche unterbrochen, die zu einer bewussten Lösungsfindung herangezogen werden müssten. Also: Notprogramm! Bis die übermäßige Erregung der Nervenzellen wieder abgeklungen ist. Das kann – je nach Stärke der Erregung – bis zu einer halben Stunde und länger dauern. Es ist keine gute Idee, einem Menschen inmitten eines so starken Moments von Höhenangst zu sagen: »Ach, das hört auch wieder auf. Spätestens in einer halben Stunde können wir weiter.« Derart starke Angstempfindungen merkt sich das Gehirn, und jemand, der in den Bergen in so extreme Angst gerät, bekommt nicht nur die Chance auf einen Helikopterflug, sondern kann schlimmstenfalls eine künftig nicht mehr regulierbare Höhenangst, also ein Trauma, entwickeln.

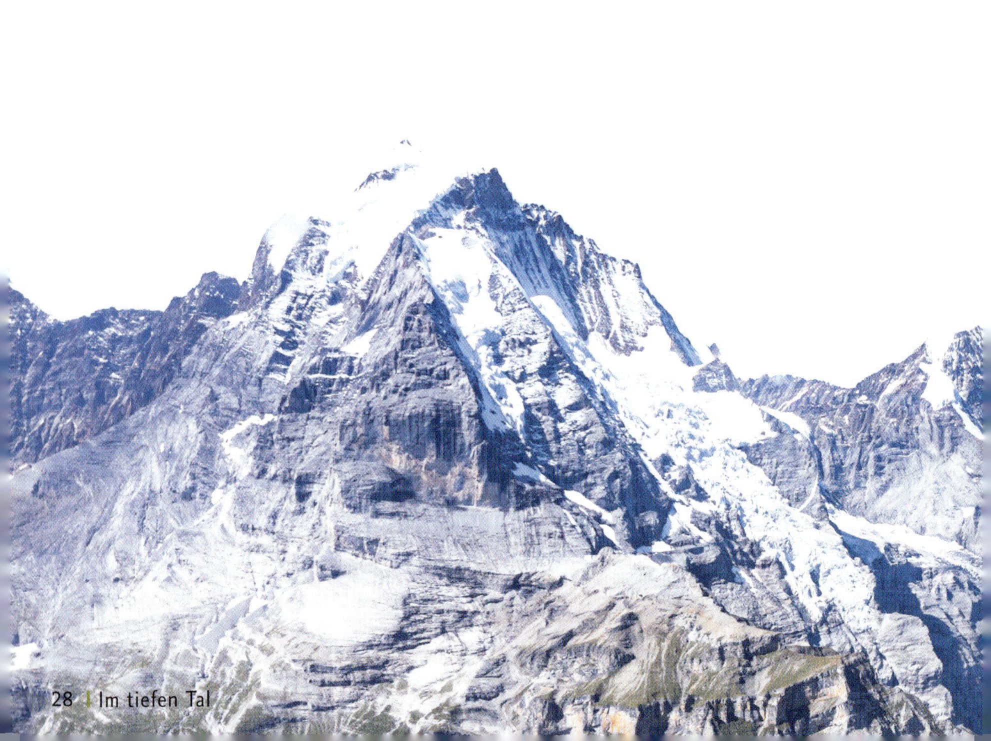

Stress und Angst regulieren: die Höhenangstskala

Die »Höhenangstskala« soll Ihnen dabei helfen, den Grad Ihrer Aufregung und Angst unterwegs regelmäßig einzuschätzen. Ihr Stress- und Angstpegel sollte bestenfalls in Wellenform unterhalb einer bestimmten Grenze verlaufen und diese möglichst zu keinem Zeitpunkt überschreiten. Eine ideale Höhenmut-Trainingswanderung sieht dann etwa so aus:

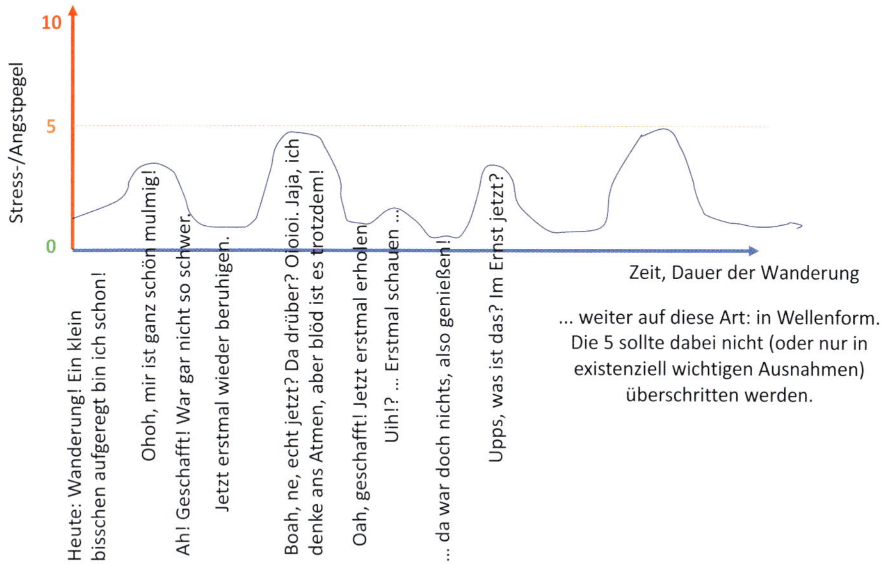

Der Stress- und Angstpegel sollte bestenfalls in Wellenform unterhalb einer bestimmten Grenze verlaufen und diese möglichst zu keinem Zeitpunkt überschreiten.

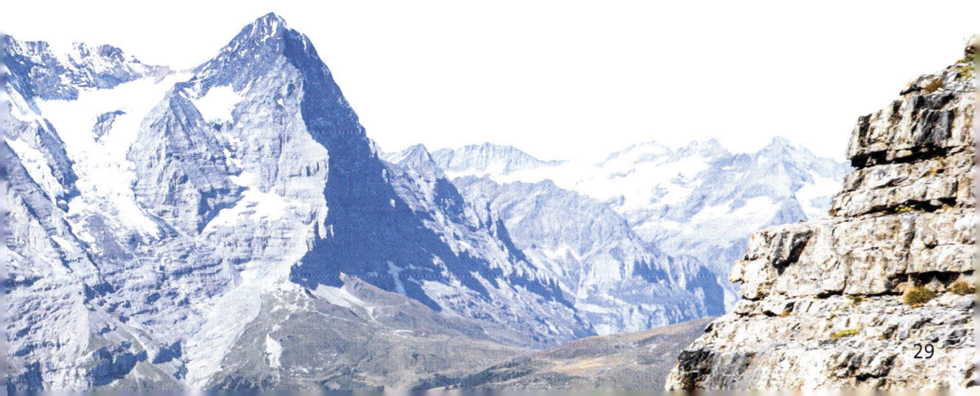

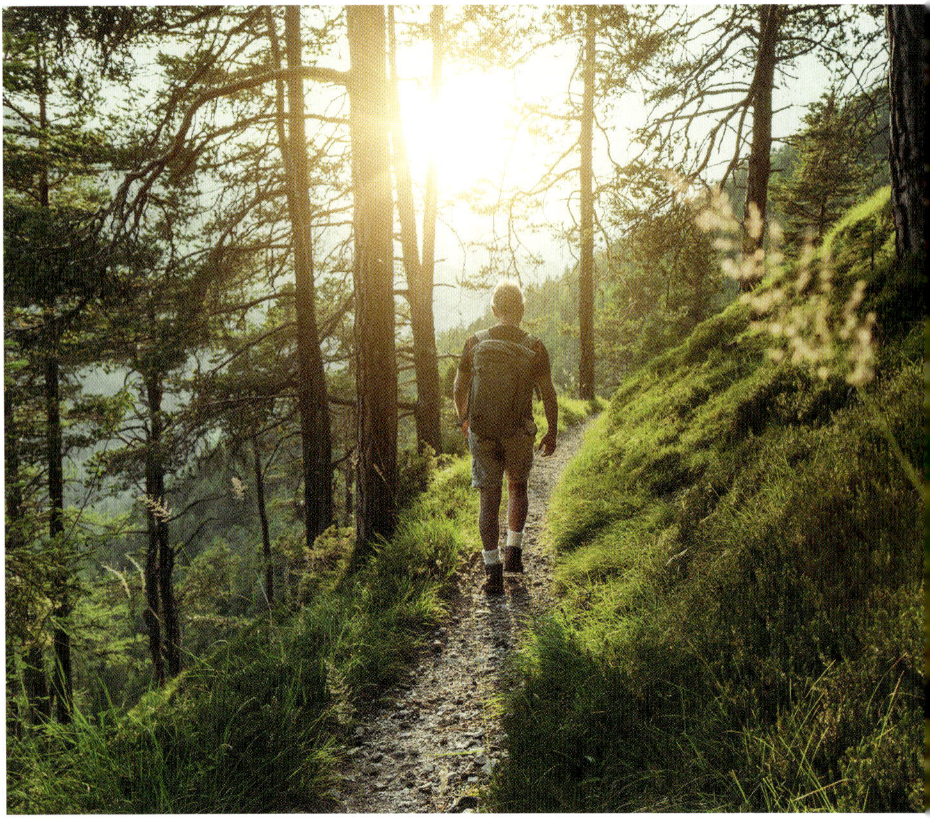

Die Höhenangstskala

Um Ihren Stress- und Angstpegel künftig selber besser einschätzen zu können, finden Sie in der Höhenangstskala eine Reihe von möglichen Anzeichen und Auswirkungen, die jeweils einer Zahl (= »Stufe» oder Pegel) zwischen 1 und 10 zugeordnet sind. Um Sie mit diesem Werkzeug zur Selbstregulation vertraut zu machen, werde ich Sie während unserer Wanderung häufig bitten, mir zu sagen, auf welcher Stufe der Höhenangstskala Sie sich im jeweiligen Moment einschätzen. Schon auf der Trainingswanderung, aber vor allem für alle künftigen Touren, sollten Sie sich Ihrer jeweiligen persönlichen Einstufung sehr bewusst sein und dafür sorgen, dass Sie die Stufe 5 nicht überschreiten. Wenn Sie sich höheren Belastungen und stärkeren Empfindungen als den in Stufe 5 beschriebenen aussetzen, besteht aufgrund der starken körperlichen Auswirkungen tatsächlich ein erhöhtes Unfallrisiko. Außerdem merkt sich das Gehirn Situationen, die mit sehr starken Emotionen, in diesem Falle Angst, einhergehen, und wird in künftigen vergleichbaren Situationen noch schneller mit Alarmsignalen reagieren.

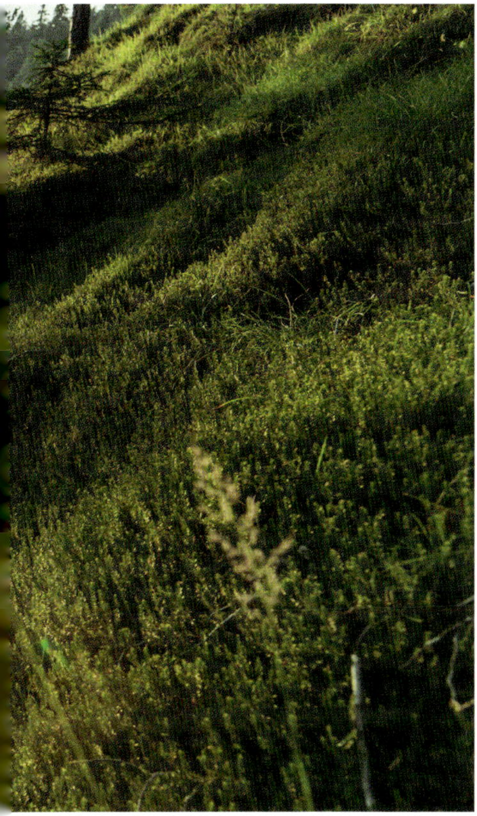

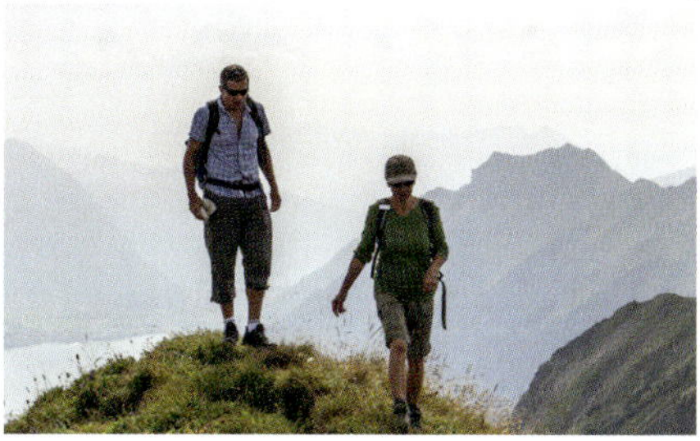

→ Die Zuordnung zu einer bestimmten Stufe kann nicht nur tagesformabhängig unterschiedlich ausfallen, sie sollte sich auch von Wiederholung zu Wiederholung nach unten regulieren, sofern Sie herausfordernde, aber meisterbare Stellen und Situationen nach der im 3. Kapitel ab Seite 80 vorgestellten Höhenmutmethode üben.

Die Erfahrung machen, dass es geht!

Bei der Erinnerung an bisherige Höhenangsterfahrungen werden Sie vielleicht feststellen, dass Herausforderungen und Erlebnisse, bei denen Sie Ihren Stresspegel im Nachhinein bei Stufe 4 oder höher einordnen, sehr anstrengend und kräftezehrend waren. Die Stufe 5 sollte das Maximum an Belastung darstellen, der Sie sich aussetzen. Effektiver üben Sie in Situationen, die Ihrer persönlichen Einschätzung nach den Stufen 3 und 4 entsprechen: herausfordernd, aber meisterbar. So können Kopf und Körper – am besten wiederholt – die Erfahrungen machen, dass »es geht!«. Je öfter Sie solche gelingenden Erfahrungen machen, desto weniger bedrohlich braucht Ihr Gehirn diese und vergleichbare Situationen künftig einschätzen. Dadurch sinkt Ihre subjektive Einordnung auf der Höhenangstskala ab, und Ihr Selbstvertrauen nimmt zu.

Hinweise zur Benutzung der Höhenangstskala

→ Die beschriebenen Empfindungen, Reaktionen und Auswirkungen sind subjektiv und werden nicht von allen Menschen gleich empfunden und eingeschätzt.

→ Die einzelnen Stufen der Höhenangstskala entsprechen nicht automatisch dem tatsächlich bestehenden Risikopotenzial einer Stelle oder Situation: Unter Stress und Angst tendieren wir fast alle dazu, eine Gefahr bedrohlicher einzuschätzen, als diese tatsächlich ist.

Die Höhenangstskala

Stufe Pegel	Beschreibung möglicher Empfindungen	Mögliche Wahrnehmungen, Reaktionen und Verhaltensweisen	Mögliche körperliche und mentale Reaktionen und Auswirkungen
0	keinerlei Bedrohung	Sie sitzen entspannt in einem bequemen Sessel auf der Terrasse Ihres Feriendomizils mit grandioser Fernsicht auf die Berge und genießen: »Oh, was für ein grandioser Anblick!«	keine Auffälligkeiten, im besten Fall entspannt
1	Irritation	Daraufhin sagt Ihr Partner oder Ihre Partnerin: »Schau mal, dieser Berg, der so markant herausragt: Dort können wir morgen eine ganz tolle Wanderung machen!«	kurzes Luftanhalten Körperspannung erhöht sich Aufmerksamkeit nimmt zu Bewusstwerdung von ersten inneren Bildern, Erinnerungen oder Befürchtungen
2	besorgt, unruhig erste Zweifel etwas aufgeregt	Am nächsten Tag am Fuße des Berges angekommen, sagen Sie: »Der ist ganz schon hoch, findest du nicht?« und ernten ein: »Nö. Der sieht doch toll aus! Von da oben hat man bestimmt eine super Fernsicht!« Sie ahnen, was kommt. Oft genug erlebt. Außerdem haben Sie die Beschreibung gelesen, die erste üble Stelle muss gleich da vorne irgendwo sein: »Oh nein! Da geh ich nicht entlang! ... Oder vielleicht doch? ... Ach, das geht ja gerade noch.«	Bewegungsausführung wird hektisch Blick wird unruhig und beginnt mit der Gefahrensuche Gedanken zunehmend von Sorgen und Befürchtungen geprägt
		Das Gelände wird Ihrer Einschätzung nach schwieriger, der Weg schmaler, noch besteht keine direkte Absturzgefahr, »... aber die ausgesetzte Stelle kommt bestimmt gleich!«	Erste Anzeichen einer sich verschlechternden Bewegungsausführung → Schritte werden tastender, zögerlicher
3	deutlich spürbare Aufregung nervös, angespannt trotz vorhandener Zweifel noch bereit, etwas zu wagen	Und da ist sie schon: Der Weg führt aus dem Wald heraus, zuerst durch einen steil abfallenden Wiesenhang und wird dann zunehmend wurzelig, streckenweise matschig und immer ausgesetzter. Aber Sie können die Berghütte, auf der laut ihren Freunden ein ausgezeichneter Kaiserschmarrn serviert wird, schon sehen! »Das schaffe ich ja wohl noch, auch wenn ich Ahnung habe, wie ich da jemals wieder runterkomme.«	Atem wird schneller und flacher, zunehmendes Luftanhalten Erste Anzeichen einer Schutzhaltung → Schultern wandern nach vorne, der Körperschwerpunkt wandert nach hinten Konzentration und Aufmerksamkeit (noch) auf förderliche Weise erhöht: das hilft beim Entschluss die Sache zu wagen und durchzuziehen
4 5	stark bis sehr stark herausgefordert Weitergehen kostet viel bis sehr viel Überwindung zunehmender Drang, das Ganze schnell hinter sich zu bringen Tendenz zu schnellerem = risikoreicherem Gehen nimmt zu ernsthafte Überlegungen, die Wanderung abzubrechen und umzudrehen	Kurz vor der Berghütte kommt dann doch noch **die eine** (schon die ganze Wanderung lang erwartete) fiese Stelle: Der Weg ist seeehr schmal. (Mindestens einen halben Meter!«, sagt die Stimme hinter Ihnen. War ja klar, noch so ein doofer Kommentar und Sie drehen um.) Plötzlich: ein Eisenseil! Stocksteif bleiben Sie stehen, Ihr Blick wechselt gehetzt zwischen der seilgesicherten Stelle und dem »Abgrund« neben Ihnen. Unruhe, Zweifel und Besorgnis werden zunehmend stärker, Ihre Beine beginnen zu zittern. Sie sind entweder dankbar für die Hand, die sich Ihnen entgegenreicht, oder Sie reagieren gereizt auf wohlgemeinte Hilfsangebote und unerbetene Ratschläge. Sie beschleunigen das Tempo, um die Stelle zwar atemlos, aber möglichst schnell zu überwinden. und befinden sich mental und körperlich kurz vor dem Punkt, an dem es (eigentlich) nicht mehr weiter geht: 5 plus.	Bewegungsausführung verschlechtert sich zunehmend, Bewegungen werden zögerlicher, gehemmter, bis hin zu ersten Anzeichen von Lähmung Gleichgewicht und Bewegungskoordination sind durch die einsetzende Reizhemmung im Gehirn zunehmend herabgesetzt Atemtätigkeit stark verändert, reduzierte Sauerstoff-Versorgung → ggfs. Auswirkungen wie zitterige Beine, zunehmende Atemnot Blick zuerst noch hektisch suchend, dann zunehmend auf die Gefahr fokussiert → »Tunnelblick« Starke subjektive Überschätzung von Risiken und Gefahren Evtl. erhöhte Dankbarkeit für engen Kontakt zu unterstützenden Begleitpersonen Möglicherweise aber auch zunehmende Gereiztheit bis hin zum Rückzug, »nichts mehr hören wollen« Das Durchleben der Stufe 5 wird i.d.R. als sehr sehr anstrengend und erschöpfend erlebt.

Stufe Pegel	Beschreibung möglicher Empfindungen	Mögliche Wahrnehmungen, Reaktionen und Verhaltensweisen	Mögliche körperliche und mentale Reaktionen und Auswirkungen
6	Herausforderung eindeutig als zu groß empfunden massive Zweifel körperlich einschränkende Reaktionen nehmen stark zu deutlich wahrnehmbare Angst mit den entsprechenden Warn- und Stopp-Signalen	Die nachstehend beschriebenen Reaktionen können sich zunehmend bis zur Stufe 10 = Panik steigern. Es kann Ihnen so vorkommen, als hätten Sie die Stufen 4 und 5 übersprungen und sind direkt auf Stufe 6 gelandet. Das ist z. B.: der Fall, wenn Sie sich unerwartet und unvermittelt in einer als sehr stark bedrohlich empfundenen Geländeform wiederfinden. Es geschieht allerdings häufiger, dass sich Höhenängstliche über die Signale der Stufen 4 und 5 hinwegsetzen (»es mit Gewalt versuchen« oder sich vorsätzlich »überwinden« wollen). Dabei steigt die Ausschüttung von Cortisol, Adrenalin und Noradrenalin weiterhin an und macht sich ab einer gewissen Schwelle als »plötzliche« und sehr heftige Angstreaktion bemerkbar. In Ihnen gibt nur noch eine (deutliche) Reaktion: »NEIN, ich will nicht weiter.« Ab Stufe 6 besteht eine sehr hohe Wahrscheinlichkeit, dass diese und damit vergleichbare Situation langfristig als sehr bis höchst bedrohlich erinnert werden und dadurch in künftig vergleichbaren Situationen noch schneller Alarm ausgelöst wird.	
7 8	sehr starke Angst mit entsprechenden körperlichen Auswirkungen die Fortsetzung der Wanderung erfolgt nicht mehr selbstbestimmt Wenn existenzielle Gründe vorliegen wie z.B.: ein Wetterumschwung, das Erreichen einer Schutzhütte oder als extrem hoch empfundener sozialer Druck, werden Wanderungen in der Regel (leider) doch noch fortgesetzt	Die Möglichkeit, vorsätzlich regulierend auf den Erregungszustand einzuwirken ist schon ab Stufe 6 nur noch sehr eingeschränkt gegeben, ab Stufe 7 mit hoher Wahrscheinlichkeit nicht mehr möglich. Zunehmend stark bis unerträglich empfundene Angst. Bewusste und angemessene Einschätzung von Risiken und Gefahren ist nicht mehr möglich: Alles ist nur noch grauenhaft. Bewegungskoordination und Gleichgewicht sind sehr stark, bis hin zu Lähmung beeinträchtigt. Betroffene können starken Schwindel und Übelkeit empfinden. Betroffene sind zunehmend weniger ansprechbar und reagieren kaum mehr auf Zuspruch und Anweisungen. Selbst wenn Betroffene der angstauslösenden Situation nicht mehr ausgesetzt sind, kann der bisher beschriebene Zustand länger andauern und nur sehr langsam wieder abklingen. Während dieser Zeit sind die Betroffenen weiterhin kaum ansprechbar und wie erschlafft, die körperliche Leistungsfähigkeit und die damit einhergehende Tritt- und Schrittsicherheit ist sehr stark herabgesetzt.	
9 10	extreme Angst, »totstellen«, Panik, »nicht mehr anwesend sein«	Erlebnisse der Stufe 8 bis 10 haben große Chancen, ein möglicherweise lebenslang bestehendes Belastungstrauma auszulösen.	

Mit Zuversicht losstiefeln: Hilfreiches für die Tourenplanung

Nun aber genug mit den theoretischen Hintergründen! Es wird Zeit, sich von unserer Bank im tiefen Tal zu erheben und uns mit Zuversicht zum Startpunkt unserer Wanderung zu begeben! Aber vorher nehmen wir uns noch einen Moment Zeit für einen kurzen Blick auf die Ausrüstung.

Die Wanderschuhe

Wanderschuhe sollten vor allem eines: richtig gut passen! Laufen Sie daher Ihre Wanderschuhe nach dem Kauf unbedingt über einen längeren Zeitraum ein. Das muss nicht einmal im Gelände geschehen, auch bei Spaziergängen in heimischem Gefilde können sich Fuß und Schuh aneinander gewöhnen.

Hoch, mittelhoch oder niedrig?

Allgemein sollte ein Wanderschuh das Fußgelenk bedecken. Das schützt den Knöchel und bietet dem Fußgelenk Halt, was besonders Menschen mit wenig Geherfahrung oder einem schwachen Band- und Sehnenapparat an den Fußgelenken helfen kann.

Wenn Sie zu den sportlich aktiven Menschen gehören, die regelmäßig und häufig laufen (Joggen oder Wandern), kann ein Wanderschuh gegebenenfalls auch nur halbhoch sein. So sind die meisten Trailrunning-Schuhe niedrig oder halbhoch, dafür hat sich bei dieser relativ jungen Art von bergtauglichen Schuhen bei der Dämpfung und der Sohlengriffigkeit viel getan. Halbhohe Schuhe erlauben zudem eine höhere Bewegungsfreiheit, allerdings sollten die entsprechenden körperlichen Voraussetzungen – Kraft, Stabilität und Koordinationsvermögen – gegeben sein.

Auf das Tragen von ganz normalen Turn- oder Laufschuhen (ohne den ausdrücklich vorgesehenen Einsatz beim Trailrunning oder Bergwandern) sollten Sie möglichst verzichten: Diese Art von Schuh bietet in der Regel nicht die erforderliche Seiten- und Sohlenstabilität.

Die Laufsohle

Die Laufsohle sollte ausdrücklich geländetauglich sein. Allerdings ist nicht jede Bergschuh-Laufsohle, nur weil sie geländetauglich ist, gleich die Richtige. Manche Laufsohlen sind mehr, andere weniger gut gedämpft, daher sollten Menschen, die (vor allem beim Bergabgehen) leicht Knie- oder Fußgelenkschmerzen bekommen, auf eine sehr gute Sohlendämpfung achten.

Außerdem sollten Sie den vorwiegenden Einsatzbereich der Schuhe im Fokus haben. Wenn Sie Höhenangst haben, lässt das vermuten, dass Sie nicht in erster Linie Bergschuhe benötigen, die für Steigeisen und Grödel geeignet sind. (Grödel sind eine Art Schneeketten für Wanderschuhe). Solche Schuhe haben in der Regel eine sehr steife Sohle, und die kann die feine, sensible Wahrnehmungsfähigkeit der Fußsohle vermindern. Das kann die feine Koordination von Schritten und Tritten erschweren, was wiederum vom Gehirn als bedrohlich eingeschätzt werden kann. (Wenn Sie zu den Menschen gehören, deren Höhenangst vorwiegend in Steigeisen- oder Grödel-Gelände auftaucht und Sie »Ihre guten Schuhe« schon länger in Gebrauch haben, vergessen Sie den letzten Abschnitt.)

Mit Stöcken oder ohne?

Beim Einsatz von Stöcken scheiden sich die Geister. Die einen sagen: «Ja, das gibt mir Sicherheit!» Die anderen – darunter eine ganze Reihe von erfahrenen Berg- und Wanderführern – sagen: »Nur in besonderen Fällen.«

Der Vorteil von Wanderstöcken liegt vor allem beim Bergabgehen. Wenn Wanderstöcke bergab technisch korrekt benutzt werden (das sollte man sich zeigen lassen und dann trainieren), lassen sich die Belastung vor allem auf die Kniegelenke um bis zu 30 Prozent reduzieren und dadurch die Gelenke schonen.

Nachteile von Wanderstöcken können zum Beispiel sein, dass die in bestimmten Situationen im Weg sind. Und dass sie eine (vermeintliche) Sicherheit vorgaukeln: Man kann sich am Griff festhalten! Da können Sie ebenso gut Tannenzapfen in die Hand nehmen, das kommt Sie billiger, und die lassen sich beim Abstützen oder Hinfallen einfacher loswerden.

Nicht zuletzt spielt bei der Frage ob Stöcke oder nicht auch die Koordinationsschulung eine Rolle: Sich im Gelände ohne Stöcke zu bewegen erfordert von Gehirn und Muskulatur eine feine Abstimmung von Gleichgewicht, Balance und Schrittlänge. Werden Kopf und Körper diese Aufgabe durch die häufige oder ständige Verwendung von Stöcken abgenommen, bilden sich diese Fähigkeiten weniger gut aus und fehlen dann möglicherweise in bestimmten Geländeformen oder bei zunehmender Müdigkeit.

Für unsere heutige Wanderung sowie für Ihre nächsten eigenen Übungswanderungen schlage ich daher vor: Wenn Sie Ihre Wanderungen bisher mit Stöcken gemacht haben, nehmen Sie die Stöcke mit. Ob Sie sie dann verwenden oder nicht, sehen wir, wenn es soweit ist. Vielleicht möchten Sie unterwegs auch ausprobieren, bestimmte Wegabschnitte mal mit und mal ohne Stöcke zu gehen? Wenn Sie bisher nicht mit Stöcken gegangen sind, brauchen Sie für unsere Trainingswanderung auch keine mitbringen.

Schlussendlich aber entscheiden Sie. Machen Sie es so, wie es für Sie passt, und lassen Sie sich weder von den einen noch den anderen Verfechtern reinreden. Das gilt übrigens für alles, was Sie in diesem Buch an Anregungen und Ratschlägen erfahren.

Der Wanderrucksack

Ihr Wanderrucksack sollte vor allem eines (Achtung, eine Wiederholung!): Er sollte richtig gut passen! Das Rückenteil sollte weder zu lang noch zu kurz sein, bei hochwertigen Rucksäcken sind in der Regel Körpergrößen angegeben. Er sollte weder zu viel noch zu wenig Volumen haben und über verstellbare Tragegurte sowie einen breiten, gut sitzenden Hüftgurt verfügen. Mithilfe dieser verschiedenen Gurte lässt sich der Schwerpunkt des Rucksacks während der Wanderung je nach Hangneigung und Füllung individuell einstellen. Verstauen Sie schwerere Sachen unten im Rucksack. Dadurch zieht der Rucksack weniger nach hinten, Schultern und Rücken werden nicht unnötig belastet und Schmerzen beim längeren Tragen können vermieden werden.

Eine Aufteilung des Innenraums in verschiedene, verschließbare Taschen und gut erreichbare Außentaschen helfen beim Verstauen und Wiederfinden von allem Möglichen, das man auf Tour dabeihaben sollte. Zum Beispiel: einem Erste-Hilfe-Päckchen, Einwegtaschentücher inklusive einer kleinen Tüte, um gebrauchte Wegwerftücher aller Art und weiteren Abfall aufzubewahren und zu Hause zu entsorgen, Regenschutzkleidung, Wechselshirt, Verpflegung und Trinkwasser, ggfs. Sonnen- und Insektenschutzmittel.

Jetzt geht´s los!

Gleich bei dem Wegeschild vor uns beginnt unsere Wanderung! Unterwegs werden wir auf eine Vielzahl von Übungsstellen und Streckenabschnitten treffen, an denen Sie erfahren und üben können, was Sie an von Ihnen als herausfordernd empfundenen Stellen tun und lassen können. Jene Übungen, die Sie beim Lesen ganz besonders ansprechen, können Sie idealerweise demnächst bei einer realen Wanderung selbst ausprobieren! Allerdings sollten Sie die Touren und Gebiete für Ihre nächsten Wanderungen sehr sorgfältig wählen: Sie sollen sich dabei weder langweilen noch überfordern. Verzichten Sie auf riskante Manöver für sich und andere und vermeiden Sie Überforderung (= höher als Stufe 5). Damit Ihre Höhenangst abnimmt, müssen Sie sich nicht »mit aller Gewalt« überwinden, sondern wieder und wieder »die Erfahrung machen, dass es geht!«

Als Leitsatz für das Üben und alle künftigen Bergtouren mag Ihnen der bemerkenswerte Satz des österreichischen Alpinisten Paul Preuß (1886 bis 1913) dienen: **»Das Können ist des Dürfens Maß.«**[1]

KAPITEL 2

Schritt für Schritt zum Höhenmut

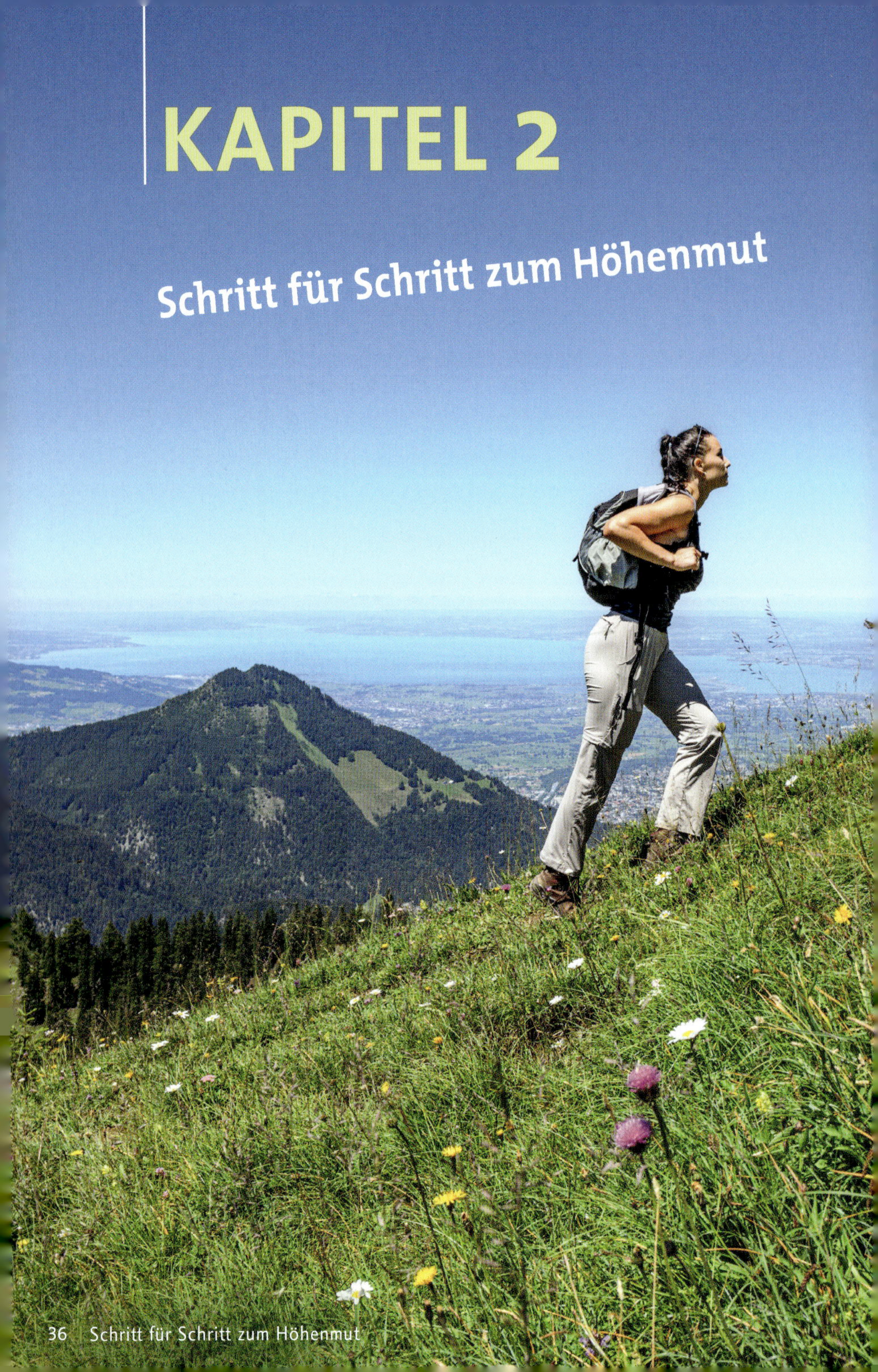

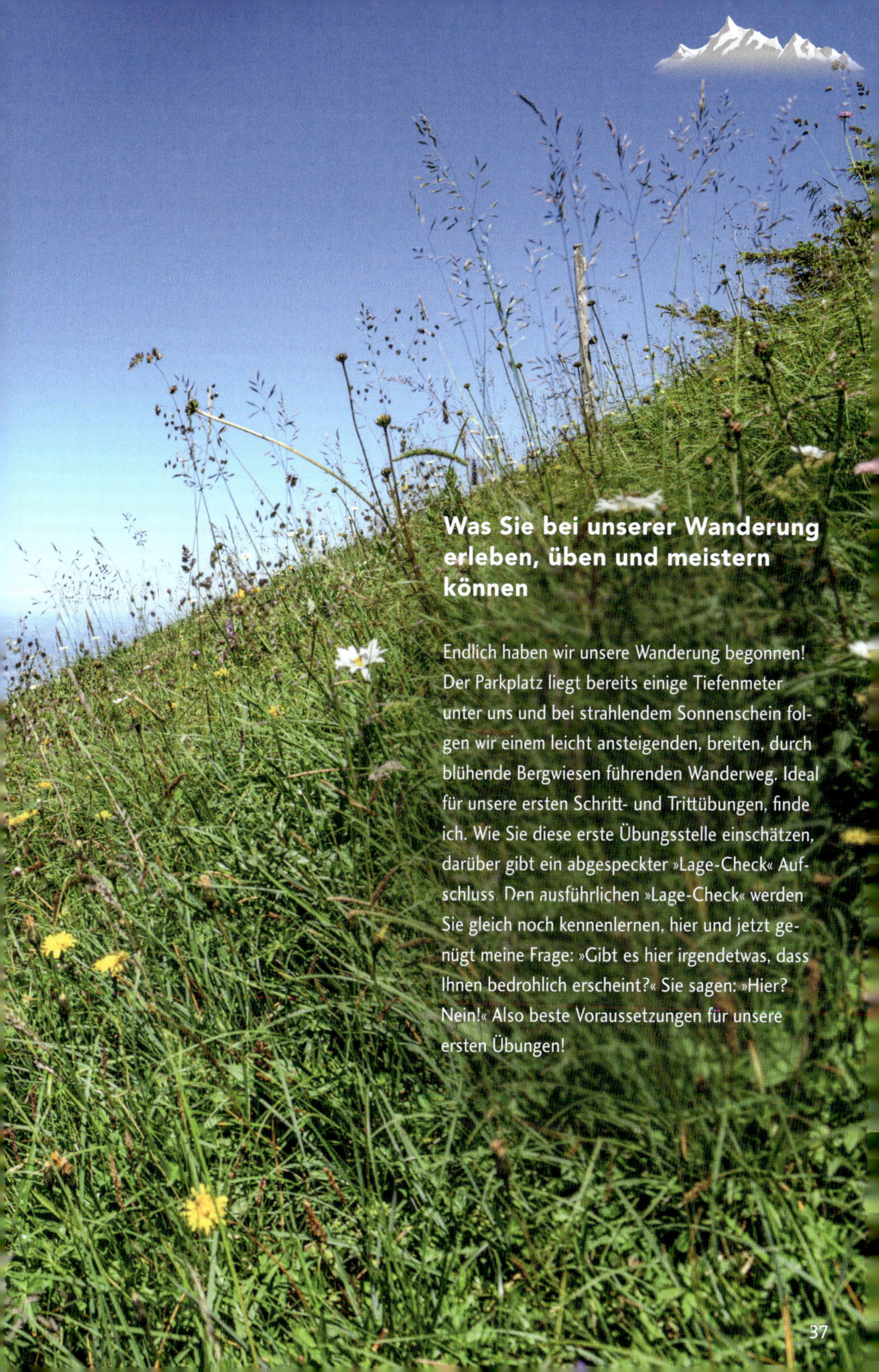

Was Sie bei unserer Wanderung erleben, üben und meistern können

Endlich haben wir unsere Wanderung begonnen! Der Parkplatz liegt bereits einige Tiefenmeter unter uns und bei strahlendem Sonnenschein folgen wir einem leicht ansteigenden, breiten, durch blühende Bergwiesen führenden Wanderweg. Ideal für unsere ersten Schritt- und Trittübungen, finde ich. Wie Sie diese erste Übungsstelle einschätzen, darüber gibt ein abgespeckter »Lage-Check« Aufschluss. Den ausführlichen »Lage-Check« werden Sie gleich noch kennenlernen, hier und jetzt genügt meine Frage: »Gibt es hier irgendetwas, dass Ihnen bedrohlich erscheint?« Sie sagen: »Hier? Nein!« Also beste Voraussetzungen für unsere ersten Übungen!

Die Haltung macht's!

Tritt- und Schrittübungen für sicheres Gehen

Wir suchen uns eine etwa zehn Meter lange Übungsstrecke auf einem Wanderweg ohne jegliche Absturzgefahr. Der Weg soll nur mäßig abfallen und darf gern etwas steinig oder sogar ausgewaschen sein, aber in keiner Weise bedrohlich. Gehen Sie nun auf diesem Weg vom oberen Startpunkt aus etwa zehn Meter bergab. Auf eine ganz natürliche Art und Weise, so wie Sie auf einem ungefährlichen, einfachen Wegstück eben gehen würden.

Machen Sie sich während des Gehens Ihre Körperhaltung bewusst, Ihre Schrittlänge, die Art Ihres Auftretens (entschlossen oder zögerlich-tastend?), Ihren Atem und wo Sie während des Gehens hinblicken.

Am Umkehrpunkt nach etwa zehn Metern halten Sie an, drehen um und gehen in Ihrer ganz natürlichen Haltung zum bergwärts gelegenen Ausgangspunkt der Übungsstrecke zurück. Dort halten Sie erneut an.

Nun gehen Sie die Übungsstrecke noch einmal talwärts, dieses Mal jedoch in der Haltung, die Sie einnehmen, wenn Ihnen ein Weg bedrohlich erscheint, weil er vielleicht schmaler und steiler ist, einen schwierigen Untergrund aufweist oder seitlich steil abfällt.

Machen Sie sich dabei die Unterschiede zum ersten Versuch bewusst: Wie verändert sich die Körperhaltung? Die Schrittlänge? Die Art des

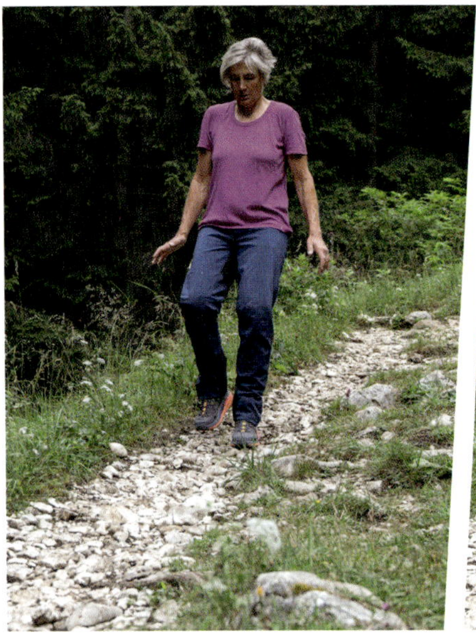

Auf ganz natürliche Art und Weise bergab gehen.

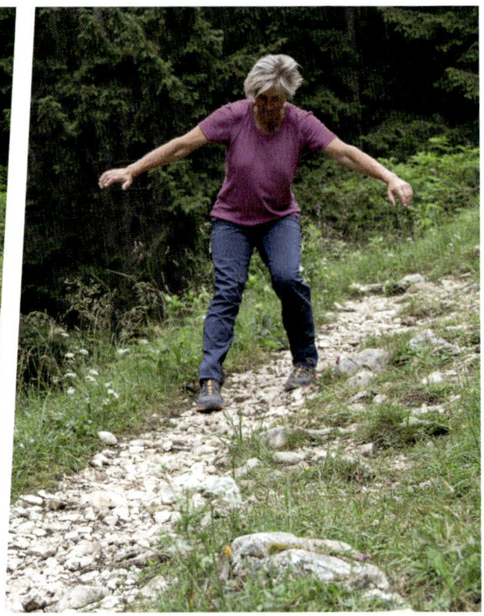

Auf ängstliche Art und Weise bergab gehen.

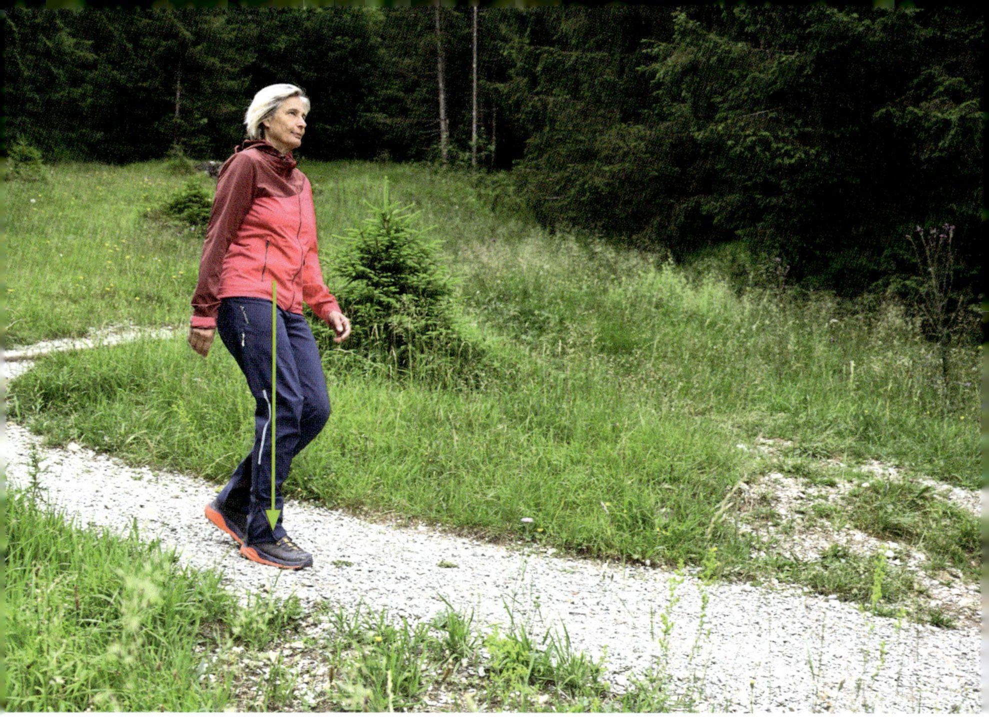

Brustbein heben, und schon ist der Körperschwerpunkt dort, wo er sein sollte.

Auftretens? Wohin geht ihr Blick, und verändert sich Ihre Atmung?

Am Umkehrpunkt halten Sie an, drehen wieder um und gehen – weiterhin in einer zögerlichen, ängstlichen Haltung – zum bergwärts gelegenen Ausgangspunkt zurück.

Nun gehen Sie die Übungsstrecke erneut talwärts. Dieses Mal ändern Sie Ihre Körperhaltung etwa alle zwei Meter abwechselnd von einer sicheren, entschlossenen Haltung zu einer ängstlichen, zögerlichen Haltung. Sicher und entschlossen – ängstlich und zögerlich. Diesen Wechsel behalten Sie auch nach dem Umkehrpunkt beim Bergaufgehen solange bei, bis Sie wieder am Ausgangspunkt angekommen sind.

Welche Unterschiede können Sie feststellen? Was zeichnet Ihr sicheres Gangbild aus? Können Sie an Ihrem Gangbild eines oder mehrere Merkmale von sicherem Gehen feststellen und diese bei einem nächsten Übungsgang ganz bewusst einnehmen?

Das kann helfen, sicherer zu gehen

Sicher bergab? Brustbein heben!

Die Körperhaltung ist aufrecht und entspannt, das Brustbein ist leicht angehoben. Wie bitte? Ja, heben Sie beim Gehen das Brustbein an! Dadurch kommt der Körperschwerpunkt – vereinfacht gesagt: die Hüfte – dahin, wo er (der Körperschwerpunkt) beziehungsweise sie (die Hüfte) hingehören, nämlich über die Füße. Die Schultern senken sich ab, und das Gangbild unterscheidet sich unmittelbar von dem bei einer unsicheren, ängstlichen Körperhaltung.

»Schultern runter« und feste ausatmen

Wann immer Ihr Gehirn auch nur das geringste Anzeichen einer möglichen Bedrohung wahrnimmt – das können sehr wohl auch »nur« Gedanken sein –, reagiert der Körper blitzschnell mit mehr oder weniger stark spürbaren Veränderungen. Am ehesten und meistens unbemerkt ziehen die Schultern leicht nach oben und der Atemfluss verändert sich. Machen Sie hier und jetzt beim Lesen einen Versuch: Lassen Sie die Schultern bewusst nach unten sinken und atmen Sie dabei hörbar aus. Sind Sie gerade erstaunt darüber, dass sich Ihre Schultern tatsächlich abgesenkt haben? Sie hatten gar nicht bemerkt, dass diese nach oben gezogen waren? Und hat Ihnen das tiefe Ausatmen wohlgetan? Diese einfache, Anspannung regulierende Maßnahme können Sie jederzeit und überall durchführen, ganz besonders jedoch dann, wenn ihre Aufregung steigt oder aufgrund bestimmter Umstände höher ist als üblich. Zum Beispiel beim Wandern, wenn Sie sich nicht sicher sind, was da noch so alles auf Sie zukommt.

Egal, ob bergauf, bergab oder auf Passagen ohne nennenswerte Steigung oder Neigung: Die Kombination aus Anheben des Brustbeins, dem Befehl »Schultern runter«, dem Fokus auf die Füße und hörbarem Ausatmen ist eine einfache, direkte und wirkungsvolle Maßnahme, um bei Stress oder Angst die Position des Körperschwerpunktes, die Muskelspannung, den Fokus und die Atmung zu regulieren.

»Hände abfangbereit ausbreiten«

Spannen Sie die Muskulatur in Armen und Händen an, spreizen Sie die Finger auseinander, die Handflächen zeigen nach unten: So lassen sich Ausrutscher oder Stürze eher abfangen und die Gefahr von Verletzungen an den Handgelenken vermeiden.

»Lebendiges Gehen«

Wenn jemanden zögerlich, zweifelnd oder ängstlich geht, erscheinen dessen Körper und die Bewegungen starr und steif. Ganz anders sieht das Gangbild aus, wenn jemand unbeschwert, zuversichtlich, im besten Fall mit Begeisterung geht! Diese Art des Gehens nenne ich: »lebendiges Gehen«. Dieses Gangbild ist nicht so leicht mit Worten zu beschreiben, deswegen lade ich Sie ein, Ihre eigenen Erfahrungen zu machen und Ihre eigenen Worte zu finden, mit denen Sie das »lebendige Gehen« beschreiben würden. Vielleicht würden Sie eher Worte wählen wie unbeschwert, beherzt, heiter, natürlich, locker, mit Vorfreude, entspannt? Wenn Sie später bei den einzelnen Übungsstellen die Anweisung »Lebendiges Gehen!« hören, können Sie sich stattdessen gern Ihre eigenen Worte für Ihre **persönliche, optimale Art des Gehens** vorsagen.

»Schritt!!! Schritt!!! Schritt!!!«

Jeder Schritt wird entschlossen aufgesetzt, die Schuhspitze zeigt dabei in Laufrichtung (mehr zur Laufrichtung im nächsten Abschnitt). Dadurch wird das bergtaugliche Profil Ihrer Schuhsohle optimal eingesetzt und die Rutschgefahr reduziert sich. Manchmal hilft es, diese Art des entschlossenen, festen Auftretens mit der Selbstanweisung »Schritt! Schritt! Schritt!« zu unterstützen. Besonderen Wert sollten Sie dabei auf die Ausrufezeichen legen, also kein zögerliches, leises »Schrittchen«, sondern vielmehr ein entschlossenes: »Schritt!!! Schritt!!! Schritt!!!«

Die Anregung, in herausfordernden Wegstücken fest und entschlossen zu treten, hat einen weiteren Grund: Je höher der Alarm im Kopf, desto weniger gut spüren Sie Ihren Körper. Je weniger gut Sie Ihren Körper spüren, desto höher ist die Gefahr von Tritt- und Schrittunsicherheiten, was vom Gehirn wiederum als zusätzliche Bedrohung beurteilt werden kann. Durch das feste Auftreten, fast schon ein Stampfen, bleiben Sie bewusst in Kontakt mit den Füßen. Solange Sie Ihre Füße beim Gehen noch spüren, solange funktioniert die Reizweiterleitung zwischen Kopf und Körper. Das kann beim Einordnen in die Höhenangstskala helfen: Wenn Sie die Füße oder die Hände nicht mehr spüren, dürften Sie die Stufe 5 bereits überschritten haben. Damit es gar nicht erst soweit kommt, erinnern Sie sich in herausfordernden Situationen an das feste, entschlossene Auftreten. Wodurch sich übrigens auch einige der ganz üblen Berggeister in die Flucht schlagen lassen!

Gewicht auf den auftretenden Fuß

Beim Gehen bewegt sich der Körper von Schritt zu Schritt ganz leicht abwechselnd von rechts nach links und zurück. Dadurch verlagert sich der Körperschwerpunkt über den jeweils belasteten Fuß, das Gehen wird kraftvoller, stabiler und entschlossener und die Lamellen der Profil-Schuhsohle können besser greifen.

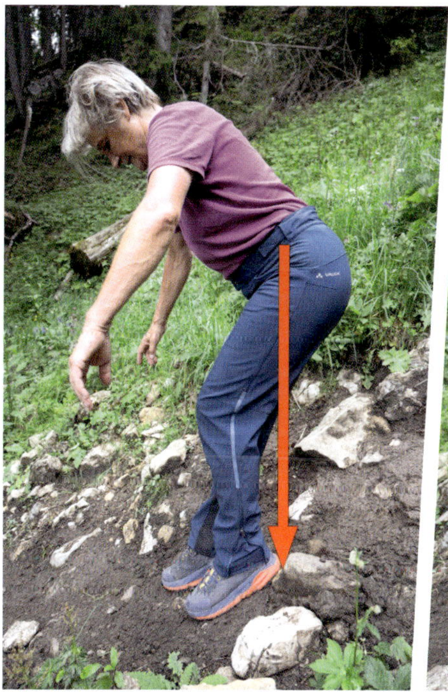

Durch das tastende Vorbeugen gerät der Körperschwerpunkt zu weit nach hinten, dadurch kommt zu wenig Druck auf die Profilsohlen.

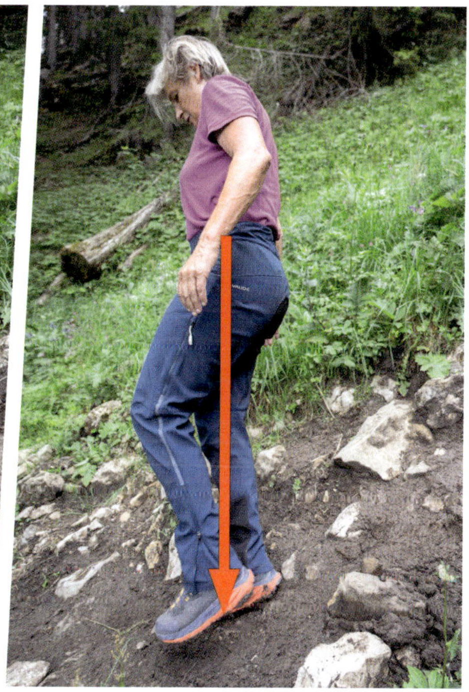

Besser: Brustbein hoch, Körperschwerpunkt über die Füße, Gewicht auf den auftretenden Fuß verlagern: So kann die Profilsohle besser greifen.

Fußspitze in Laufrichtung

Eigentlich eine deutliche Anweisung, könnte man meinen. Wenn Sie einem Weg oder Pfad folgen, führt der in eine bestimmte Richtung, also setzen Sie den Fuß so auf, dass die Fußspitze in die Richtung zeigt, in die Sie gehen möchten. (Sie wissen schon: so kann die Profilsohle optimal greifen.) Dabei zeigen die Füße in dieselbe Richtung wie die Knie, die Hüfte, der Bauchnabel und die Brust, oder anatomisch ausgedrückt: Die Längsachse des Körpers zeigt in die Bewegungsrichtung. Das entspricht der natürlichen, gewohnten Art zu gehen, die wir beherrschen.

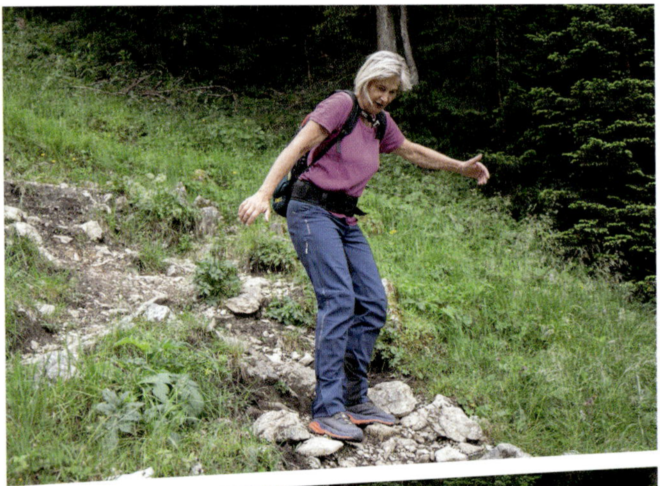

Anstatt sich ängstlich seitlich voranzutasten …

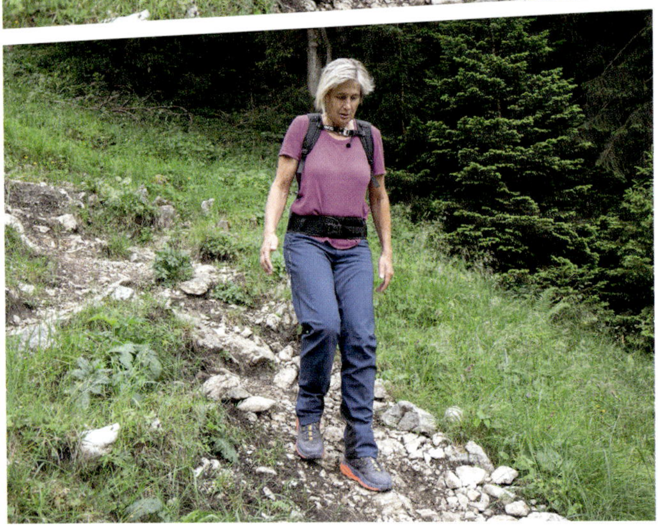

… heben Sie das Brustbein an und richten Fußspitzen und Körperlängsachse dahin, wo es hingegen soll.

Körperachsen wahren

Schwieriger, vor allem unsicherer, wird das Gehen, wenn sich diese Körperlängsachse verwindet oder seitlich abknickt. Das kennen Sie möglicherweise von Wegstücken, die auf einer Seite von einem Hang oder von Felsen begrenzt werden und auf der anderen Seite steil abfallen. In der Hoffnung, sich irgendwo festhalten zu können, neigen Sie den Oberkörper seitlich zum Hang (Längsachse knickt ab), oder Sie drehen den Oberkörper zum Hang (Längsachse verwindet sich).

Vielleicht gibt Ihnen diese Art der Fortbewegung (vermeintlich) Sicherheit, oder Sie kennen (noch) keine andere Möglichkeit, solche Stellen zu überwinden. Egal! Es geht auch anders. Anstatt den Oberkörper seitlich aus der Körperlängsachse zu kippen oder entlang der Längsachse zu verwinden, können Sie den Körper auch komplett zum Berghang drehen. Brust, Hüfte, Knie und Fußspitzen zeigen nun zum bergwärts gelegenen Hang. Dann gehen Sie aufrecht, aufmerksam und konzentriert so lange seitlich, bis Sie die Stelle überwunden haben. Ein weiterer Vorteil dabei ist, dass Sie zum Berghang hin und nicht in die Tiefe blicken. Dadurch lässt sich Höhenschwindel reduzieren oder ganz vermeiden.

Ebenso können Sie in Geländeformen mit schmalen Trittgelegenheiten, auf denen sich der Fuß nicht in Laufrichtung aufsetzen lässt, die Füße seitlich aufsetzen, was zum Beispiel auf Wurzelteppichen, über Absätzen oder bei kleinen Tritten in felsigem Gelände hilfreich ist. Dabei sollte sich der Körper ebenfalls in der gesamten Längsachse so ausrichten, dass Fußspitze, Knie, Hüfte und Brust weitestgehend in eine Richtung zeigen.

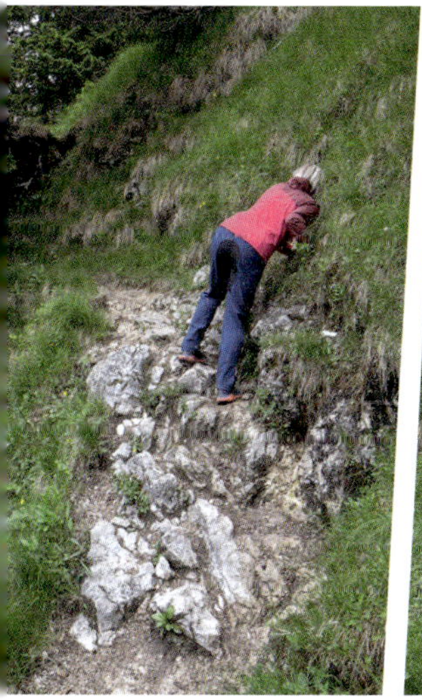

Anstatt beim Gehen seitlich abzuknicken …

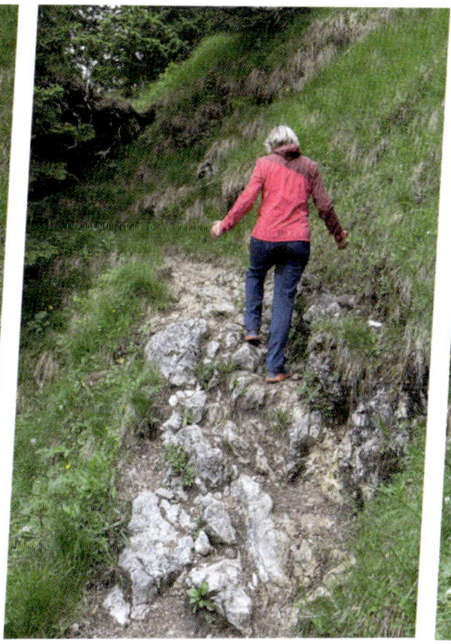

… gehen Sie besser entweder aufrecht und gerade …

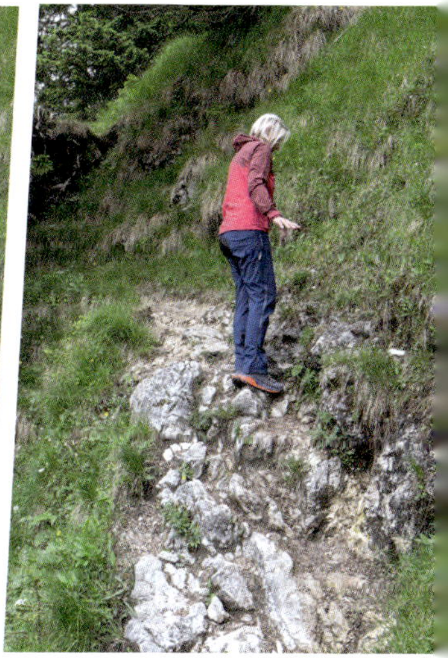

… oder drehen den Körper komplett zum Berghang, gehen seitlich und vermeiden so das Risiko unerwünschter Tiefblicke.

Festigen Sie das Vertrauen in ihre Füße, Schuhe und Gehtechniken: Gehen Sie an herausfordernden, aber noch einschätzbaren Wegstellen (auf der Höhenangstskala zwischen 2 bis höchstens 3) ganz bewusst, mit entschlossenen, kurzen, lebendigen Schritten und abfangbereit vorgespannten Händen und Armen, ruhig und tief atmend und mit in Laufrichtung ausgerichteter Körperlängsachse. Anmerkung: An Stellen, bei denen Sie Ihren Stresspegel auf der Höhenangstskala bei höher als 3 einschätzen, können Sie das Prinzip »Schlüsselstellen üben« einsetzen, mehr dazu erfahren Sie in Kapitel 3 ab Seite 78.

Muskulatur leistungsbereit, aber entspannt

Sicheres Gehen, Balance und Gleichgewicht ergeben sich aus einem fein koordinierten Zusammenspiel zwischen dem Gehirn, zahlreichen Körperbereichen und Muskelgruppen. Dieses Zusammenspiel kann nur dann optimal, also fein aufeinander abgestimmt, ablaufen, wenn die Muskulatur leistungsbereit, aber locker ist. Bei einer übermäßigen Anspannung der Muskulatur werden Informationen vom Gehirn zur Muskulatur und zurück nicht mehr optimal weitergeleitet, dadurch verschlechtern sich Bewegungsabläufe, Balance und Gleichgewicht.

Vielleicht haben Sie schon einmal erlebt, wie sich Ihr Körper gleich zu Anfang einer Sturz-, Stolper- oder Rutschsituation »wie von alleine« wieder fängt. Das muss nicht im Zusammenhang mit Bergen sein, auch das Stolpern über eine Teppichkante kann erleben lassen, wie schnell und präzise der Körper das Gleichgewicht wiederherstellen kann. Je verkrampfter allerdings die Muskulatur und je weiter der Körperschwerpunkt von der optimalen Position entfernt ist (zum Beispiel bei zu langen Schritten), desto schwieriger wird das Austarieren des Gleichgewichts und des Körperschwerpunkts.

Cowboy, Kapitänin ... sich an die optimale Körperhaltung erinnern

Leider ist es gar nicht so einfach, die Muskulatur in bestimmten Momenten auf Anhieb zu entspannen und sich daran zu erinnern, wo der Körperschwerpunkt sein sollte. Dann können Metapher oder Bilder helfen, den Körper an eine bestimmte Körperhaltung zu erinnern. Vielleicht haben Sie Lust, auf der bereits bekannten Übungsstrecke mit diesen Bildern zu üben:

»Gehen wie ein Cowboy«: Der Cowboy federt bei jedem Schritt ein wenig aus den Knien heraus und ist insgesamt ziemlich von sich überzeugt.

»Gehen wie ein Seemann oder eine Kapitänin«: Der Seemann oder die Kapitänin schwanken beim Gehen locker hin und her und verlagern dadurch den Körperschwerpunkt über den jeweils belasteten Fuß. Die lockere Muskulatur ermöglicht es, Gleichgewicht und Koordination trotz schwankendem Untergrund jederzeit fein auszutarieren.

Kurze Schritte – lange Schritte

Wir sind immer noch an unserer ersten Übungsstelle. Erneut bitte ich Sie, eine etwa sechs Meter lange Strecke bergab zu gehen. Machen Sie dabei möglichst lange Schritte. Dann kehren Sie um und machen nun auch bergauf möglichst lange Schritte. Am Startpunkt angekommen wiederholen Sie das Ganze, doch dieses Mal gehen Sie mit kurzen Schritten, erst bergab und anschließend wieder bergauf. Und nun ein drittes Mal, aber dieses Mal wechseln Sie im Abstand von etwa

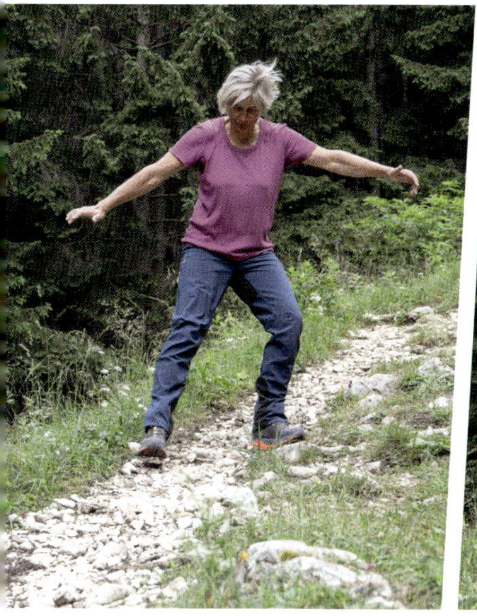

Ängstliche Körperhaltung.

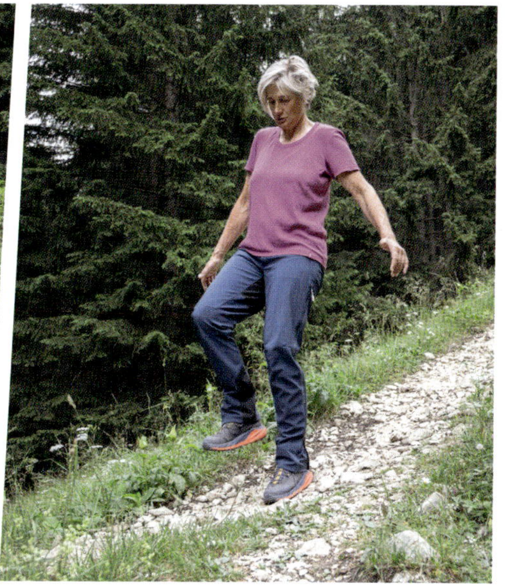

Höhenmutig gehen: locker, Brustbein hoch, Körperschwerpunkt zentral, Gewicht auf den tretenden Fuß, Füße in Laufrichtung, Aufmerksamkeit auf den Weg. Das hält und hilft, Vertrauen in Füße und Schuhe zu entwickeln!

zwei Metern abwechselnd zwischen kurzen und langen Schritten.

Was fällt Ihnen auf? Vermutlich stellen Sie fest, dass lange Schritte bergauf offensichtlich kräftezehrender sind. Und dass Sie beim Bergabgehen durch lange Schritte schneller werden, vielleicht fühlt es sich ein bisschen an, als würde jemand von hinten schieben.

Tatsächlich kostet das Bergaufgehen mit langen Schritten mehr Kraft, weil das Körpergewicht bei jedem Schritt über eine längere Strecke nach oben bewegt werden muss als bei kürzeren Schritten. Gut trainierte Berggeher verfügen in der Regel über ausreichende Kraftreserven und können problemlos mit langen Schritten bergauf gehen. Untrainierte Menschen jedoch können bei kräftezehrenden Aufstiegen schneller ermüden. Dadurch nehmen Konzentrations- und Koordinationsfähigkeit ab, das kann zu Schrittunsicherheiten wie Schlurfen und Stolpern führen – und das wiederum kann Stress und Angst auslösen und verstärken.

Während Sie sich beim Bergaufgehen vielleicht schon einmal eine Anschubhilfe gewünscht haben, können Sie eine solche beim Bergabgehen nicht gebrauchen, schon gar nicht, wenn ein Weg Konzentration und Vorsicht erfordert. Durch lange Schritte bergab kommt das Körpergewicht stärker in Schwung, und der Körper wird in Laufrichtung beschleunigt. Im Flachen eine tolle Sache! Beim Bergabgehen im Gefälle jedoch schiebt dieser Schwung nicht nur nach vorn, sondern nach vorn-unten. Diese Schubkraft muss bei jedem Schritt durch erhöhten Kraftaufwand abgefangen werden, Schritte lassen sich dadurch

unter Umständen nicht mehr so präzise setzen oder korrigieren, Stolpern und Stürze werden schlimmstenfalls ebenso »schwungvoller«.
Je länger die Schritte bergab, desto höher die abzubremsende Masse: Das kann unter Umständen einen ordentlichen Muskelkater verursachen. Dieser entsteht durch ungewohnte, besonders starke Belastungen, und eher beim

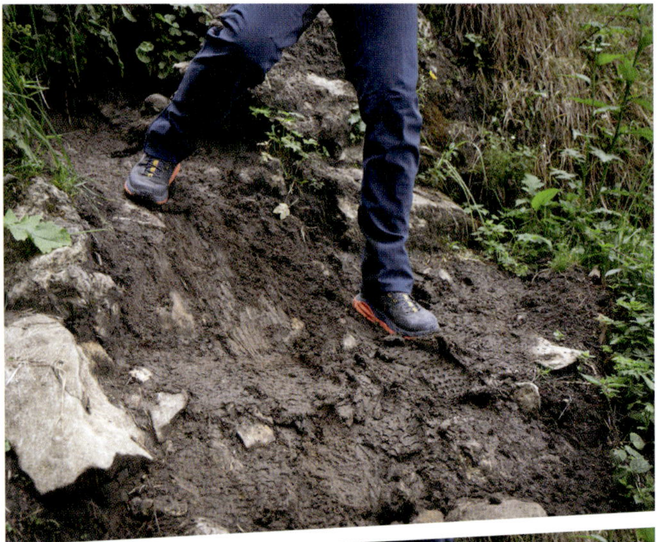

Lange Schritte bergab können zu viel Kraft kosten und die Trittsicherheit verschlechtern.

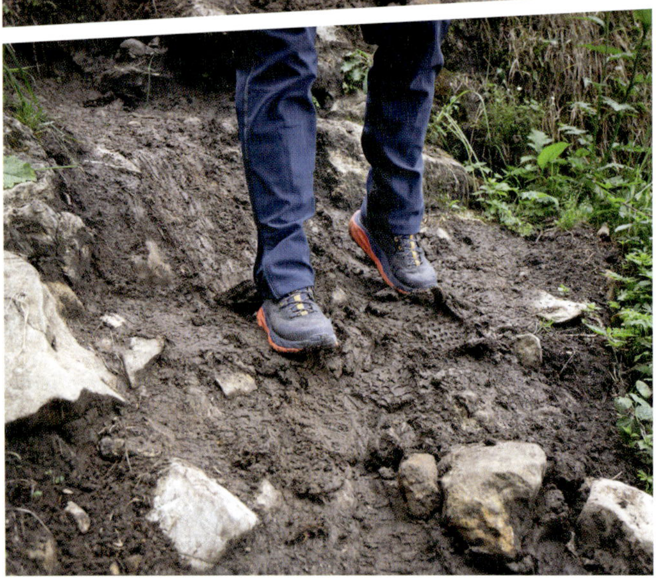

Kurze Schritte bergab sparen Kraft und können mehr Sicherheit geben.

Bergab- als beim Bergaufgehen. Bergab muss der talwärts zunehmende Schwung bei jedem Schritt abgefangen werden. Wenn das Bergabgehen ungewohnt ist und die Beinmuskulatur untrainiert, verläuft die Abfangbewegung nicht kraftvoll, wohl koordiniert und geschmeidig, sondern vielmehr abrupt. Dadurch kann der Muskel winzigste Faserrisse erleiden, die den typischen Muskel-(kater-)Schmerz verursachen.

Bis zu sechsfach höhere Belastungen

Muskelkater ist zwar unangenehm, aber noch lange nicht das Schmerzhafteste, was Sie sich beim Bergabgehen zuziehen können. Beim Bergabgehen wird die Muskulatur von Gesäß und Oberschenkeln etwa doppelt so stark beansprucht wie beim Bergaufgehen, allein das kann bereits Schmerzen verursachen. Je steiler ein Weg bergab führt, desto höhere Belastungen wirken auch auf die Kniegelenke, das kann je nach Steilheit und Schrittlänge eine bis zu sechsfach erhöhte Belastung bedeuten als beim Bergaufgehen. Das summiert sich, bei jedem Schritt, oft stundenlang und kann durchaus vielfältige Schmerzen bis hin zu Gelenkschäden nach sich ziehen. Kürzere Schritte können – bergauf und bergab – Belastungen reduzieren, und auch das Bergabgehen mit Stöcken – wenn man es richtig macht und das Gelände einen störungsfreien Einsatz von Stöcken ermöglicht – kann die Belastung um 25 bis 30 Prozent reduzieren.

Den Weg scannen

Für unsere nächste Übung verlassen wir unsere bisherige Übungsstrecke und gehen auf dem Weg ein paar Minuten weiter bergauf. Der Weg wird etwas steiler und führt uns in ein wurzeldurchsetztes Waldstück. Außer einem möglicherweise stromführenden Weidezaun am oberen Ende des Wurzelteppichs sehen Sie keine Bedrohung, und um diesen Zaun kümmern wir uns erst, wenn wir tatsächlich dort sind.

Nun bitte ich Sie, auf diesem Wurzelteppich eine Übungsstrecke bergauf festzulegen, vielleicht acht bis zehn Meter lang. Auf der ersten Hälfte der Übungsstrecke richten Sie den Blick beim Gehen bitte direkt vor die Füße. Nach der Hälfte der Strecke halten Sie kurz an, dann gehen Sie weiter zum Ende der Übungsstrecke und richten dabei den Blick auf den Weg voraus. So, als ob Sie mit den Augen den Weg suchen, den Sie gehen möchten. Ihr Blick wandert dem Körper also stets eine gewisse Wegstrecke voraus. Vermutlich werden Sie feststellen, dass ihr Blick automatisch und unablässig zwischen »weiter voraus« und wieder zurück bis »kurz vor die Füße« wechselt, so, als ob der Blick den Weg vor Ihnen »scannt«.

Können Sie einen Unterschied in diesen Gehübungen feststellen, wenn Sie entweder »ganz nah vor Ihre Füße blicken« oder »den Weg beim Gehen scannen«? Vermutlich bejahen Sie diese Frage: Das Gehen mit Blick voraus auf dem Weg fühlt sich sicherer und gleichmäßiger an, während Sie das Gehen mit Blick direkt vor den Füßen eher als unsicher, zögerlich und stockend empfinden.

Sie haben inzwischen eine Wegstrecke von acht bis zehn Metern zurückgelegt. Halten Sie an und gehen Sie denselben Wegabschnitt wieder talwärts. Die erste Hälfte der Übungsstrecke mit dem Blick direkt vor den Füßen, nach der Hälfte der Übungsstrecke heben Sie den Blick und suchen nun auf dem Weg vor sich aktiv nach Trittmöglichkeiten: Sie »scannen« den Weg nun auch talwärts.

Sie werden schnell feststellen, in welcher Entfernung sich der Blick auf dem Weg vor und zurück bewegen sollte, damit Sie sich beim Gehen sicher fühlen. Aber, weil Sie bestimmt danach fragen werden: Es gibt nicht »den einen Abstand«, den der Blick dem Körper vorauslaufen soll. Der ist abhängig von der Hangneigung, der Gehgeschwindigkeit und der Beschaffenheit des Untergrundes. Auf breiten, einfach zu gehenden Wegen in nur mäßig geneigtem Gelände mag die zu scannende Strecke vor Ihnen vielleicht drei, vier Meter oder mehr betragen. Auf steileren, felsdurchsetzten Wegstrecken vielleicht einen Meter, manchmal nur bis zur nächsten Stufe, aber stets sollte gelten: »Blick voraus und auf den Weg!«

Für diesen Tipp – wie für alle anderen Anregungen in diesem Buch auch – gibt es eine Erklärung: Gezielte Bewegungsabläufe wie Gehen oder Steigen entstehen im Zusammenspiel von sensorischen (tasten, spüren) und visuellen (sehen) Eindrücken, die im Gehirn verarbeitet und von dort an die an der Bewegung beteiligten Muskulatur gesendet werden. Je mehr Informationen über das vorausliegende Gelände dem Gehirn durch das Vorausschauen geboten werden, desto umfänglicher kann das Gehirn die erforderlichen Bewegungen berechnen, und umso flüssiger wird der Bewegungsablauf.

Und nicht nur der Bewegungsfluss profitiert vom Vorausschauen. Auch die Berechnung und Feinabstimmung der unzähligen, kleinen, feinen Muskeltätigkeiten, die am Finden und Halten von Gleichgewicht und Balance beteiligt sind, fallen dem Gehirn umso leichter, je mehr es auf entsprechend relevante und verwertbare Informationen zugreifen kann. Diese Informationen erhält das Gehirn durch die Augen, deswegen: »Augen auf den Weg!« Und durch den Tastsinn. Sie erinnern sich bestimmt an die Anregung »Feste auftreten!«, die dabei unterstützen kann, unter Stress den Kontakt zu den Körperempfindungen nicht so schnell zu verlieren.

Bilder, Worte, Gefühle ... können beim Erinnern helfen

Versuchen Sie, ein Wort, ein Bild, ein Gefühl oder eine Metapher zu finden, mit dem Sie ihr persönliches »optimales, entschlossenes und sicheres Gehen« bezeichnen würden. Dieses Wort, einmal gefunden, können Sie dann in herausfordernden Situationen verwenden, um Ihre Körperhaltung schnell und einfach zu regulieren:

Meine ideale Körperhaltung beim Gehen nenne ich:

✍

____

Fürs Erste reicht es nun mit den Schritt- und Trittübungen. Lassen Sie uns weitergehen und Herausforderungen entdecken, an denen Sie das bislang Erfahrene und Geübte direkt anwenden können! Zum Beispiel auf Schotter, über rutschige oder ausgesetzte Wegpassagen. Auf dem Weg zu den nächsten Übungsstellen bekommen Sie dafür noch weitere Werkzeuge an die Hand.

Mein Tipp für zu Hause: Warten Sie mit dem Ausprobieren der Schritt- und Trittübungen nicht, bis Sie das nächste Mal in den Bergen sind. Die meisten lassen sich auch zuhause im Wohnzimmer, im Garten, im Wald oder in einem Park üben!

Wer raufgeht, muss auch (sicher) wieder runter

Ein »Lagecheck« zur rechten Zeit spart Nerven und bringt Sicherheit

Wollen wir eine Wette machen? Ich wette, dass mehr als die Hälfte der nachstehenden Behauptungen auf Sie zutreffen:

- → Sie machen sich häufig schon auf dem Weg nach oben Sorgen darüber, wie Sie da jemals wieder runterkommen sollen.
- → Sie machen sich bei einer Wanderung schon von Anfang an Gedanken darüber, was noch alles kommt. Und wie schrecklich das wird.
- → Sie gehen lieber bergauf als bergab.
- → Sie wären gern in der Lage, bestimmte Stellen und Passagen – und ihr eigenes Können! – besser einschätzen zu können.
- → An Stellen und Passagen, die Ihnen unheimlich sind, verfahren Sie eher nach dem Prinzip »Augen zu und durch«, als dass Sie sich ein objektives Bild über die Lage machen.
- → Sie können beim Bergwandern jederzeit und überall Gefahren entdecken.
- → Sie mögen weder Tief- noch Weitblicke, weil Ihnen dabei häufig unwohl oder schwindelig wird.
- → Wenn Sie in einiger Entfernung etwas Unheimliches oder Gefährliches vermuten, würden Sie am liebsten umdrehen oder die Wanderung abbrechen.

All diese Gedanken, Befürchtungen und Vermutungen können ihren Stresspegel nach oben bringen. Die Erkenntnis, sich häufig »umsonst Sorgen gemacht zu haben«, findet selten statt, weil …

- → … Sie entweder Ihre Sorgen und Befürchtungen gar nicht erst auf deren Wahrheitsgehalt überprüfen,
- → oder weil Ihr Stresspegel durchgehend so hoch ist, dass Sie weder Kopf noch Nerven dafür haben, sich objektiv mit den Gegebenheiten auseinanderzusetzen.

Also, wie steht es mir unserer Wette?

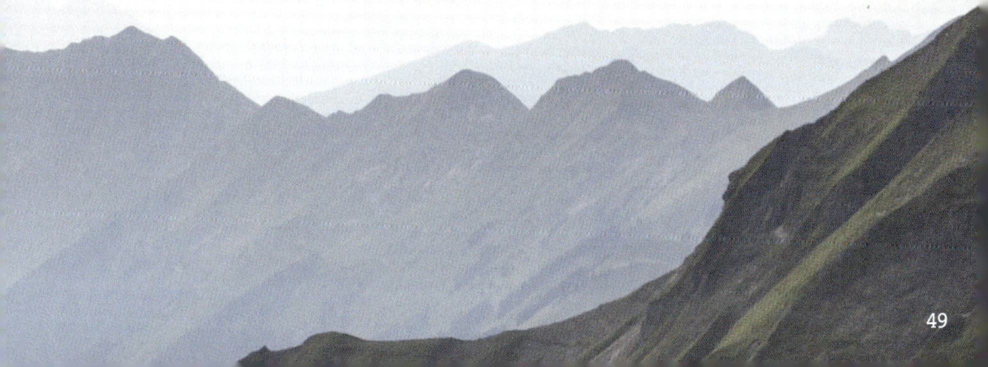

Dachte ich mir. Deswegen stelle ich Ihnen nun das Prinzip **»Lagecheck«** vor.

»Lagecheck! Was ist da?«

Ein Lagecheck besteht aus mehreren Vorgehensweisen und Prinzipien, die je nach den gegebenen Umständen miteinander kombiniert werden:

→ Auf dem Hinweg den Rückweg checken → Seite 51

→ Den Rückweg üben → Seite 51

→ Bis zum nächsten sicheren Punkt → Seite 53

→ Erst einmal schauen! → Seite 54

→ Die Sicherheit suchen, nicht die Gefahr! → Seite 54

→ Höhenschwindelgelände? → ab Seite 60

→ Schritt für Schritt an Schlüsselstellen üben → Kapitel 3, Seite 84

→ Was ist bei bestimmten Stellen oder Passagen zu prüfen? → Kapitel 3

→ Was kann beim Begehen bestimmter Stellen oder Passagen helfen? → Kapitel 3, Seite 52

→ Wie sich »Schlüsselstellen üben« lassen, erfahren Sie in → Kapitel 3 ab Seite 78

Den »Lagecheck« sollten Sie konsequent auch schon an Stellen einsetzen, die Sie als nur mäßig aufregend einschätzen. Dadurch wird Ihre Wahrnehmungsfähigkeit geschult, die Geländegängigkeit verbessert und Ihre Einschätzung auf der Höhenangstskala wird nicht durch unnötige Sorgen nach oben getrieben.

Wir setzen unsere Wanderung fort. Der Weg wird zunehmend kurviger und steiler, führt aber immer noch durch sanfte Wiesen und kurze, lichte Wäldchen. Keine Bedrohung in Sicht, also Zeit, sich mit den einzelnen Vorgehensweisen und Prinzipien des »Lagechecks« vertraut zu machen.

Auf dem Hinweg den Rückweg checken

»Auf dem Hinweg den Rückweg checken« ist meiner Erfahrung nach für Menschen mit Höhenangst unverzichtbar. Weil: Wie oft haben Sie sich auf einer Wanderung oder Bergtour schon Sorgen darüber gemacht, wie Sie da jemals wieder zurück oder runter kommen sollen? Außerdem sehen Wege und Landschaften von oben aus gesehen fast immer anders aus als von unten. Die wenigsten Menschen kommen auf die Idee, Ihrem Gehirn das Vertrautwerden mit diesen unterschiedlichen An- und Ausblicken zu ermöglichen, indem sie sich auf einem Weg regelmäßig umdrehen und zurückblicken.

Mitten im Aufstieg bitte ich Sie also, sich in unmittelbarer Nähe eine Stelle zu suchen, an der Sie anhalten und sich sicher fühlen. Von diesem sicheren Standplatz aus blicken Sie zurück und betrachten den Weg, den wir eben gegangen sind. Sieht der nun unter uns liegende Weg nun so oder anders aus als beim Bergaufgehen? Sieht die Gegend von hier oben aus betrachtet anders aus als beim Aufstieg? (Anmerkung: Diese letzte Frage stelle ich in diesem Wortlaut nur an Stellen, die noch nicht in Höhenschwindelgelände liegen, mehr dazu erfahren Sie in Kürze, wenn wir über Höhenschwindel sprechen!)

Vermutlich sind Sie erstaunt darüber, dass die meisten Wege beim Zurückblicken tatsächlich anders aussehen als auf dem Hinweg! Manchmal erscheint ein Weg von oben gesehen als schwieriger und bedrohlicher, manchmal (öfter als Sie denken) erscheint der Weg aus dieser Perspektive einfacher, als Sie ihn beim Aufstieg empfunden haben.

Diese Übung geht noch weiter, denn allein mit dem Zurückblicken ist es nicht getan. Weil was ist, wenn Sie den Rückweg stellenweise schwieriger und bedrohlicher einschätzen, als Sie das auf dem Hinweg empfunden haben? Deswegen nun die entscheidende Frage: »Gibt es auf diesem eben begangenen Wegabschnitt (und potenziellen Rückweg) etwas, dass Ihnen ungewohnt, unangenehm oder bedrohlich scheint?«

Wenn Sie diese Frage mit »Nein, nichts Unheimliches oder Ungewohntes, oder zumindest nicht so schlimm, dass ich mich von jetzt ab vor dem Rückweg fürchte!« beantworten können, setzen Sie die Wanderung fort.

Wenn Sie eine Stelle oder eine Passage beim »Rückweg checken« jedoch als bedenklich oder schwierig einschätzen, sollten Sie diesen Teil des Rückweges auf der Stelle üben.

Auf dem Hinweg den Rückweg üben

Beim »Rückweg checken« erweist sich eine Stelle als irritierend. Die hat Ihnen schon beim Hinweg einen halben Pluspunkt auf der Höhenangstskala eingebracht und erweist sich bei der Rückschau als eine Stelle, an der ich Ihnen das »Rückweg üben« ans Herz lege.

Gehen Sie dieses Wegstück unter Anwendung der Regulationstechniken »Atmen« und »entschlossenes Gehen« in möglichst optimaler Körperhaltung noch einmal zurück. Wenn Sie dabei die Erfahrung machen, dass dieses Wegstück ohne Weiteres gangbar ist, setzen Sie Ihre Wanderung fort.

Sollte sich eine Passage – egal ob bergauf oder bergab – doch als stressiger oder schwieriger erweisen, als Ihnen lieb ist, dann stehen Sie vermutlich vor einer »Schlüsselstelle«. Wie sich »Schlüsselstellen üben« lassen, erfahren Sie in Kapitel 3 ab Seite 84.

Durch »Rückweg checken« und »Rückweg üben« gewinnen Sie gleich dreimal: Erstens können Sie dem Rückweg zuversichtlich entgegenblicken und brauchen sich nicht länger Sorgen darüber machen, wie Sie da jemals wieder zurück oder hinunter kommen. Zweitens verbessern sich durch das wiederholte Begehen von schwierigen Stellen Technik, Taktik und Koordination. Und drittens gewöhnen Sie sich daran, wie unterschiedlich Wege und Landschaften beim Blick von oben nach unten wahrgenommen werden. Wenn Sie bei einer Wanderung immer nur nach vorn und nach oben blicken, brauchen Sie sich nicht wundern, wenn Sie beim Abstieg plötzlich Angst bekommen, weil Ihnen derartige Aussichten und Tiefblicke nicht vertraut sind.

Ich sehe was, was Du nicht siehst

Wir setzen unsere Wanderung fort. Inzwischen sind wir schon gut 300 Höhenmeter aufgestiegen und die Landschaft beginnt sich zu verändern. Gerade wandern wir durch ein Waldstück, der Weg wird ausgewaschen, kurviger. Noch können wir gut gehen und es herrscht keine Absturzgefahr, aber der Weg ist stellenweise nicht mehr einsehbar, das heißt: Von der aktuellen Position aus können wir nicht immer sehen, wo und wie der Weg weiterführt.

Plötzlich bleiben Sie wie angewurzelt stehen und starren mit weit aufgerissenen Augen auf etwas oberhalb von uns: »Da gehe ich nicht weiter. Wir drehen um. Da gehe ich auf gar keinen Fall hoch!« Ein wenig erstaunt blicke ich mich um. Ich kenne diesen Berg wie meine Westentasche und sehe nichts, was …? Aha! Sie starren auf eine gut 30 Meter von unserem Weg entfernte, steil aufragende Felswand. »Nun, da kann ich Sie beruhigen, diese Wand würde ich auch nicht hinaufgehen!«, sage ich. Sie blicken mich misstrauisch an, und ich lege nach: »Da gibt es

Wo würden SIE hier den nächsten sicheren Punkt einzeichnen?

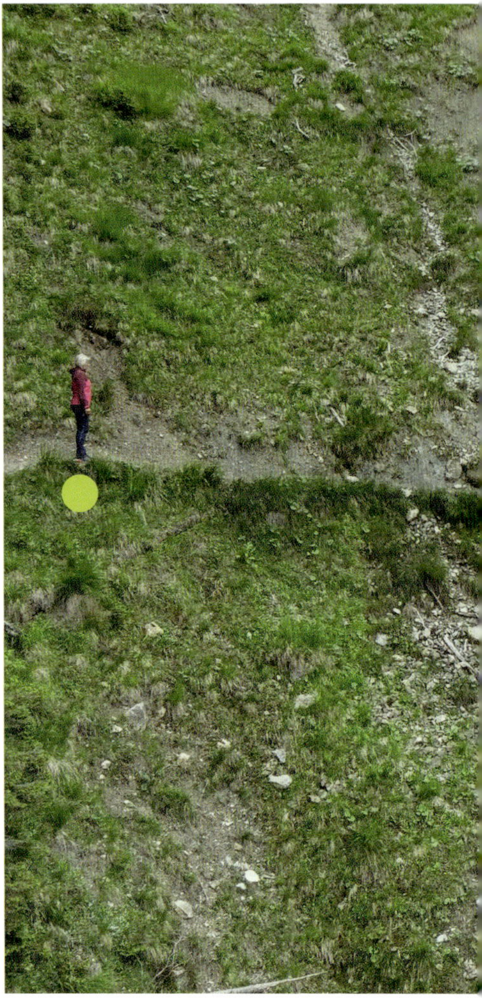

gar keinen Weg hinauf. Schauen Sie doch erst einmal, wo unser Weg weiterführt!«

Na, so ganz trauen Sie mir noch nicht über den Weg. Also stelle ich Ihnen zwei weitere Vorgehensweisen des »Lagechecks« vor:

Bis zum nächsten sicheren Punkt!

Ich frage Sie: »Hier auf dem Weg, 30 Meter von der Felswand entfernt, sind wir hier sicher?« Sie nicken. »Gut. Dann folgen Sie dem Weg **von hier bis zum nächsten, sicheren Punkt**«. Wo könnte

Gehen Sie in herausfordernden Passagen immer nur von einem sicheren Punkt zum nächsten sicheren Punkt. Von hier aus sollten Sie problemlos sicher zurück zum letzten sicheren Punkt gehen können. Den nächsten sicheren Punkt platzieren sie so, dass die Strecke von hier bis dort gut einsehbar ist. Wählen Sie die Distanz zwischen zwei Punkten lieber zu kurz als zu weit.

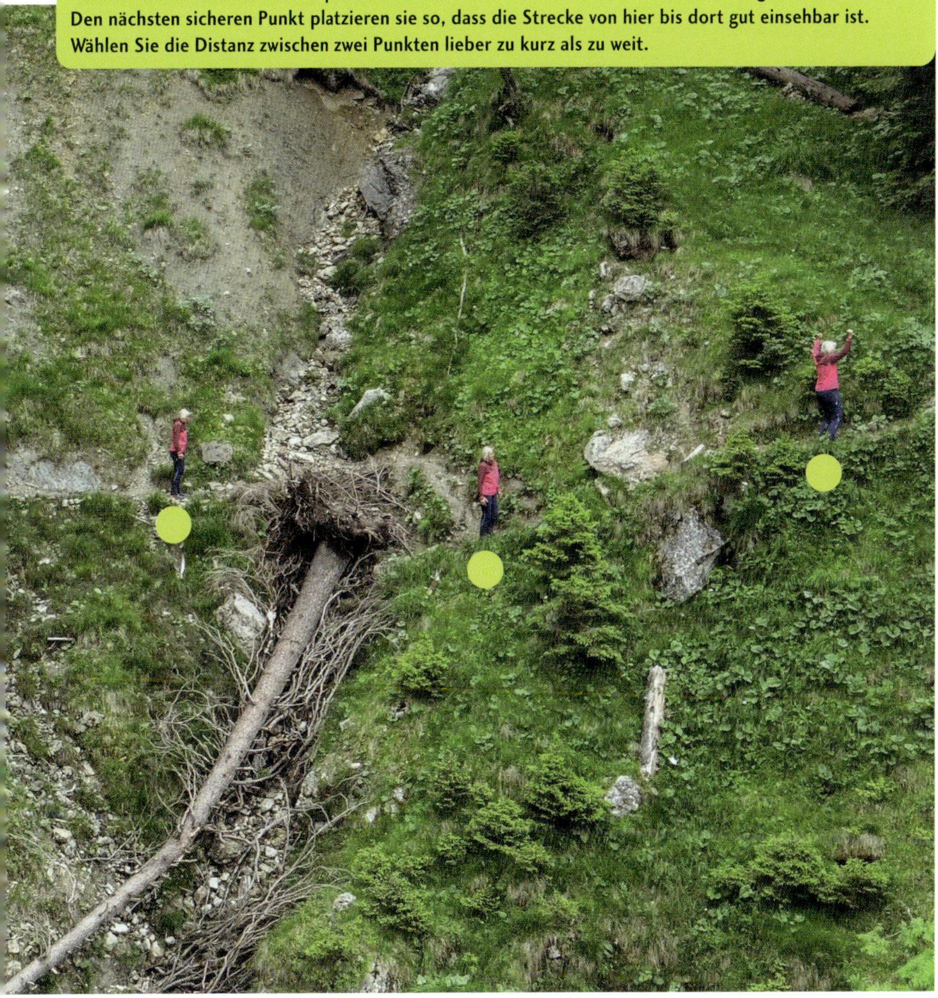

der ihrer Einschätzung nach sein?« »Da vorn, bei der Wegbiegung.« Also gehen Sie bis zu diesem nächsten sicheren Punkt, nehmen dort einen festen und sicheren Stand ein, blicken Sie zurück auf den Weg, den wir eben gegangen sind und checken Sie den Rückweg.

Und von dort aus: »Erst einmal schauen!«

Von diesem sicheren Punkt aus richten Sie den Blick nun nach vorn auf den Weg und suchen mit den Augen den nächsten sicheren Punkt. Der sollte nur so weit entfernt sein, dass Sie von hier bis dorthin gut sehen können, was Sie auf diesem Wegstück erwartet. Sie schauen also erst einmal, bevor Sie gehen. Wenn der Weg bis zum nächsten sicheren Punkt nichts bereithält, was Ihnen Sorgen bereitet, können Sie dieses Wegstück entspannt angehen und dadurch Stress regulieren. Sollten Sie früher oder später doch vor Passagen stehen, die größere Schwierigkeiten bereiten, beginnen Sie das im dritten Kapitel (ab Seite 78) vorgestellte Prinzip »Schlüsselstellen üben« anwenden.

Im Moment allerdings sind Sie weiterhin besorgt wegen dieser Felswand. Trotzdem gehen Sie weiter bis zum nächsten sicheren Punkt, suchen sich einen festen Standplatz, an dem Sie sich sicher fühlen, und noch bevor Sie zurückblicken, um den Rückweg zu checken, rufen Sie: »Ach so was! Der Weg geht ja gar nicht zur Felswand, der führt ja in eine ganz andere Richtung! Da bin ich aber froh!«

Tja. Da haben Sie sich glatt umsonst Sorgen gemacht. Und ich könnte wetten, dass Ihnen dieses »Umsonst-Sorgen-Machen« über das, was Sie vermutlich, möglicherweise, vielleicht, wahrscheinlich, eventuell noch erwartet, vertraut ist. »Erstmal schauen« und »Sicherheit suchen, nicht Gefahr« können dabei helfen, Ihren Sorgen das Futter zu entziehen und Situationen objektiver zu betrachten.

Die Sicherheit suchen, nicht die Gefahr!

Unsicherheit oder Befürchtungen über das, was da sein oder noch kommen könnte, können Stress auslösen. Stress erhöht die Aufmerksamkeit, dadurch lassen sich mögliche Bedrohungen oder Gefahren noch schneller entdecken. Auch Bedrohungen und Gefahren, die an dieser Stelle gar nicht relevant sind, wie zum Beispiel der hoch aufragende Felsen 30 Meter neben dem Weg. Die Wahrnehmung von potenziellen Gefahren – auch wenn sie hier und jetzt gar nicht akut sind – können im Gehirn trotzdem Alarm auslösen oder befeuern. Dadurch steigt der Stresspegel unnötigerweise an und verstärkt jene Empfindungen, die Menschen mit Höhenangst so schwer zu schaffen machen.

Oder kurz und bündig: Gefahren suchen erhöht den Stress- und den Angstpegel. Fokussieren Sie sich lieber auf das, was unmittelbar vor und neben Ihnen Sicherheit bietet. Nicht: »Die Bäume da unten fangen mich auf«, sondern: »Hier auf der rechten Seite des Weges ist der Boden fester, und zwei Meter voraus wird der Weg wieder breiter.«

Den Blick schweifen lassen, aber richtig!

Höhenschwindel erkennen – Höhenschwindel reduzieren

Wieder haben wir Höhenmeter gut gemacht und erreichen nun eine weite Lichtung mit einem grasbewachsenen Hügel, der sich problemlos erklimmen lässt. Von hier oben haben wir eine schöne Aussicht auf das Tal vor uns. Zwar stehen wir relativ frei und hoch, und um uns herum sind nur ganz vereinzelt ein paar niedrige Büsche, aber Sie fühlen sich sicher, weil es nirgendwo steil bergab geht. Nun bitte ich Sie, sich einen festen und sicheren Stand zu suchen. Falls Sie eine Brille oder eine Schirmmütze tragen, nehmen Sie diese bitte für einen Moment ab. Richten Sie die Aufmerksamkeit ganz bewusst auf Ihren festen Stand. Nun legen Sie mit geöffneten Augen langsam den Kopf in den Nacken und blicken Sie in den Himmel. In Ihrem seitlichen Sichtfeld sollten dabei keine feststehenden Objekte (zum Beispiel Baumwipfel, Felsformationen oder Vergleichbares) mehr zu sehen sein. Nur der Himmel, mit oder ohne Wolken. Versuchen Sie wahrzunehmen, was Sie dabei körperlich spüren können. Senken Sie den Kopf wieder zurück in die Ausgangsposition und legen Sie den Kopf dann erneut mit offenen Augen langsam und aufmerksam in den Nacken. Wahrscheinlich können Sie, während sich Ihr Blick

Ausblick mit feststehenden Objekten im peripheren Sichtfeld: keine Höhenschwindelgefahr.

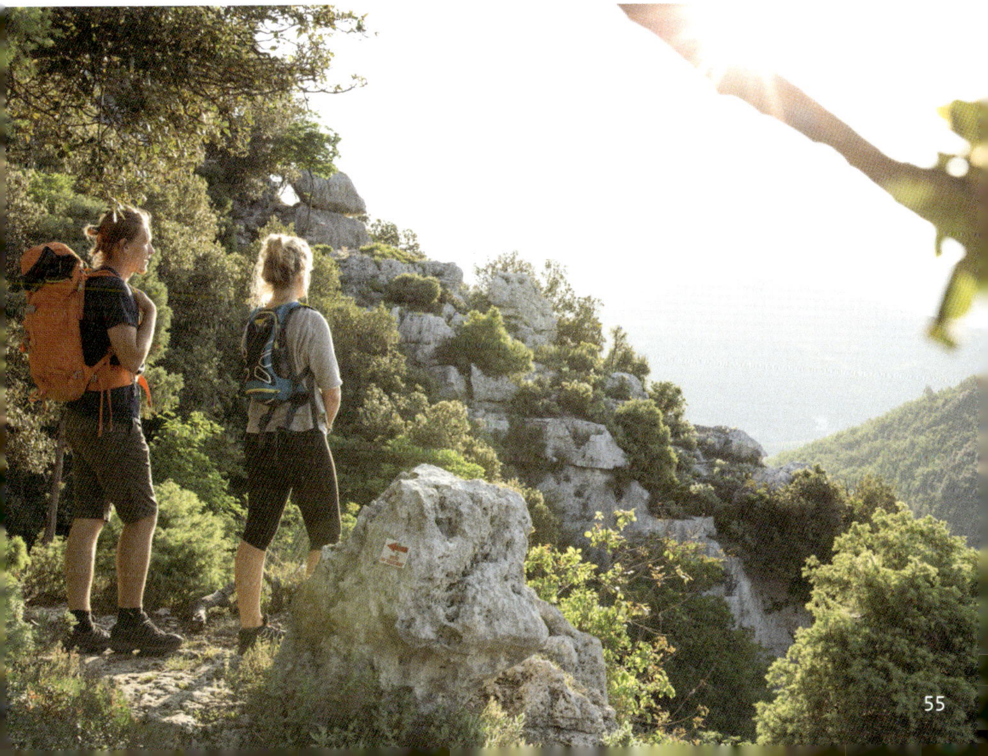

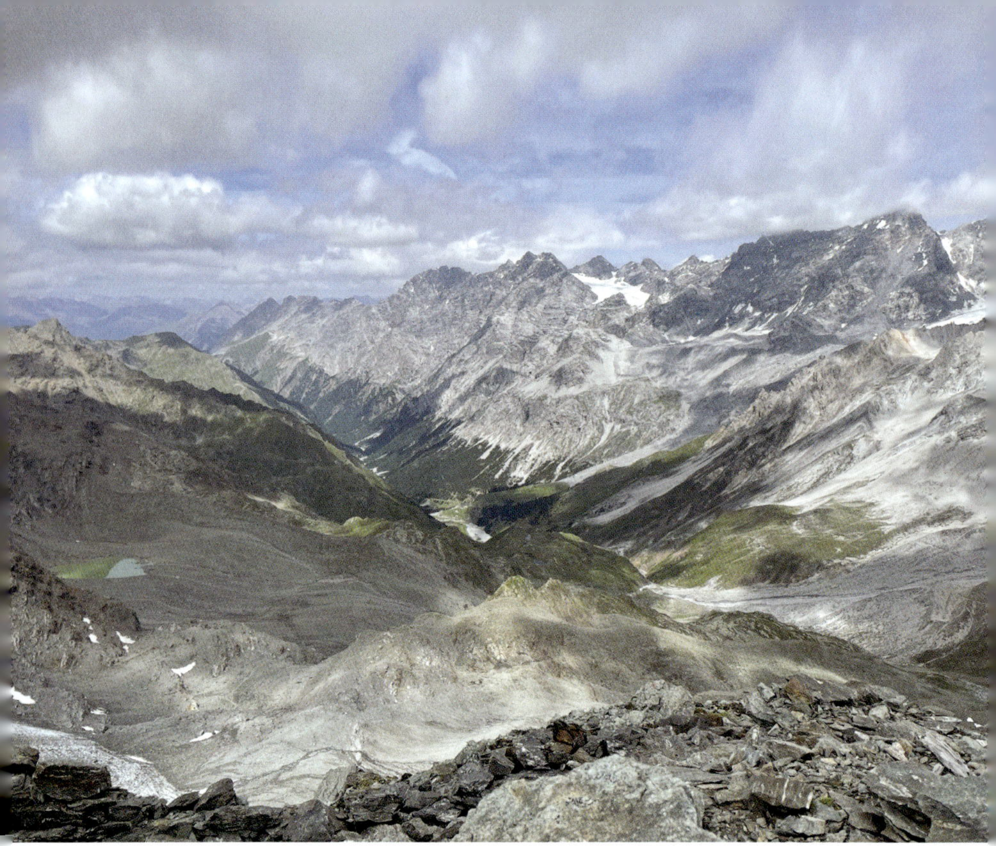

Ausblick ohne feststehende Objekte im peripheren Sichtfeld: Höhenschwindelgefahr!

nach oben in den Himmel bewegt, für einen kurzen Moment ein leichtes Schwanken wahrnehmen. Wenn Sie anderen Personen bei dieser Übung zusehen, lässt sich dieses kurze Schwanken häufig deutlich beobachten.

Dieses kurze und meistens nicht bewusst wahrgenommene Schwanken entsteht immer dann, wenn sich Kopf und Körper im Bemühen um ein stabiles Gleichgewicht nicht mehr an Fixpunkten orientieren können. Ein stabiles Gleichgewicht und das Bewusstsein darüber, wie, wo und in welcher Position sich der Körper im Raum befindet, entstehen aus einem feinen und nicht bewussten Zusammenspiel zwischen Muskulatur, Gelenken und Sehnen sowie der Orientierung an visuellen (sehen) und taktilen (spüren) Fixpunkten. Fehlen nun diese visuellen oder taktilen Fixpunkte, brauchen Kopf und Körper einen winzigen Moment länger, um sich zu orientieren und in ein stabiles Gleichgewicht einzupendeln. Dieser kurze Moment des Einpendelns lässt den Körper ganz leicht schwanken, dieses Schwanken kann – vor allem bei einem ohnehin schon erhöhten Stresspegel – vom Gehirn als Schwindel und somit als Bedrohung eingestuft werden. Etwa 30 Prozent der Bevölkerung[2] sind vom Höhenschwindel betroffen. Bei ihnen kann dieses eigentlich völlig natürliche, kurze Schwanken typische Symptome wie ein flaues Gefühl, Herzrasen, Gangunsicherheit oder Schweißausbrüche auslösen und die Betroffenen auf der Höhenangstskala sehr schnell in den Bereich der Angst – also weit über die 5 hinaus – katapultieren.

Dieses Schwanken entsteht nicht nur dann, wenn Sie den Kopf in den Nacken legen und in den Himmel blicken. Was Sie vermutlich ohnehin nicht tun, wenn Sie sich in der Höhe nicht ganz wohl fühlen. Wir haben das eben nur getan, um dieses Schwanken in einem sicheren Umfeld einmal ganz bewusst zu erleben. Das Schwanken entsteht auch bei schnellen Seitenblicken sowie beim schnellen Drehen des Kopfes und des Rumpfes, wenn keine visuellen Fixpunkte in der Nähe sind. Zum Beispiel auf einem seitlich abfallenden Weg ohne Bewuchs, auf einem Grat, an ausgesetzten Stellen wie auf Vorsprüngen oder Gipfelplateaus, und vor allem oberhalb der Baumgrenze. In der Höhe eben, deswegen heißt das ja auch: Höhenschwindel.

Weit- und Tiefblickschwindel

Dasselbe gilt für das Abschätzen von Entfernungen und vor allem von Tiefe. Wenn sich beim Blick in die Tiefe mögliche kontrastreiche Objekte zu tief unten oder in zu weiter Entfernung befinden, können diese nicht mehr zur Berechnung herangezogen werden und der Körper kann für einen kurzen Moment lang schwanken. Hat nun jemand durch die empfundene oder tatsächlich vorhandene Sturzgefahr ohnehin schon Stress, kann ein Blick in die Weite oder in die Tiefe in Kombination mit dem kurzen Schwanken sehr schnell heftige Angst auslösen.

Unbeherrschtes Schauen

Insbesondere Menschen mit Höhenangst neigen dazu, ihren Blick in Erwartung von Dingen, die möglicherweise irgendwo auf dem Weg gefährlich werden könnten, beim Stehen oder Gehen immer wieder umherschweifen zu lassen. Das passiert weniger bewusst als automatisch: Die Augen wandern immer wieder blitzschnell dahin, wo die Gefahr vermutet wird. Zur Seite über den Wegrand hinaus, nach unten in die Tiefe, nach vorn zu der einen Stelle da …. Wenn Sie sich dabei in Höhenschwindelgelände befinden, also an Stellen mit wenigen oder keinen visuellen Fixpunkten zur Orientierung, kann Ihnen dadurch schnell mulmig und zunehmend schwindelig werden.

Nicht genug, dass dieses »unbeherrschte Schauen« Höhenschwindel auslösen kann. Es versorgt das Gehirn zudem mit Informationen über Geländeformen, die vom Gehirn als bedrohlich im Sinne von »Absturzgefahr« eingeschätzt werden können, wodurch Stress und (Sturz-)Angst weiter befeuert werden können.

Gleitsichtbrille

Übrigens kann auch das Tragen einer Gleitsichtbrille unter Umständen, und wenn jemand ohnehin schon Höhenstress hat, Höhenschwindel auslösen oder verstärken! Das Gleiten des Blickes von nah zu fern, welches die Brillengläser durch ihren Schliff ermöglichen, kann vorhandene Fixpunkte für einen winzigen Moment verschwimmen lassen und eine minimale Verzögerung bei der Berechnung für ein stabiles Gleichgewicht auslösen. Das wiederum kann eine ohnehin schon bestehende Alarmbereitschaft blitzschnell verstärken und zu den im ersten Kapitel schon beschriebenen Folgen führen: der Stresspegel steigt an, die Aufmerksamkeit für potenziell Bedrohliches nimmt zu, der Blick beginnt hektisch nach Gefahren zu suchen, dadurch verschwimmen die Fixpunkte noch stärker. Sollten Sie nun den Eindruck haben, das Beschriebene könnte auf Sie und Ihre Brille zutreffen, prüfen Sie diesen Verdacht bei nächster Gelegenheit. Wenn sich der Verdacht be-

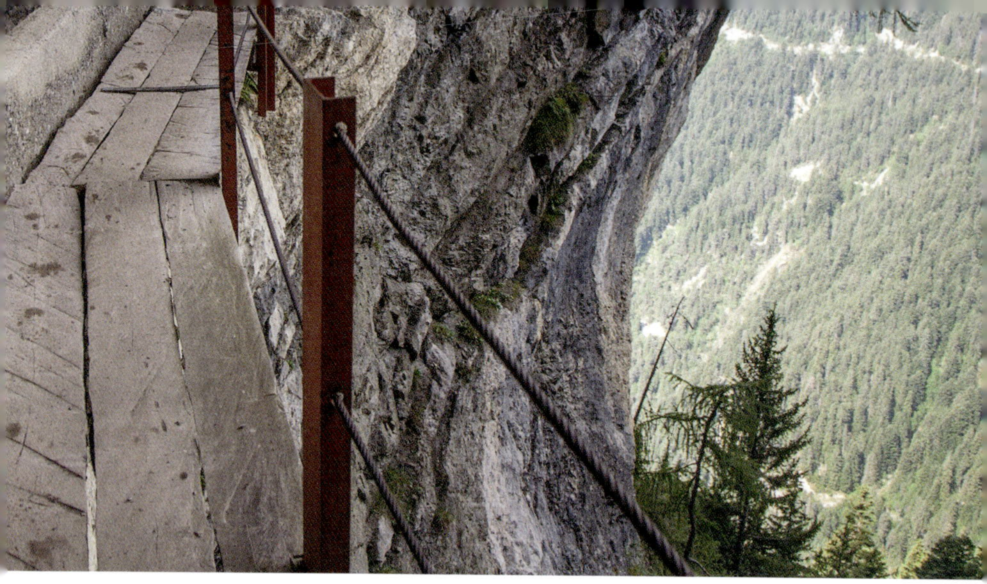

stätigt, können Sie in den entsprechend kritischen Geländeformen dann noch genauer auf Ihren Blick achten und diesen nicht unvermittelt, sondern langsam heben oder senken. Die Brille während der Wanderung an bestimmten Stellen einfach abzunehmen, ist nicht in jedem Fall eine gute Idee, vor allem dann nicht, wenn Sie die Brille ständig tragen. Dann sind die Augen und das Gehirn an die durch die Brille gegebene Wahrnehmung gewohnt und werden eine Weile brauchen, sich an das Gehen ohne Brille anzupassen. Meiner Erfahrung nach aber genügt schon allein das Wissen über einen möglichen Zusammenhang zwischen Gleitsichtbrille und Höhenschwindel. Somit sind Sie vorbereitet und können durch eine bestimmte Art des Blickens – langsam und bewusst über den Übergang von nah zu fern – reagieren.

Solange da etwas zum Festhalten ist ...

Im Vorgespräch zu einem Höhenmuttraining berichten viele Menschen, dass ihre Höhenangst erst dann so richtig schlimm wird, wenn sie sich in Situationen mit Weit- und Tiefblick nicht mehr festhalten können. Solange an Kanzeln, Aussichtsplattformen oder am Wegrand ein fester Zaun, ein stabiles Seil oder Ähnliches vorhanden ist, an denen sie sich festhalten können, kann zwar der Blick in die Tiefe oder Weite unangenehme Empfindungen verursachen, aber sie klagen dann nicht über Schwindel. Warum? Weil sich der Körper in seinem Bemühen um ein stabiles Gleichgewicht in diesem Fall an einem taktilen Fixpunkt – also mithilfe des Tastsinns – orientieren kann, wodurch der Prozess des kurzen, schwankenden Einpendelns entfällt.

Bevor wir uns damit beschäftigen, wie sich Höhenschwindel reduzieren oder ganz vermeiden lässt, möchte ich Ihnen noch ein paar weitere Hintergründe dazu erläutern. Meiner Erfahrung nach erleben alle Menschen diesen kurzen Moment des Einpendelns an Stellen ohne visuelle oder taktile Fixpunkte. Den wenigsten ist dieses Schwanken bewusst oder bekannt. Bei Menschen mit viel Erfahrung in solchen Geländeformen geschieht dieses Einpendeln automatisiert mit minimalsten Ausgleichbewegungen, und bei Weitem beurteilen nicht alle Gehirne dieses kurze Schwanken als bedrohlich.

Jede:r kann schwindeln

Wie viele Menschen, die ich zum »Selbstversuch Höhenschwindel« einlade, kann auch ich in Gelände ohne visuelle Fixpunkte durch das schnelle Drehen von Kopf und Oberkörper einen kurzen, deutlich wahrnehmbaren Schwindelmoment auslösen. Durch den ich mich allerdings nicht irritiert oder bedroht fühle, weil ich solche Situation gewohnt bin und mein Körper das Schwanken blitzschnell und automatisch ausgleichen kann. Allerdings stelle ich fest, dass ich die Schwindelgefühle mit zunehmendem Alter deutlicher spüre und mich deshalb vor allem in riskantem Gelände noch aufmerksamer bewege als zuvor. Da hilft es mir enorm zu wissen, wann und wo die Gefahr von Höhenschwindel besteht und was ich dort tun – und vor allem lassen! – kann, um diesen zu vermeiden.

Höhenschwindel im Fokus der Wissenschaft

Eine Studie des deutschen Schwindel- und Gleichgewichtszentrums in München von 2021[2] ergab, dass rund 30 Prozent aller Deutschen von Höhenschwindel betroffen sind. Frauen etwas häufiger als Männer, und die Wahrscheinlichkeit von Höhenschwindel steigt mit zunehmendem Alter an. Bei nur vier bis sechs Prozent der immerhin über dreieinhalbtausend Teilnehmenden an der Studie ließ sich eine Form der Höhenangst beobachten, die den Angststörungen zuzuordnen ist.

Auch wenn laut Studien insgesamt »nur« rund 30 Prozent der Bevölkerung von Höhenschwindel betroffen sind, kann ich aus in meinen Kursen und Trainings berichten: Höhenschwindel spielt meiner Erfahrung nach bei über 95 Prozent der Teilnehmenden eine bedeutende, aber leider meistens nicht bewusste Rolle bei der Entstehung ihrer Höhenangst. Aus dem Wissen, an welchen Stellen und aus welchen Gründen Höhenschwindel entsteht, lassen sich nun Möglichkeiten ableiten, wie sich dieser reduzieren oder vermeiden lässt. Höhenschwindel kann dort auftreten, wo es nichts mehr gibt, an dem Sie sich sicher festhalten können (taktile Fixpunkte) und wo die Augen keine visuellen Fixpunkte mehr finden. Als visuelle Fixpunkte dienen feststehende, kontrastreiche, aufragende Objekte wie Bäume, Felsen oder Wände in der Nähe: im Umkreis von fünf bis 30 Metern. Der dicht bewaldete Bergrücken auf der anderen Talseite, die Büsche auf der gegenüberliegenden Seite der Schlucht oder eine große, eintönige Fläche wie eine Wiese oder Schnee bieten zu wenig Orientierung.

Lagecheck Höhenschwindelgelände

Wenn Sie an Höhenschwindel leiden – und das gilt wie bereits gesagt für die meisten Menschen, die über Höhenangst klagen –, sollten Sie in der Lage sein, Höhenschwindelgelände rechtzeitig zu erkennen, um sich dort dann auf eine bestimmte Weise zu verhalten. Auch auf unserer Wanderung können Sie feststellen, dass sich die Landschaft im Laufe der Zeit verändert. Ab einer gewissen Höhe gibt es immer weniger Bäume oder hohe Büsche und damit mehr Weit- und Tiefblicke. Nun heißt es, das Gelände um sich herum stets aufmerksam, aber entspannt im Auge zu behalten und immer dann, wenn sich das Gelände vor Ihnen verändert, rechtzeitig einen »Lagecheck« durchzuführen. Rechtzeitig bedeutet: bevor Sie eine sich ändernde Geländeform betreten! Suchen Sie sich also rechtzeitig einen stabilen Stand am nächsten sicheren Punkt und prüfen Sie: Falls der Lagecheck »kein Höhenschwindelgelände« ergibt, checken Sie die weiteren Schritte

Lagecheck: Höhenschwindelgelände oder nicht?

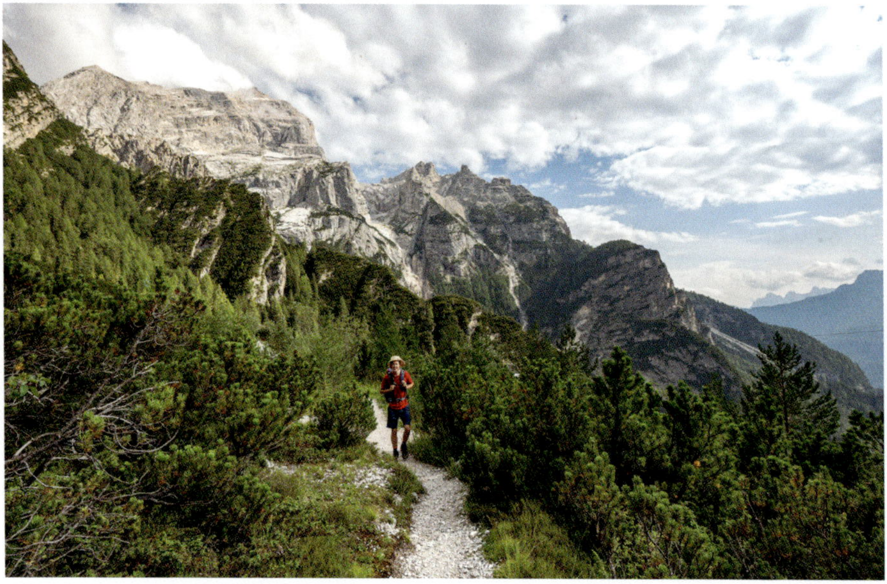

Kein Höhenschwindelgelände: Bäume und Büsche bieten visuelle Fixpunkte.

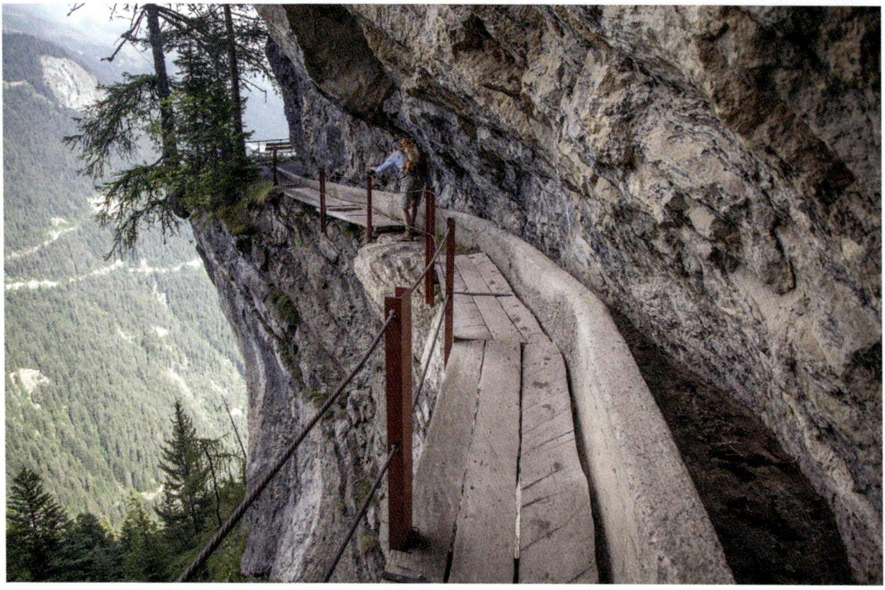

Höhenschwindel- und Tiefblickgelände, aber für manche bieten die Wand und der Zaun ausreichend visuelle und taktile Fixpunkte (»… solange da etwas zum Festhalten ist …«).

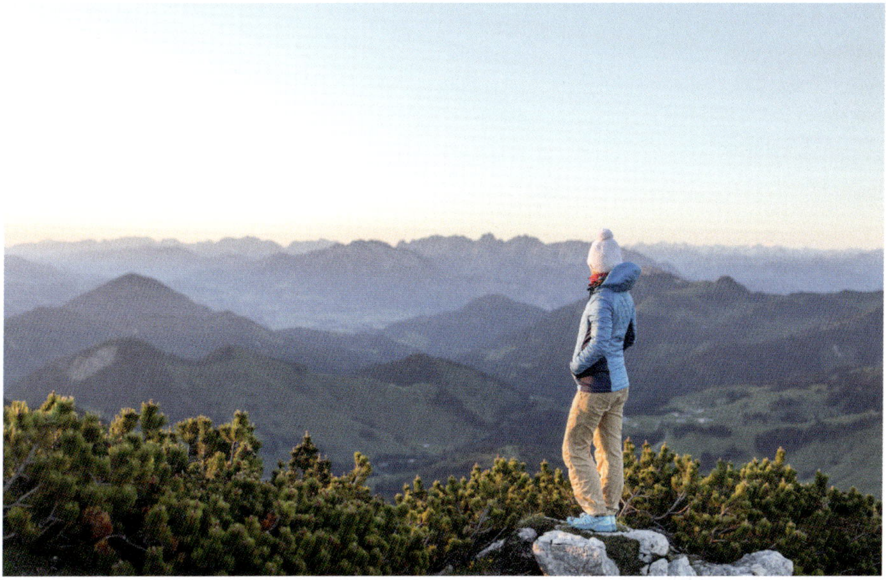

Höhenschwindelgefahr: Beim Weitblick kann der Bewuchs im peripheren Sichtfeld fehlen.

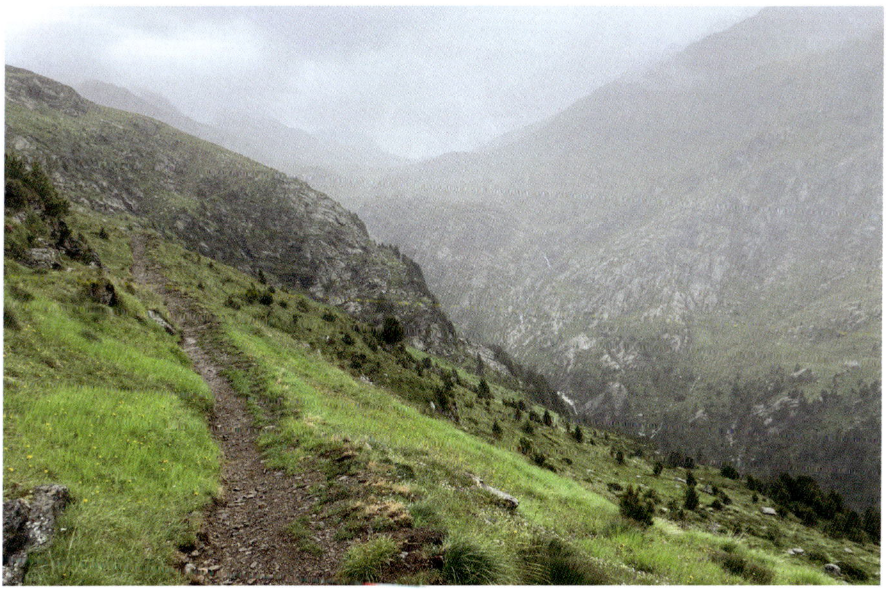

Möglicherweise Höhenschwindelgelände: Der Bewuchs auf dem Berghang unter uns und der Berghang gegenüber sind womöglich zu konturlos, um zur Orientierung zu dienen.

Lagecheck: Höhenschwindelgelände oder nicht?

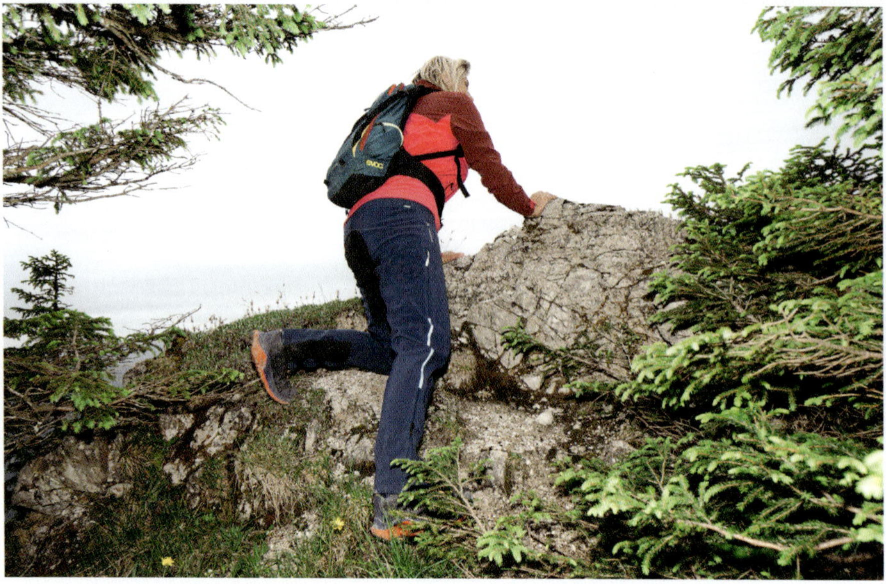

Möglicherweise Höhenschwindelgelände: Taktile Fixpunkte nutzen und dann: »Erstmal schauen!«

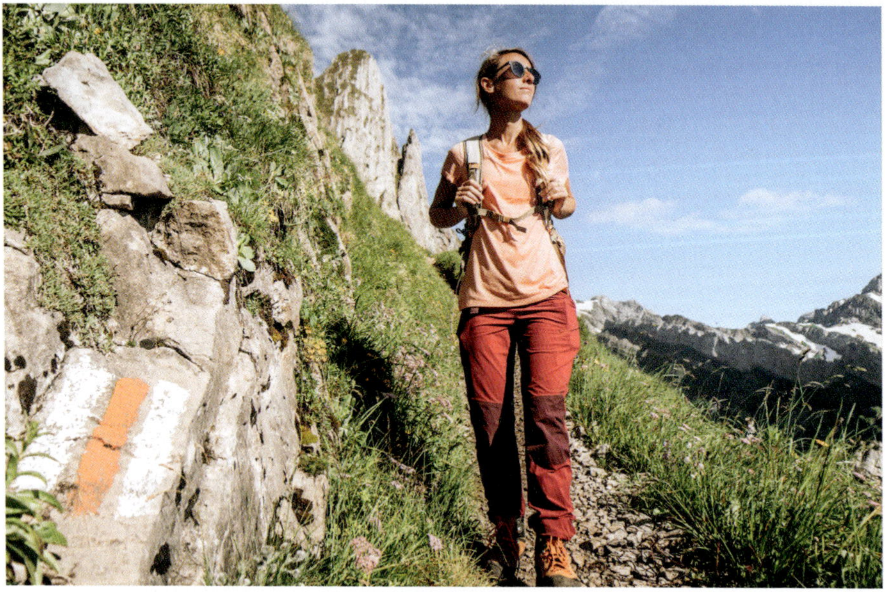

Höhenschwindelgelände: Trotz naher taktiler und visueller Fixpunkte auf der einen Seite kann ein unbedachter Blick auf die andere Seite Höheschwindel auslösen.

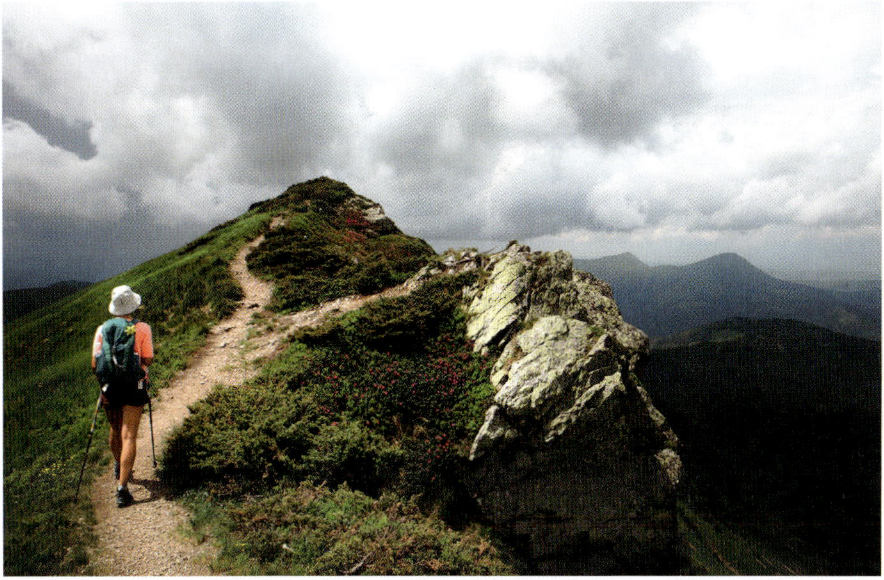

Höhenschwindelgelände voraus: Vor uns ein beidseitig ausgesetzter Weg über einen Grat, auf keiner Seite befinden sich verwertbare visuelle oder taktile Fixpunkte.

und Prinzipien eines vollständigen Lagechecks. Dies gilt sowohl für einfache Abschnitte zur Übung als auch für anspruchsvolle, vorausliegende Passagen, bei denen es tatsächlich hilfreich sein könnte.

Hier allerdings, auf unserer Höhenmutwanderung, stellen Sie gerade fest: Diese Passage vor uns könnte Höhenschwindelgelände sein!

Höhenschwindel ODER Sturzangst

Auch wenn es Ihnen in bestimmten Situationen völlig egal ist, wie das heißt, was ihnen gerade Probleme bereitet, sollten Sie sich im Klaren darüber sein, dass Höhenschwindel und Sturzangst zwei unterschiedliche Phänomene sind. Höhenschwindel entsteht, wenn nur noch wenige, keine verwertbaren oder überhaupt keine visuellen oder taktilen Fixpunkte vorhanden sind, die zur Orientierung für ein stabiles Gleichgewicht dienen. Auch beim schnellen Drehen von Kopf und Rumpf oder beim Gehen über Eisengitter (mehr zu Eisengitter und Vergleichbarem in Kapitel 4 ab Seite 123) kann es sein, dass Fixpunkte für einen Moment lang »verschwimmen« und im entscheidenden Moment nicht verwertet werden können. Dann wird der Körper einen winzigen Moment lang schwanken, um sich in Lage und Gleichgewicht wieder einzupendeln. Die Augen und die Art des Blickens spielen also eine entscheidende Rolle im Umgang mit Höhenschwindel. Dieser lässt sich reduzieren, wenn man lernt, **»den Blick im Auge«** zu behalten.

Sturzangst hingegen ist die Angst davor, abzustürzen. Diese sinnvolle Angst schützt, warnt und weist in den allermeisten Fällen auf eine Überforderung hin. Überforderung tritt auf, wenn keine solide Basis an Erfahrung vorhanden ist, zu wenige brauchbare Strategien zur Verfügung stehen und man nicht weiß, was in herausfordernden Situationen zu tun und zu lassen ist. Sturzangst lässt sich auch nicht »wegmachen oder abstellen«, wie sich das so manche:r Betroffene wünscht. Sturzangst möchte »besänftigt« werden. Dazu braucht sie (die Sturzangst) zahlreiche und wiederholbare Erfahrungen von: »Ach!? Das geht?! Da passiert ja gar nichts Schlimmes!? Na, dann muss ich ja gar nicht so laut Alarm schlagen, das ist ohnehin so anstrengend.« Das wiederum erreichen SIE durch konsequentes, stetes Üben von meisterbaren Herausforderungen. Und indem Sie stark überfordernde Situationen, in denen Sie sich extrem unwohl fühlen (auf der Höhenangstskala über 5), vermeiden. Solche Erfahrungen würden die Sturzangst nämlich bestätigen, im Sinne von: »Das ist nicht auszuhalten! Alles ganz fürchterlich und gefährlich hier, also: Alarm! Und damit mein Mensch sich das für alle Zukunft merkt, schlage ich beim nächsten Mal noch viel früher Alarm! Am besten schon beim bloßen Gedanken an so etwas hier.«

Drei sind zwei zu viel

Meiner Erfahrung nach entsteht das, was die meisten Betroffenen als »Höhenangst« bezeichnen, aus Kombination von erstens: einem bereits erhöhten Stresspegel aufgrund von Sorgen und Befürchtungen, mit zweitens: diesem Moment des Schwankens, was wiederum drittens: ein hektisches, gefahrensuchendes Umherblicken auslöst. Wodurch die in Höhenschwindelgelände ohnehin nur noch spärlich verfügbaren visuellen Fixpunkte noch stärker verschwimmen. Beim ungezügelten Umherblicken fällt der Blick dann auch noch unweigerlich in die Tiefe, und schon sind Sie mittendrin in einer fatalen Stress-Höhenschwindel-Sturzangst-Situation und auf der Höhenangstskala ganz schnell an oder über der 5.

Höhenschwindel reduzieren: Den Blick im Blick behalten

Nicht im Gehen und nicht zu weit gehen

Wenn Sie die Lage checken, sich umsehen oder die Aussicht genießen möchten: niemals im Gehen! Bleiben Sie an einem sicheren Punkt stehen und lassen Sie Ihren Blick nicht gleich in die Ferne schweifen. Halten Sie stattdessen bewusst nahegelegene, feststehende und konturierte Objekte im Blickfeld (Boden, Baum, Busch, Felsen, Weg, Wegrand, …). **Wenn Sie solche Objekte nicht mehr in Ihrem Blickfeld haben, sind Sie wohl zu weit gegangen.** Üben Sie den Umgang mit Höhenangst und Höhenschwindel unbedingt rechtzeitig und vorerst nicht in tatsächlich riskantem Gelände.

Den Blick in die Ferne wandern lassen

Blicken Sie auf keinen Fall unvermittelt in die Tiefe oder in die Weite! Also nicht »nur mal kurz nach unten linsen«, um zu sehen, ob es da tief runtergeht, und auch nicht »nur mal kurz da rüber gucken«, um zu prüfen, ob da irgendwo etwas sein könnte. Und schon gar nicht beim Gehen, da dies neben dem Höhenschwindel auch den »Hans-guck-in-die-Luft-Effekt« verstärken könnte, aber den hatten wir ja schon.

Aus sicherem Stand heraus lassen Sie den Blick nun bewusst und langsam von der Nähe, stets entlang an konturierten Objekten und Flächen, in die Weite wandern.

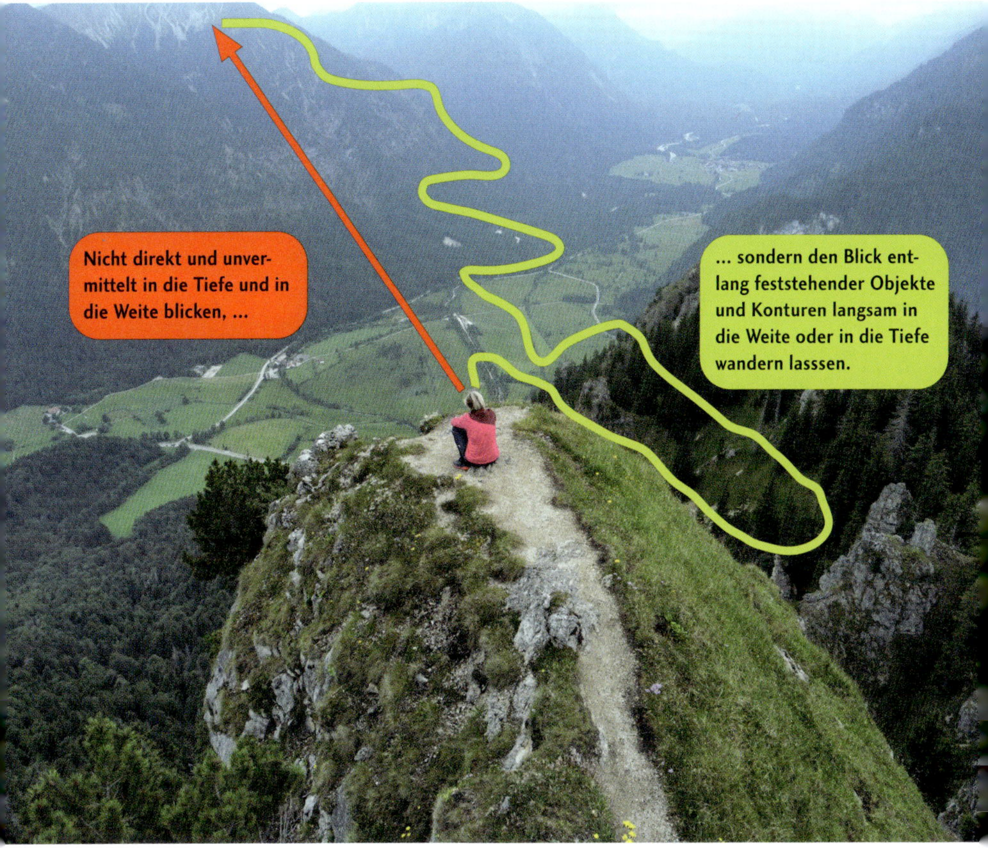

Eindeutig Höhenschwindelgelände: Unvermittelte Tief- oder Weitblicke vermeiden, stattdessen den Blick aus angemessener Position – aus festem Stand oder im Sitzen – in die Weite oder in die Tiefe wandern lassen.

Den Blick in die Tiefe wandern lassen

Dasselbe tun Sie, wenn Sie nach unten und in die Tiefe blicken möchten. Allerdings mit dem großen Unterschied, dass Sie sich dabei auf gar keinen Fall zu weit an die Kante wagen sollten. Stattdessen halten Sie sich mit Sicherheitsabstand zur Kante, machen sich klein und sichern sich gut. Dann lassen Sie den Blick von der Kante weg entlang den Konturen unterhalb von Ihnen bis zur Talsohle wandern.

Lieber kurz aber öfter

Blicken Sie nicht zu lange dorthin, wenn Ihr Blick nach dem bedachten Entlangwandern an konturierten Gegebenheiten dann in der Weite oder der Tiefe angekommen ist! Durch diese Technik verspüren Sie bislang womöglich noch keinen oder nur ganz milden Höhenschwindel, aber je länger Sie in die ungewohnte Weite oder Tiefen blicken, desto eher könnte dieser Ausblick Ihre Sturzangst befeuern.

Führen Sie Ihren Blick deswegen nach einem kurzen Ausflug in die Weite oder in die Tiefe bald wieder zurück zu ganz in der Nähe befindlichen, feststehenden Objekten und freuen Sie sich, dass Sie den Mut hatten – wenn auch nur kurz, aber immerhin – dort hinaus oder dort hinunterzublicken!

Wie sieht es aus: Möchten Sie das Blicken auf die vorgestellte Art nochmal wagen? Erfahrungsgemäß sagen Sie jetzt: »Ja! Nochmal! Das war gar nicht so schlimm, wie ich befürchtet hatte!« Also wiederholen Sie das »Blick-wandern-Lassen«. (Falls Sie diese Übung nicht wiederholen möchten, weil Sie das zu sehr stresst, ist das auch in Ordnung! Allerdings sind Sie dann womöglich schon zu weit oder zu hoch gegangen.)

Wiederholen Sie die Übung gern noch ein drittes und ein viertes Mal. Dabei stellen Sie womöglich fest, dass Sie zwar noch nicht mit Genuss, aber doch zunehmend länger in die Tiefe oder Weite blicken können. Sie machen gerade die Erfahrung, »dass es auf diese Art gelingt!«. Aus gelingenden Erfahrungen, wenn sie konsequent und stets auf erträglichem Stresspegel (auf der Höhenangstskala bis höchsten 3,5) wiederholt werden, entstehen Selbstsicherheit und Vertrauen in Ihr eigenes Können.

Mutig hinter Kanten schauen

Lassen Sie uns ein paar Meter weitergehen, bis dort vorn, sehen Sie? Dort macht der Weg eine Biegung nach rechts, links vom Weg erhebt sich eine kleine Böschung. Die Böschung verheißt

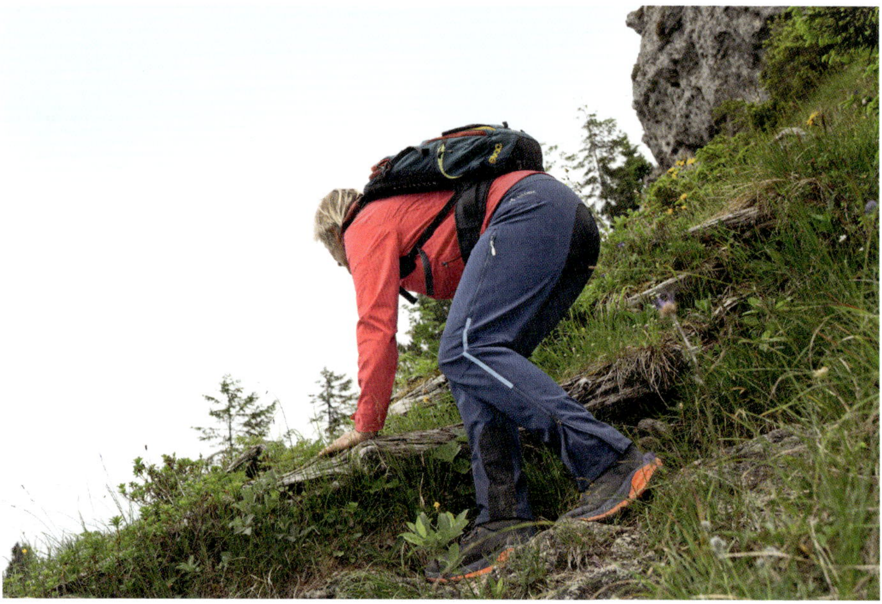

Vermutlich, wahrscheinlich, möglicherweise, eventuell aber doch eher ziemlich sicher … geht es dahinter direkt in den Abgrund!? Also »erst einmal schauen«: klein machen, Halt suchen und einen Blick wagen, …

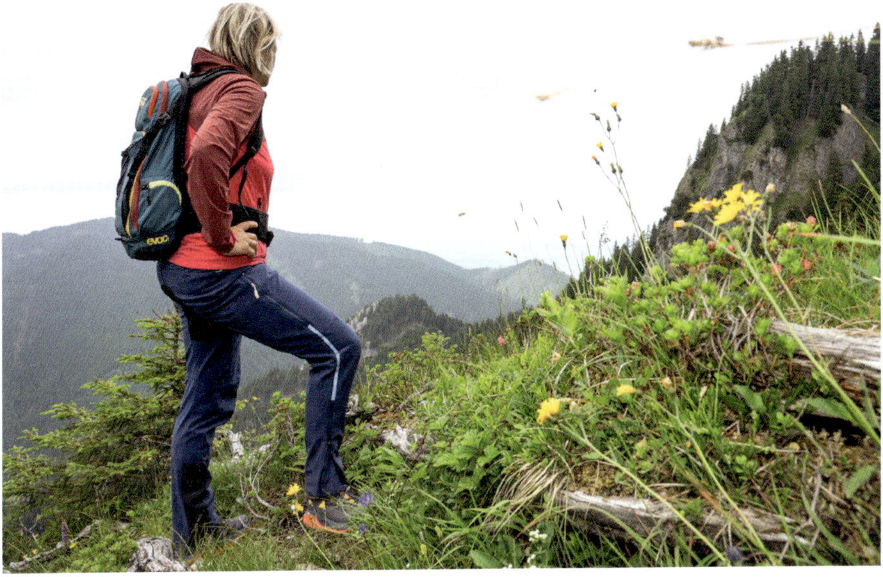

… um festzustellen, dass man sich ganz umsonst Sorgen gemacht hat!

zwar Sicherheit, aber Sie fürchten, dass es gleich hinter der Böschung weit und steil nach unten geht.

Auch wenn dieser vermutete Abgrund gar nicht auf unserem Weg liegt, löst er Stress in Ihnen aus. In sicherer Entfernung vom (vermuteten) Abgrund bleiben wir stehen, ich blicke Sie fragend an: »Und? Was machen wir jetzt?« Sie heben das Brustbein, atmen kräftig durch und sagen entschlossen: »Erst einmal schauen!« Jawoll, genau das wollte ich hören! Trotzdem bitte ich Sie, noch einen Moment zu warten, damit ich Ihnen vormachen kann, wie Sie sich erhöhten, unüberschaubaren Stellen nähern können, hinter denen es steil bergab gehen könnte, oder an denen plötzlich Höhenschwindel auftreten kann.

Schauen Sie sich aus sicherem Stand die Kante oder Erhebung vor sich an. Wenn Sie den Eindruck haben, die Kante könnte bröckelig, unterhöhlt oder instabil sein, verzichten Sie auf diese Übung. Wenn das Gelände vor Ihnen jedoch stabil und fest ist, gehen Sie in sicherer Entfernung, etwa einen bis anderthalb Meter vor der Kante, in die Hocke. Legen Sie die Hände auf den Boden, auf die Böschung oder auf den Felsen vor sich. Nun schieben Sie sich langsam und vorsichtig nach vorn, bis Sie gefahrlos über die Kante blicken können. Erinnern Sie sich jetzt unbedingt daran, den Blick wandern zu lassen, blicken Sie nicht unvermittelt in die Tiefe oder die Weite. Wenn Sie feststellen, dass das Gelände hinter und unter der Kante gar nicht so tragisch ist, wie Sie befürchtet haben, können

Sie sich langsam erheben. Achten Sie beim Aufstehen darauf, weiterhin feststehende Objekte in Ihrem Blickfeld zu halten, um Höhenschwindel zu vermeiden.

Wenn das Gelände hinter und unter der Kante tatsächlich eine potenzielle Gefahr darstellt, weichen Sie vorsichtig weiterhin bodennah bis zu einem sicheren Punkt zurück. Beruhigen Sie sich und überlegen Sie dann in Ruhe, was Sie als nächstes tun können, um sich und andere nicht weiter zu gefährden.

In unserem Fall ist das einfach! Erstens führt unser Weg in ausreichendem Abstand am »Abgrund« vorbei, und zweitens hat das »Erst einmal schauen!« ergeben, dass es hinter der Kuppe gar nicht so steil und tief bergab geht, wie Sie sich das vorgestellt haben.

Taktile Fixpunkte nutzen

Manchmal stehen Sie unvermittelt vor Höhenschwindelgelände. Vielleicht, weil Sie mit Ihrer Aufmerksamkeit nicht beim Gelände waren, oder weil Sie die Geländeform aufgrund ihrer Beschaffenheit vorab nicht einschätzen konnten. Wann immer Sie sich plötzlich vor oder in ausgesetztem Gelände befinden, oder wenn Höhenschwindel oder Sturzangst einen Lagecheck erschweren: Machen Sie sich klein. Gehen Sie in die Hocke, legen Sie die Hände auf etwas Stabiles, das fest mit dem Boden verankert ist (sofern vorhanden, kann das ein Felsen, Baumstümpfe, Wurzeln usw. sein) oder direkt auf den Boden.
Auf diese Weise nutzen Sie taktile Fixpunkte zur Orientierung und können nun ohne zu schwanken den Blick wandern lassen oder die Lage checken.

Körperposition mit Bedacht verändern

Seien Sie sehr vorsichtig, wenn Sie sich aus der hockenden Position zum Stehen aufrichten: In dem Moment, in dem sich ihr Köper beim Berechnen des stabilen Gleichgewichts nicht mehr auf taktile Fixpunkte verlassen kann, ist mit einem kurzen Schwanken zu rechnen. Am besten rücken Sie auf allen Vieren von der Kante zurück bis zu einer Stelle, an der Sie sicher stehen können. Nun richten Sie den Blick konzentriert auf den Boden vor Ihren Füßen und stehen vorsichtig auf. Nach dem ersten kurzen Schwanken sollte der Körper seine Stabilität wiedergefunden haben. Jetzt ist es ganz wichtig, sich auf den Blick zu konzentrieren und keine »Seh-Fehler« zu machen. Also NICHT unvermittelt in die Tiefe oder Weite blicken, NICHT beim Gehen umherschauen und NICHT aus den Augenwinkeln nach Gefahren suchen.

Nicht nur bei vertikalen Veränderungen der Körperposition, also beim Sich-Kleinmachen und beim Aufrichten, sollten Sie sich sehr aufmerksam und bedacht verhalten. Auch das Drehen von Kopf und Rumpf, zum Beispiel beim Zurückblicken, oder das Drehen des ganzen Körpers bei einem Richtungswechsel, können sehr schnell heftigen Schwindel auslösen, wenn dabei – und sei es nur für einen kurzen Moment – die visuellen Fixpunkte aus dem Blickfeld verschwinden. Deswegen sollten Sie sich beim Wandern angewöhnen, immer nur aus festem, sicherem Stand heraus zurückzublicken, und Sie sollten sich stets bergseitig (also mit dem Gesicht dem Berg, nicht dem Tal zugewandt) umdrehen. Egal, ob Höhenschwindelgelände oder nicht.

(Nur!) üben macht Können

Auch bei diesen Übungen gilt – ich kann es nicht oft genug sagen – gehen Sie nicht zu weit! Üben Sie diese Techniken in mäßig herausforderndem Gelände, damit Kopf und Körper auf einem geringen bis mäßigen Stresspegel lernen können, sich in diesen eindeutig nicht alltäglichen Geländeformen sicher zu bewegen. Sie würden auch keinem Fahranfänger raten, gleich am ersten Tag nach der Führerscheinprüfung in einem Zwei-Tonnen SUV mit 170 Kilometern pro Stunde über die Autobahn zu brettern, oder jemanden nach den ersten zehn Reitstunden auf ein Elite-Springpferd setzen. Sie wissen schon, was ich meine.

Stress nach unten = Luft nach oben

Diese Maßnahmen, konsequent geübt und bei künftigen Wanderungen beherzigt, heilen zwar nicht spontan vom Höhenschwindel, aber sie können dabei helfen, den Stresspegel zu regulieren. Wenn Sie ausgesetzte Passagen mit Tief- oder Weitblicken bislang auf der Stufe 4, 5 oder im schlimmsten Falle noch höher angegangen sind, weil Sie sich schon die ganze Wanderung über gestresst und Sorgen über das was noch kommt und den Rückweg gemacht haben, können Ihnen solche Stellen natürlich große Probleme bereiten.

Wenn Sie jedoch lernen und üben, Ihren Stresspegel durch einige der bisher vorgestellten Möglichkeiten zu regulieren, sodass er in Wellenform auf- und wieder absteigt, können Sie künftige herausfordernde Passagen mit einem niedrigeren Stresspegel als bisher angehen. Dadurch haben Sie mehr Luft nach oben und können meisterbare Herausforderungen entspannter angehen.

Nun wissen Sie schon viel über den Umgang mit der Höhenangst! Aber Wissen ist nicht Können, das entsteht nur aus Erfahrung. Dazu setzen wir unsere Wanderung fort und vertiefen dabei das bislang Erfahrene und Geübte in verschiedenen »Schlüsselstellen«. Mehr zu den einzelnen Schlüsselstellen finden Sie in Kapitel 3 ab Seite 78. Aber bevor wir weiter aufsteigen, machen wir eine erste, wohlverdiente Trink- und Snack-Pause, in der Sie noch ein wenig mehr über mögliche Hintergründe von Höhenangst erfahren. Und was Sie tun können, um künftige Bergabenteuer gestärkt anzugehen!

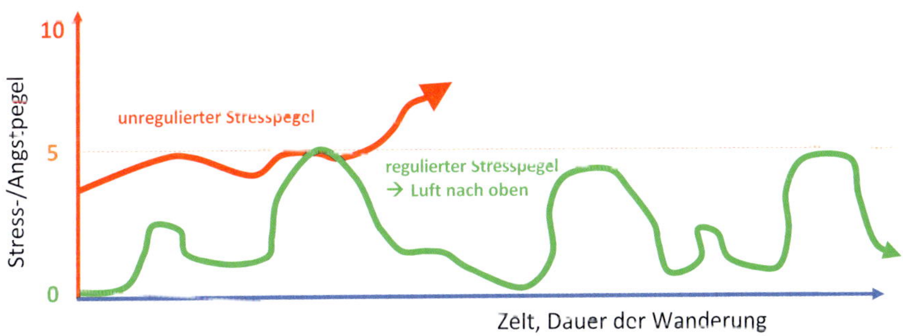

Pausen machen nicht vergessen!

Sie legen den Kopf schief und blicken mich zweifelnd an. »Pause? Können wir nicht lieber weiterwandern? Ich mache so ungern Pausen, weil ich danach nur schwer wieder in Gang komme.« Vielleicht sagen Sie auch: »Och nee, lieber keine Pause! Ich möchte das Ganze möglichst schnell hinter mich bringen, also lieber weiterwandern.« Oder: »Bitte keine Pause! Da habe ich zu viel Zeit, um in der Gegend umherzuschauen, und dann sehe ich Sachen, die ich gar nicht sehen will.«

Aha. Kommen Ihnen solche Sätze bekannt vor? Dann wird's Zeit, ein ganz wichtiges Element im Umgang mit der Höhenangst einzuführen: den **Berg-Genuss**.

Wie? Berge genießen!? Geht's noch?

Gemütliche Pausen sollten zu jeder Wanderung gehören. Sie sollten ausreichend Zeit bieten, um sich ein wenig erholen und um in Ruhe etwas trinken, essen und um die Umgebung zu genießen zu können! Nur tun sich Menschen mit Höhenangst manchmal schwer, die Umgebung zu genießen, oder besser gesagt: Sie kommen oft vor lauter Wachsamkeit für mögliche Gefahren gar nicht auf die Idee, die Aussicht oder sonst irgendetwas zu genießen.

Genießen kann man übrigens nicht nur durch Sehen. Zumal Sie ja beim Gehen auf den Weg und nicht genießerisch in der Gegend umherblicken sollen. Genießen kann man zum Beispiel die frische Luft, den Geruch von sonnenwarmen Nadelbäumen oder den eines Waldes nach einem Regenschauer. Sonnenwärme auf der Haut. Wie

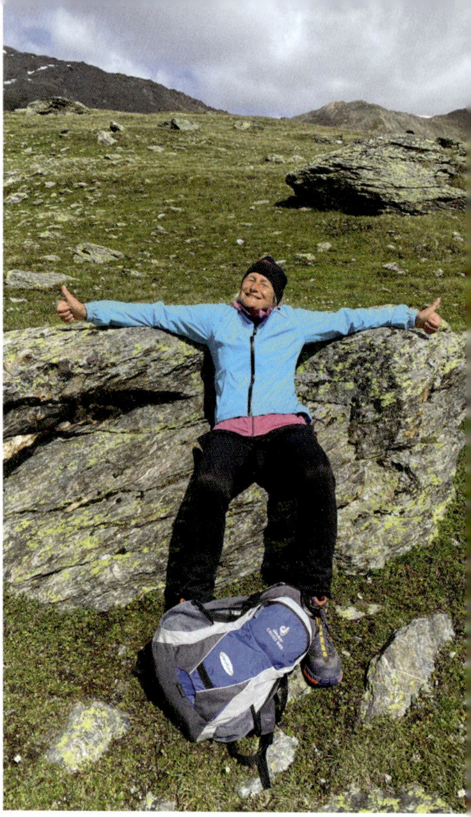

Pause machen nicht vergessen!

sich der Körper beim steten, festen und sicheren Gehen anfühlt. Die Ruhe, vielleicht auch Vogelgezwitscher; die Freundlichkeit von Menschen, denen man unterwegs begegnet und deren Berglust direkt auf Sie abfärbt! (Stutzen Sie gerade? Dann erinnern Sie sich bei Ihrer nächsten Wanderung an die Prinzipien »Freundlichkeit macht Freundlichkeit« und »Lächeln ist ansteckend«!)

Ganz bei den Sinnen sein

Genuss wird in den allermeisten Fällen durch eines oder mehrere Sinnesorgane ausgelöst. Also sehen, hören, riechen, schmecken oder tasten/spüren. Je intensiver die Aufmerksamkeit auf die Sinneswahrnehmungen fokussiert ist, desto weniger Raum bleibt für Gedanken. Insbesondere solche, die Ihnen das Leben im Allgemeinen und Ihre Wanderung im Besonderen schwer machen. Ganz bei den Sinnen zu sein lässt wenig Raum für hinderliche Gedanken. In der Natur lässt sich dieses intensive, fokussierte Wahrnehmen mit allen Sinnen ausgezeichnet kultivieren. Das bringt nicht nur Genuss, sondern tut vor allem bestimmten Regionen in Ihrem Gehirn gut. Die können sich nämlich in »Sinne-vollen« Zeiten ausruhen, erholen und regenerieren: Ein guter Grund, warum so viele Menschen so gerne in die Berge gehen.

Pausenplätze sollten deswegen rechtzeitig, also noch bevor das Gelände über weitere Strecken herausfordernd wird, und nach dem Prinzip Lagecheck gewählt werden. Wählen Sie eine Stelle, an der Sie sich sicher und wohl fühlen. Falls sich diese Stelle in Höhenschwindelgelände befindet: Denken Sie daran, dass im Sitzen in der Regel kein Schwanken oder Schwindel zu erwarten ist. Beim Aufstehen hingegen sollten Sie auf die Möglichkeit eines kurzen Moments des Schwankens vorbereitet sein und sich entsprechend verhalten. Sollten Sie keinen geeigneten Pausenplatz mehr finden, an dem Sie sich wohl und sicher fühlen, dann sind Sie ... Sie wissen schon: zu weit gegangen.

Wann immer ein Lagecheck für einen Pausenplatz, ebenso wie für jede andere Passage auf Ihrer Wanderung, ergibt: »Hier? Alles sicher, keine direkte Bedrohung!«, dann genießen Sie! Unbedingt, mit allen Sinnen und aus vollem Herzen! Deswegen sind wir doch in den Bergen! (Falls Sie jetzt vehement den Kopf schütteln: Spaziergänge durch blühende Talsohlen oder weite, offene Landschaften können durchaus genussvolle Alternativen sein, auch wenn bestimmte Menschen um Sie herum das anders sehen.)

Langsam wieder Fahrt aufnehmen

Übrigens entsteht der Eindruck, man würde nach Pausen nur schwer wieder in die Gänge kommen, meistens dann, wenn Sie nach der Pause zu schnell losgehen. Während der Pause regulieren sich das Herz-Kreislauf-System, der Pulsschlag und die Leistungsbereitschaft der Muskulatur in Richtung Ruhezustandsniveau. Wenn es dann wieder losgeht, brauchen die körperlichen Systeme eine Weile, um wieder in Schwung zu kommen. Ein »Schnellstart« – übrigens nicht nur nach Pausen, sondern auch schon beim Losgehen zu Beginn der Tour – stresst den Körper und kann schneller zu Unbehagen, Müdigkeit und Erschöpfung führen.

Es gibt noch weitere mögliche Ursachen, warum man nach Pausen nicht mehr richtig oder gar nicht mehr auf Touren kommt. Zum Beispiel, wenn die Ermüdung bis dahin schon so stark ist, dass in den Pausen keine Regeneration mehr erfolgt. Oder auch Funktionseinschränkungen im Kreislauf-System: In diesem Fall kann eine Sporttauglichkeitsuntersuchung beim Arzt oder in einem sportwissenschaftlichen Institut angeraten sein. Nach dieser Untersuchung kennt man die eigene Belastungsfähigkeit genauer und kann körperlich belastende Unternehmungen dementsprechend planen.

Aber nun erst einmal: unsere Pause! Ist es hier sicher? Ist es hier schön? Ja! Dann lassen wir uns hier nieder. Trinken und essen Sie ruhig eine Kleinigkeit, derweil betreiben wir noch ein bisschen Höhenangst-Ursachenforschung, und Sie erfahren, wie Sie Ihre persönlichen Höhenmutvoraussetzungen weiter stärken können.

Bergwanderungen sind kein Spaziergang!

Was Sie über Kraft, Ausdauer und Erholung wissen sollten

Inzwischen arbeite ich seit mehr als 35 Jahren mit aktiven Menschen, die sich mehr Mut und Selbstvertrauen bei den unterschiedlichsten Formen von Bewegung wünschen. Oder anders ausgedrückt: Ich arbeite mit Menschen, die in bestimmten, mit Bewegung verbundenen Situationen unter Stress, Unsicherheit, Blockaden oder Angst leiden. Aus diesem Erfahrungsschatz heraus behaupte ich: Bei mindestens 90 Prozent aller Betroffenen stand am Anfang Ihrer (Höhen-)Angst ein unangenehmes Erlebnis, bei dem ungenügende »Kondition« eine Rolle gespielt hat. Meistens in Kombination mit zu geringen oder fehlenden Erfahrungen mit unvertrauten Geländeformen, die im Alltag schlicht und einfach nicht vorhanden sind.

Seit 2009 gebe ich Trainings und Kurse für Menschen mit Höhenangst und bin gelegentlich immer noch höchst irritiert über die Ansprüche, die manche Menschen an sich selber haben, oder denen sie durch bergaffine Begleiter:innen ausgesetzt sind.

So kann es geschehen, dass jemand mit wenig oder keiner Erfahrung beim Bergwandern (und schon gar nicht beim Bergsteigen), durch besondere Umstände oder allzu forsch vorangehende (oder Wanderreisen buchende) Begleiter:innen auf einer Wanderung oder Bergbesteigung konditionell und infolgedessen früher oder später technisch überfordert ist und dann »ganz fürchterliche« Erlebnisse hat. Damit ist der erste Höhenstress-Same gelegt. Die nächste Wanderung wird entsprechend gefürchtet und mit bereits erhöhtem Stresspegel begonnen, man geht aber dann doch, weil ...? Vielleicht glaubt man, sich überwinden zu müssen. Oder man möchte vor den anderen nicht so dastehen. Egal, man geht mit oder ohne Protest doch wieder mit. Die nächste Tour wird erneut übermäßig anstrengend, die Erfahrungen nicht erfreulicher, aber dieses Mal geht's hoch hinaus! Sturzangst und Höhenschwindel lassen in Hilflosigkeit erstarren ... den Rest der Geschichte können Sie sich ausmalen, oder Sie kennen ihn aus eigener Erfahrung.

Ich sage es ganz unverblümt: Yoga ist toll. Und zweimal in der Woche ist besser als einmal im Monat. Aber selbst das verschafft Ihnen nicht die erforderlichen Grundlagen für eine mehrstündige Bergtour. Wenn Sie dieses Buch über den Umgang mit der Höhenangst lesen, werden Sie vermutlich in den Bergen wandern wollen. Wenn Sie künftig mit mehr Mut, Sicherheit und Selbstvertrauen anstatt mit Höhenangst Bergwandern möchten, dann sollten Sie sich konditionell vorbereiten. Ausdauer, Kraft und Koordination lassen sich das ganze Jahr über – auch zu Hause, auch im Flachland – steigern.

Die meisten Menschen verstehen unter dem Begriff »Kondition« die Fähigkeit, ein aktives Tun über einen längeren Zeitraum durchzuführen. Zum Beispiel lange Wanderungen mit vielen Höhenmetern zu machen, ohne zu ermüden. Diese Definition reicht aber nicht: Kondition setzt sich aus mehreren Komponenten zusammen, die beim Bergwandern allesamt eine Rolle spielen:

Eine gut trainierte **Ausdauer** hilft dabei, bei langen Wanderungen nicht zu ermüden, und sich nach der Wanderung schneller wieder zu erholen. Ein gut ausdauertrainierter Muskel verfügt über mehr kleinste Blutgefäße, die wiederum die Sauerstoffversorgung der Muskulatur verbessern und den Muskel dadurch leistungsfähiger machen. Ausdauer entwickelt sich zum Beispiel beim regelmäßigen Wandern, Schwimmen, Laufen oder Radfahren während längerer Einheiten in mäßig hohem Pulsbereich.

Kraft hilft dabei, Widerstände zu überwinden, zum Beispiel beim Aufsteigen das Körpergewicht nach oben zu befördern. Kraft hilft auch, Last zu bremsen, wie zum Beispiel das Körpergewicht beim Bergabgehen. Eine gut trainierte Muskulatur ist zudem besser in der Lage, Bewegungssignale zu leiten und auszuführen (mehr dazu weiter unten bei der Koordination). Kraft entwickelt sich durch entsprechende, regelmäßig durchgeführten Kraft- oder Halteübungen mit und ohne Geräte. Kraftausdauer entwickelt sich bei regelmäßigen, längeren Wanderungen oder Fahrradtouren in ansteigendem Gelände, also in Hügeln oder Bergen.

Kraft- und Ausdauertraining auf flachen Strecken ist allemal besser als gar kein Training und vor allem zu Beginn einer Vorbereitungsphase ideal, um Grundlagen zu legen und zu trainieren. Nach dem Grundlagentraining sollte dann allerdings in an- und absteigenden Geländeformen trainiert werden: Die Anforderungen und Belastungen beim Wandern sind bergauf etwa zwei- bis dreimal so groß wie beim Gehen auf der Ebene, bergab kann die körperliche Belastung je nach Steilheit bis zu sechsmal höher sein als beim Gehen in flachem Gelände.

Männer haben mehr Muskelmasse als Frauen, darüber sollten Sie unbedingt Bescheid wissen. Es gibt einen ganz natürlichen Kraftunterschied zwischen Männern und Frauen. Wenn ein Mann und eine Frau, beide gleich groß, gleich schwer und gleichermaßen gut trainiert, gemeinsam einen 1000 Meter hohen Berg besteigen und die Frau noch etwa 200 Tiefenmeter weiter unten ist, wenn der Mann am Gipfel oben ankommt: dann verfügen beide Personen über vergleichbar viel Kraft. Männer haben naturgemäß rund 20 Prozent mehr Muskelmasse als Frauen. Je kleiner und zierlicher die Frau, desto größer der Kraftunterschied. Wenn ER dann auch noch mehr Zeit und Gelegenheit für sportliches, (bein-)kraftbetonte Training hat als SIE, kann sich der Kraftunterschied bis auf 50 Prozent erhöhen. Beim Wandern kann das bedeuten, dass die Frau, wenn der Mann oben am Gipfel ankommt, erst etwa die Hälfte der zu gehenden Höhenmeter bewältigt hat. Nun trennen sich aber Wandergruppen oder Paare selten, nur weil der eine oder die andere konditionell nicht so gut mithalten kann. Vielmehr bemühen sich die weniger Starken darum, mitzuhalten, um die anderen nicht auszubremsen, und ermüden dadurch schneller. Ermüdung wiederum ist ein Zustand, der Kopf und Körper veranlassen kann, auf Überforderung hinzuweisen. Und wie weisen Kopf und Körper auf Überforderung hin? Durch Lustlosigkeit, Unmut und Stress, und wenn das nicht hilft, dann eben durch Angst.

Diesen Kraftunterschied zu kennen und zu berücksichtigen, kann helfen, Überforderung zu vermeiden. Zum Beispiel durch entsprechende Planung von Wanderungen, vor allem von Mehrtagestouren. Dies kann durch die Vorgabe des Gehtempos durch die wahrscheinlich am ehesten erschöpfte Person erfolgen. Oder ganz einfach durch konsequentes (Bein-)Krafttraining.

Schnelligkeit bezeichnet die Fähigkeit, auf einen Reiz oder ein Signal schnellstmöglich zu reagieren und Bewegungen mit schnellstmöglicher Geschwindigkeit durchzuführen. Sie ist diejenige der Konditionen, die beim Bergwandern am ehesten vernachlässigt werden kann, zumal sie relativ aufwändig zu trainieren ist.

Beweglichkeit ist beim Bergwandern oft gefragt! Aus der Beweglichkeit ergibt sich die Flexibilität, sich in unterschiedlichen Geländeformen sicher zu bewegen: steigen, greifen, bücken, drehen, kraxeln, krabbeln, beugen und aufrichten. Fast alle Bewegungen fallen leichter, wenn man über eine gewisse Beweglichkeit und Flexibilität verfügt, als wenn das Bewegungsbild von Starre und Steifigkeit gezeichnet ist. Beweglichkeit entwickelt sich durch Bewegungen, bei der die Bewegungsspielräume von Armen, Beinen und Rumpf sanft, aber konsequent erweitert werden. Zum Beispiel durch Yoga, Pilates und durch Dehnübungen.

Bis vor wenigen Jahren wurde die **Koordination** als fünftes Element den physischen Konditionen zugeordnet. Seit der Jahrtausendwende jedoch hat die Koordination durch die Präzisierung von Mess- und Forschungstechniken zur Bewegungssteuerung einen neuen Platz in den Aufzählungen der Konditionen erhalten. Sie steht inzwischen nicht mehr an vorletzter oder letzter Stelle der linearen Aufzählung der Konditionen, sondern neben den anderen vier Konditionen und mit jeder einzelnen davon in Verbindung. Koordination bezeichnet das harmonische Zusammenwirken von Sinnesorganen, Nervensystem und Skelettmuskulatur. Gut ausgebaute koordinative Fähigkeiten ermöglichen es, Bewegungen zu steuern und Bewegungsaufgaben situationsgerecht und kraftsparend zu lösen. Koordination ist nicht angeboren, sie muss erlernt werden. Eine gute Koordination lässt uns nicht nur leichter lernen, sie ermöglicht uns außerdem, Bewegungen mit hoher Präzision und in feiner Abstimmung mit anderen Bewegungen durchführen, zum Beispiel beim Schritte- und Tritte-Setzen. Sie ist außerdem maßgeblich an der Gleichgewichts- und der Balancierfähigkeit beteiligt und ermöglicht schnelle, aufeinander abgestimmte Bewegungsabfolgen.

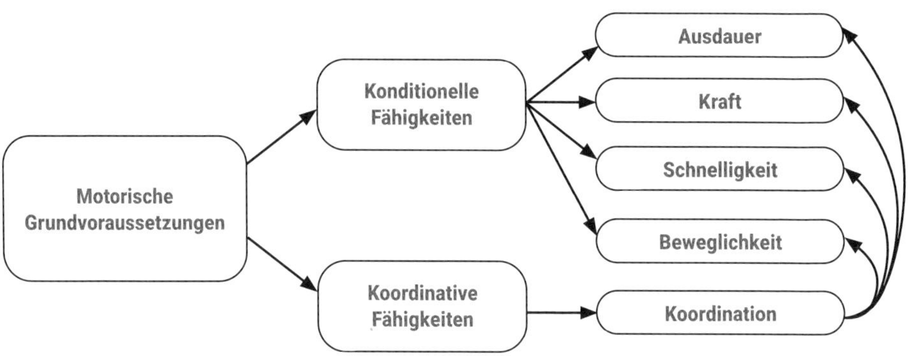

Eine gut ausgebildete Koordination fördert und unterstützt die Konditionen

So wie die übrigen, beim Bergwandern relevanten Konditionen – Ausdauer, Kraft und Beweglichkeit – von einer guten Koordination profitieren, die aufeinander abgestimmte Bewegungen überhaupt erst ermöglicht, profitiert die Koordination ihrerseits wiederum von den Konditionen: Eine gute Ausdauer, ausreichende Kraft und kraftsparende Beweglichkeit können die Ermüdung des Zentralnervensystems verlangsamen und die Erholung nach anspruchsvollen Herausforderungen beschleunigen.

Eine gut entwickelte Koordination ist also eine wichtige Voraussetzung, um sich sicher, stabil und situationsangepasst bewegen zu können. Vor allem dann, wenn sich bestimmte Geländeformen stark vom alltäglichen Untergrund unterscheiden. Unglücklicherweise ist die Koordination diejenige Fähigkeit, die bei Stress und Angst als erste ihre Funktionsfähigkeit einbüßt. Oder fairerweise gesagt: sich anderen Zielen – nämlich der unbedingten Sicherheit – unterordnet. Und die hat weniger mit fein aufeinander abgestimmten Bewegungen zu tun als mit »kämpfen, flüchten oder totstellen«. Sie erinnern sich vielleicht an den Abschnitt über die Auswirkungen von Stress und Angst im ersten Kapitel. Bereits dort habe ich erwähnt, dass sich unter Stress und Angst die Koordination verschlechtert und Bewegungen dadurch zunehmend steif, ungelenk und unsicher werden.

Dieser kleine Ausflug in die Sportwissenschaften lässt Sie möglicherweise schon ahnen, worauf ich hinaus möchte: Bergwanderungen sind kein Spaziergang. Eine Bergwanderung stellt deutlich höhere Anforderungen an Ausdauer, Kraft, Beweglichkeit und Koordination, als die meisten Menschen wissen oder wahrhaben wollen. Mit diesem Kapitel möchte ich Sie keineswegs frustrieren, sondern vielmehr Verständnis und vielleicht sogar Entlastung schaffen für mögliche Auslöser von Unlust, Unsicherheit und Ermüdung, die durch zu geringe konditionelle Voraussetzungen entstehen können. Wenn Sie nicht zu den Menschen gehören, die durch ihren Beruf oder beim sportlichen Training mehrmals in der Woche mehrere Stunden körperlich und koordinativ aktiv sein können oder keine Zeit und Gelegenheit haben, wenigstens jedes zweite Wochenende eine mehrstündige Wanderung oder Fahrradtour zu unternehmen, sondern wie die meisten Menschen einen von langem Sitzen und wenig körperlicher Aktivität geprägten Alltag haben: Woher sollen denn dann die Ausdauer, die Kraft und die Koordination für mehrstündige Bergwanderungen kommen?

Immer wieder berichten Menschen in den Höhenmuttrainings, dass sie in jüngeren Jahren häufiger und mit wenig oder ganz ohne Unbehagen in den Bergen unterwegs waren. Nun, im mittleren Lebensalter, würden Schrittunsicherheit, Besorgtheit und Beklemmung zunehmen. Nun ja, in jungen Jahren gibt es oft einfach mehr Zeit und Gelegenheit für sportliche Aktivitäten. Irgendwann ändern sich die Prioritäten: Familie, Besitztum-Schaffen und Karriere lassen wenig bis keine Zeit mehr für ein umfassendes Fitnessprogramm. Wenn die Menge der Anforderungen dann mit zunehmendem Lebensalter langsam abnimmt und man wieder mehr Zeit für Berge hat, sind 20 bewegungsärmere Jahre oder mehr vergangen. Da knüpft man nicht einfach mal so und schnell an die aus jungen Jahren vertrauten körperlichen Ressourcen an.

Aber nicht nur alltägliche Aufgaben und Verantwortungen lassen scheinbar zu wenig Zeit und

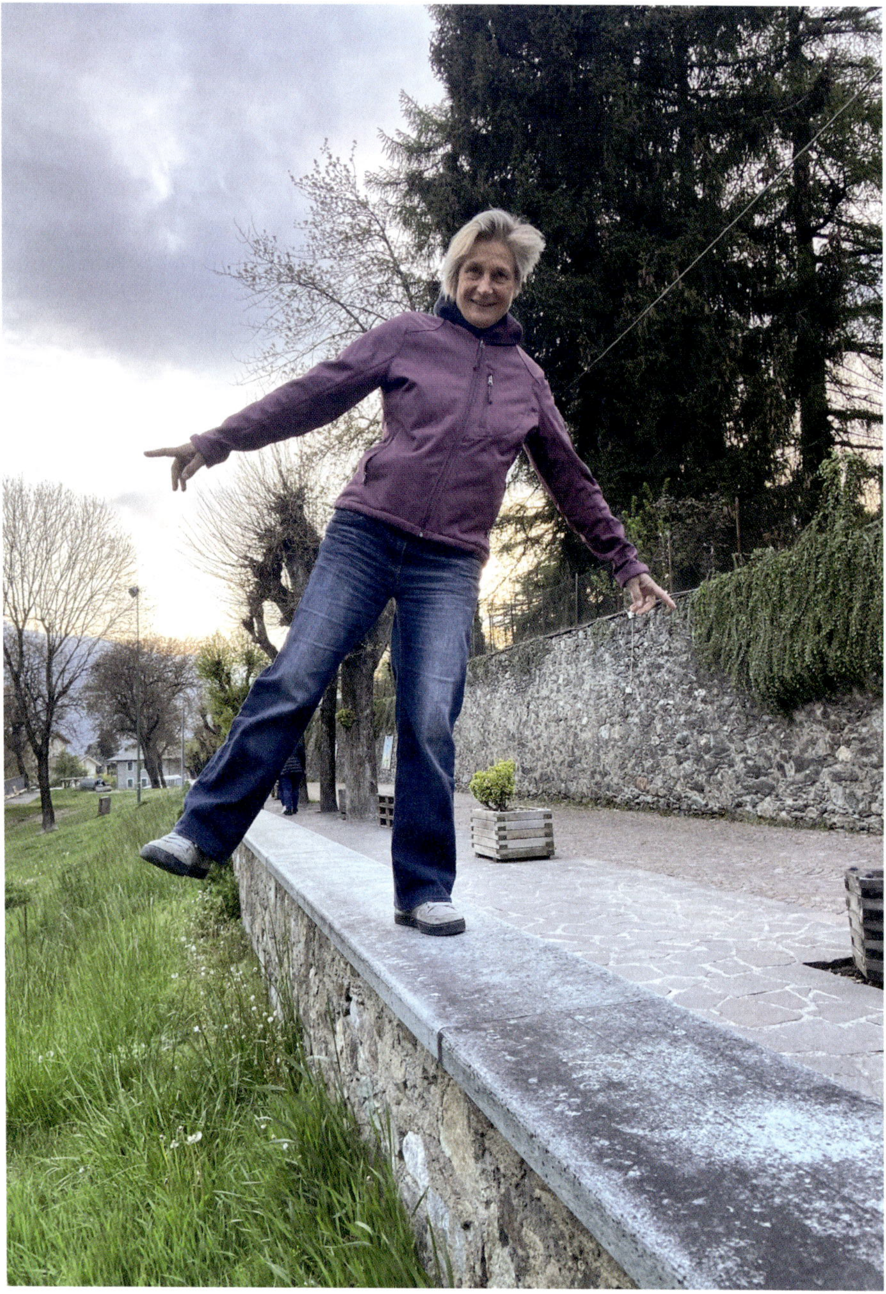

Wann sind SIE das letzte Mal ganz spontan und einfach so auf Bordsteinen oder Mauern balanciert?

Gelegenheit, die koordinativen Fertigkeiten zu verbessern. Welcher Erwachsene balanciert denn schon mitten in der Stadt auf einem Bordstein entlang? Stiefelt von Stein zu Stein durch ein Flussbett? Wagt sich auf einem Abenteuerspielplatz auf oder über das eine oder andere Spielgerät? Wer war schon früher ein Ass auf den Schwebebalken? Und würden Sie heute ganz spontan und einfach so auf Bordsteinen oder Mauern balancieren, wenn sich solche irgendwo inmitten Ihres Alltags zum Üben anbieten?

Aber dann von heute auf morgen auf schmalen Wegen (eindeutig höhergelegen als ein Bordstein) mit allen möglichen Hindernissen (dagegen ist der Abenteuerspielplatz ein Kinderspiel) und stundenlang über alle Berge wollen. Woher sollen Geländegängigkeit, Tritt- und Schrittsicherheit, Weit- und Tiefblicktoleranz und das Wissen darum, wie man sich in ungewohnten oder gar unbekannten Geländeformen souverän verhält denn kommen, wenn Sie sich nicht darin üben?

Die gute Nachricht: die konditionellen und koordinativen Grundlagen lassen sich das ganze Jahr über und von zu Hause aus verbessern!

Ausdauer: Beispielsweise durch regelmaßige Spaziergänge, Wanderungen oder Fahrradtouren am Wohnort oder in der Region. Möglichst auf vielfältigem Untergrund und nach einer Phase des Grundlagentrainings durchaus in deutlich an- und absteigendem Gelände. Die Dauer langsam steigern bis zu der Stundenzahl, die den geplanten Bergtouren entspricht.

Kraft und Ausdauer: Beispielsweise Kniebeugen machen oder Treppensteigen (auf und ab!).

Kraft und Koordination: Beispielsweise täglich zehn Minuten kräftigende Übungen für die Beine, den Rumpf und die Arme.

Kraft, Koordination und Tiefblicktoleranz: Der Winter ist eine ideale Zeit für einen Einsteigerkurs ins Sportklettern oder Bouldern in einer Kletterhalle.

Koordination und Selbstvertrauen: Beispielsweise auf Bordsteinen balancieren, Barfußpfade und Abenteuerspielplätze erobern; Parkplatz-Begrenzungssteine, ungefährliche Mauern und Vergleichbares erklimmen und sicher wieder absteigen.

Sollten Sie einfach keine Möglichkeit – oder keine Lust – haben, sich konditionell und koordinativ auf das Abenteuer Höhenmut vorzubereiten, dann ist das eben so. Aber dann sollten Sie sich damit arrangieren und mehr Verständnis und Freundlichkeit für sich und Ihre Situation aufbringen. Planen Sie Ihre Touren so, dass Sie Freude daran haben, überfordern Sie sich nicht vorsätzlich. Durch Ermüdung und Erschöpfung verschwinden nicht nur Lust und Laune, auch die Aufmerksamkeit und die koordinativen Fertigkeiten nehmen rapide ab. Das sind ideale Startsignale für Stress und Angst, die wohlmeinend, aber bislang vermutlich unverstanden mit lautem Alarm auf die Überforderung hinweisen.

Damit endet unsere Pause. Wir packen unsere Sachen zusammen und setzen unsere Wanderung fort. Die ersten drei-, vierhundert Meter nach der Pause gehen wir bewusst langsam und steten Schrittes, damit Kreislauf-System, Puls und Muskulatur auf verträgliche Art und Weise wieder auf Touren kommen können. Dann wird es Zeit, uns einigen ganz besonderen Herausforderungen zu stellen. Wir beginnen mit dem Üben von Schlüsselstellen! An denen können Sie nun alle bislang ausgeführten Tipps und Techniken situationsgerecht anwenden und vertiefen.

KAPITEL 3

Schlüsselstellen meistern mit der Höhenmutmethode

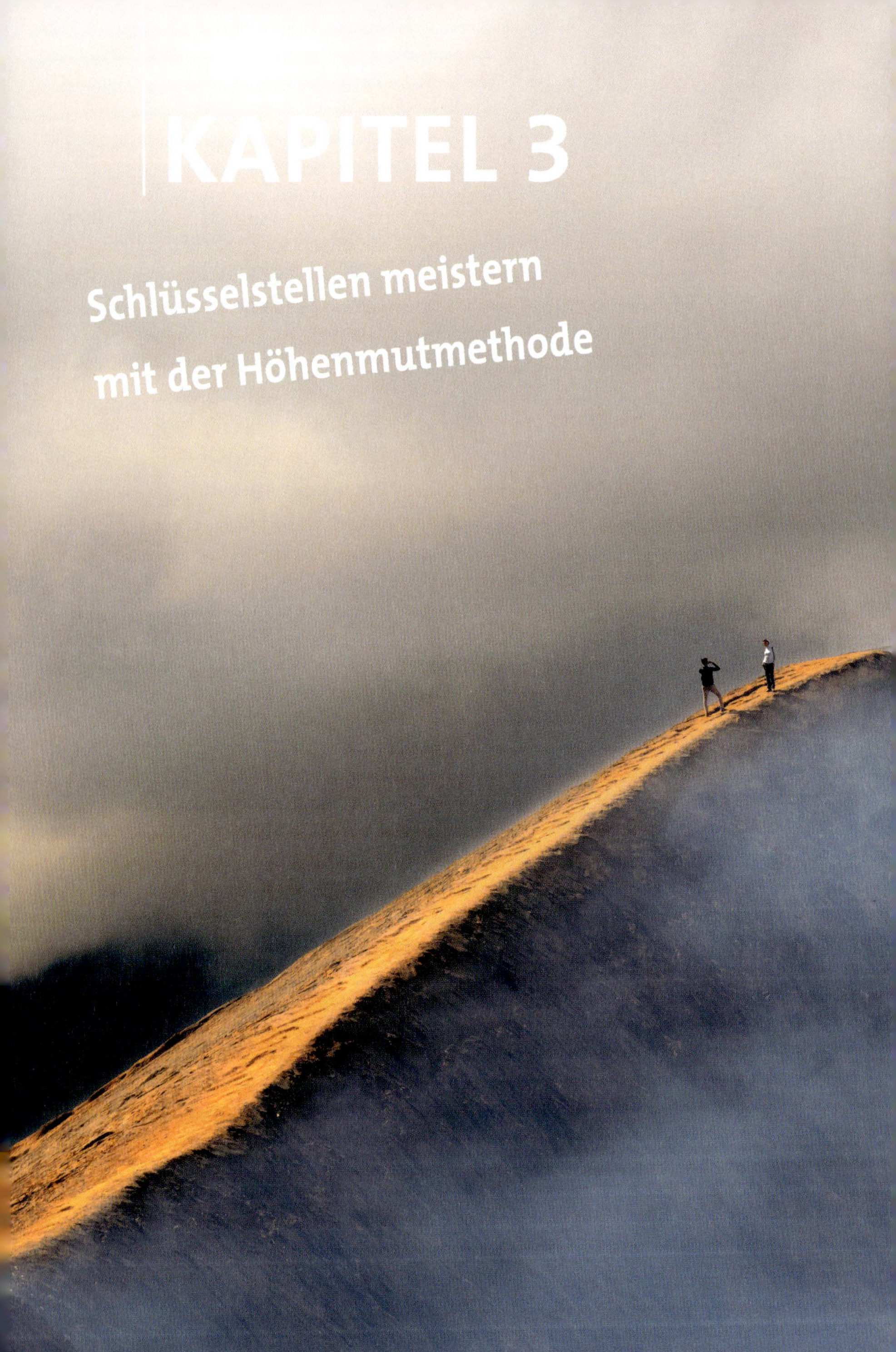

Schritt für Schritt an Schlüsselstellen üben

Inzwischen sind wir schon ein ganzes Stück miteinander gewandert, und Sie haben bislang fast alles über Höhenangst erfahren, was ich Ihnen an Wissen dazu vermitteln kann. Aber Wissen allein genügt nicht. Nun braucht es den Mut, das Wissen in Erfahrung umzusetzen, oder anders gesagt: die Vielzahl der Tipps, Hinweise und Anregungen an herausfordernden, aber meisterbaren Schlüsselstellen anzuwenden und konsequent zu üben. Beim ersten Mal gehen wir beide zusammen, ich schreibend, Sie lesend. Anschließend haben Sie die Wahl: Entweder Sie fassen den Mut, die Theorie in die Praxis umzusetzen und sich über einen längeren Zeitraum wiederholt und mit erträglicher Aufregung behutsam an Ihre ganz persönlichen Schlüsselstellen heranzutasten. So wie es auf den folgenden Seiten beschrieben ist. Oder Sie legen das Buch am Ende zur Seite, vergessen das meiste wieder und starten die nächste »tolle Tour« eben ungeübt. Wovon ich abrate, weil jede weitere stark beängstigende Erfahrung Ihre Höhenangst verstärken wird. Dann vielleicht doch lieber entschlossen und beherzt Schritt für Schritt zum Höhenmut!?

Höhenmut ist Wagemut, nicht Übermut

Mut bedeutet in diesem Sinne nicht etwa Übermut oder Leichtsinn. Sondern viel mehr den Mut …

→ … sich selbst geeignete Übungsstellen zu suchen. Deren Einschätzung kann gelegentlich von jener Ihrer Begleitung abweichen,

→ … sich die Zeit zu nehmen, an solchen Stellen zu üben und Sätze »Wieso musst du da jetzt dreimal drüber und wieder zurück?« einfach zu überhören,

→ … sich die Freiheit für längere Pausen zur Stressregulation zu nehmen, (reagieren Sie auf »Oh nee, nicht schon wieder eine Atem-Pause, da kommen wir ja nie auf den Gipfel!« mit einem Lächeln!),

→ … entschlossen besser umzukehren oder einen anderen Weg zu wählen, wenn Sie feststellen, dass heute (noch) nicht der Tag ist, an dem Sie eine größere Herausforderung angehen möchten,

→ … und nicht zuletzt den Mut, sich für die nächsten Übungswanderungen geduldige, unterstützende Begleiter:innen zu suchen, sofern Sie solche nicht schon an Ihrer Seite haben. Denen können Sie eventuell das Buch zum Lesen geben, weil solche Goldstücke Sie zwar liebend gern unterstützen würden, aber wie!? Mehr dazu finden Sie und andere in Kapitel 5.

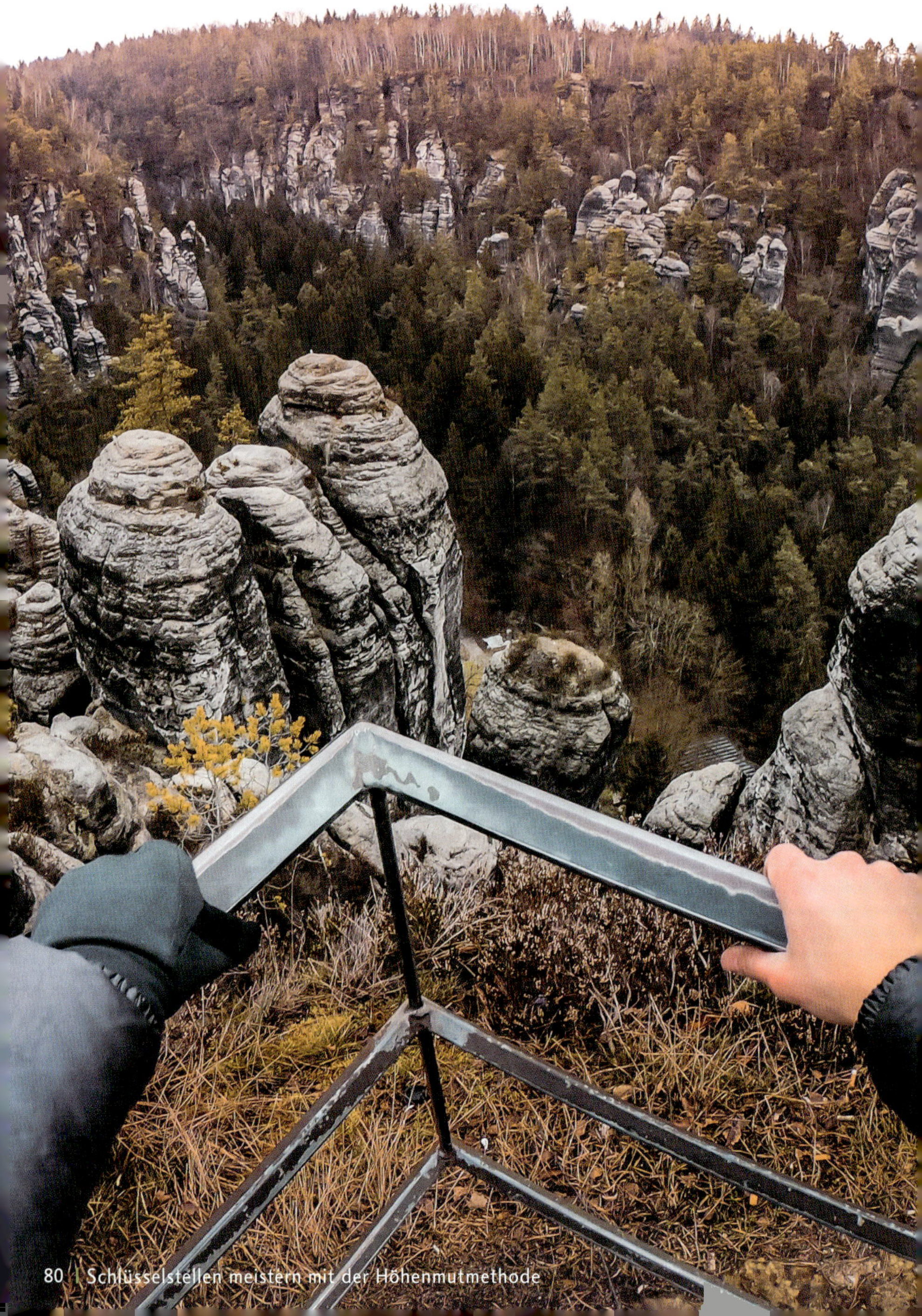

Auf den nächsten Seiten erfahren Sie mehr darüber, wie Sie sich angesichts unvertrauter oder als bedrohlich wahrgenommener Geländeformen verhalten können. Diese Art von Annährung nenne ich »Schlüsselstellen üben«. Diese Methode ist kein Zaubermittel zum schnellen Überwinden von Höhenangst. Vielmehr sollen Sie durch diese Erfahrungen lernen, sich behutsam mit alpinen Geländeformen vertraut zu machen sowie den eigenen Stresspegel von Moment zu Moment zunehmend besser wahrnehmen, einschätzen und vor allem regulieren zu können. Solange Stress und Angst noch regulierbar sind, besteht die Möglichkeit einer objektiven, freiwilligen und selbstbestimmten Annäherung an das, was Stress und Angst auslösen kann. Wird ein gewisser Stresspegel (auf der Höhenangstskala über 5) überschritten, geraten Kopf und Körper in einen Alarmzustand mit unerträglichen Empfindungen, und gelernt wird nur eines: »Das ist furchtbar! Nix wie weg hier und nie wieder!«

Das wiederholte Begehen einer Stelle mag zunächst befremdlich und im gewissen Maß unangenehm sein. Aber durch das wiederholte Begehen von unvertrauten Geländeformen werden Bewegungserfahrungen gewonnen, wodurch sich – bei regelmäßigem und konsequentem Üben – technisches und taktisches Können, Sicherheit und Selbstvertrauen für das Besteigen von Bergen, Türmen oder sonstigen höhergelegenen Stressauslösern verbessern.

Eines sollten Sie beim Üben von Schlüsselstellen unbedingt beherzigen: Üben Sie ausschließlich an Schlüsselstellen und in Situationen mit überschaubarem Risiko. Also mit Sicherheitsabstand zu realen Bedrohungen und nicht an absturzgefährdeten Stellen. Wenn Sie die Herausforderung zu hoch wählen oder im wahrsten Sinne des Wortes zu weit gehen, ist Angst ein berechtigtes und ernstzunehmendes Warnsignal, das auf Überforderung hinweist. Was wiederum bedeuten kann, dass Sie (noch) nicht über die erforderlichen Voraussetzungen oder Erfahrungen zum Begehen solcher Stellen verfügen.

Bevor Sie sich in Situationen begeben, die Ihnen allergrößtes Unwohlsein bereiten und starke Angst auslösen, schaffen Sie in angemessenem Gelände zuerst einmal die erforderlichen Grundlagen und Erfahrungen für solche definitiv nicht alltäglichen Herausforderungen. Das gilt für Menschen mit wenig Bergerfahrung ebenso für jene, die zwar regelmäßig und relativ angstfrei in den Bergen unterwegs sind, aber doch bestimmte Geländeformen bisher vermieden haben. Die brauchen dann vermutlich weniger ein Höhenmuttraining als vielmehr eine geduldige, erfahrene Bergführerin zur Absicherung und Unterstützung beim Sammeln von entsprechender Bergerfahrung.

Ich empfehle Ihnen, auch die Abschnitte über jene Schlüsselstellen zu lesen (oder wenigstens zu überfliegen), die Ihnen nur wenige oder keine Probleme bereiten. Vielleicht können Sie trotzdem etwas für Ihre ganz persönliche Herausforderungen mitnehmen. Egal, was Ihnen Schwierigkeiten bereitet und auf welchem Niveau: Die Methode zum Sammeln von gelingenden Erfahrungen und die Anzeichen für den Zeitpunkt, den Versuch einzustellen, um Überforderung zu vermeiden, bleiben stets dieselben.

Das Prinzip »Schlüsselstellen üben«

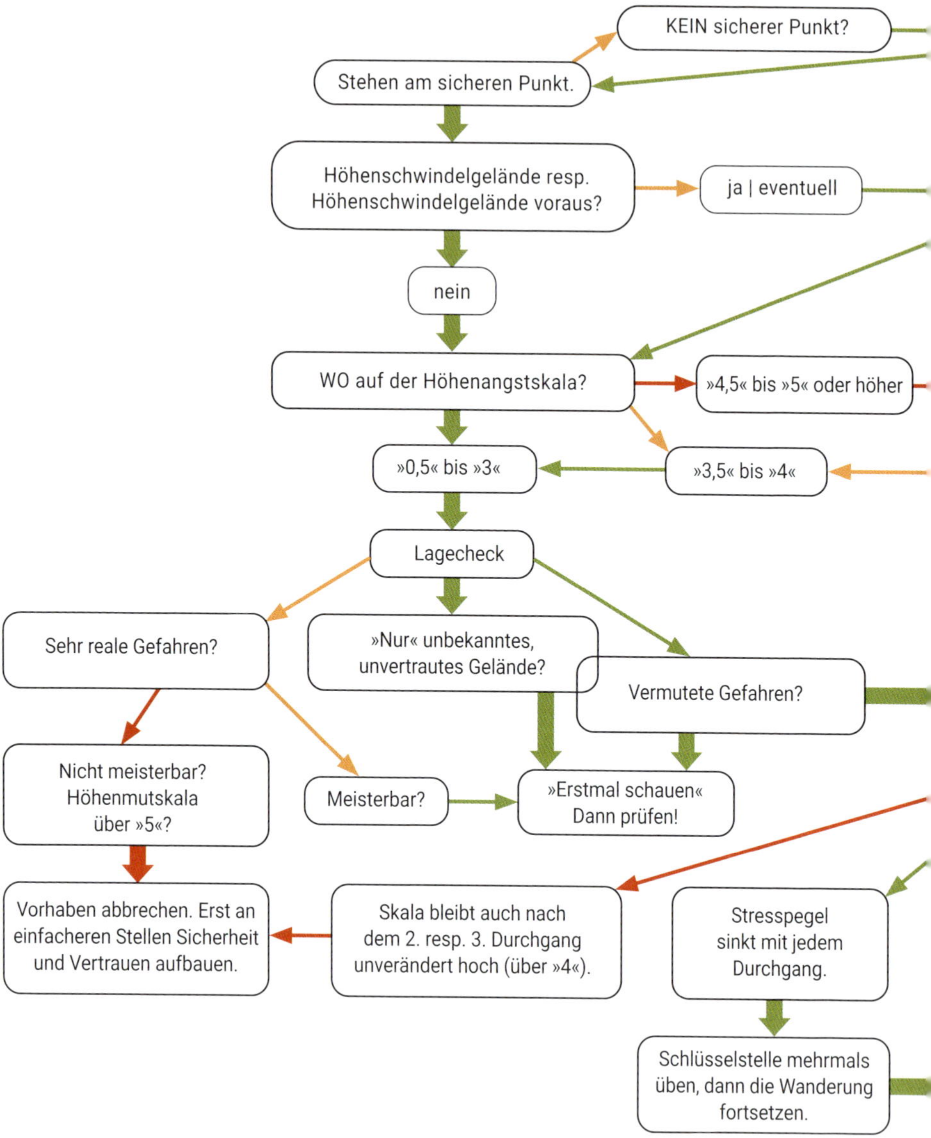

Schlüsselstellen üben mit der Höhenmutmethode

Zurück zum letzten sicheren Punkt

- → Vorbereitet sein und »den Blick im Auge behalten«.
- → Feststehende Objekte in unmittelbarer Nähe im Blickfeld halten.
- → Keine kurzen, schnellen Blicke in die Weite oder Tiefe, besser: den Blick wandern lassen.
- → Kopf und Rumpf mit Bedacht drehen.

Schon zu weit gegangen. Zurück zum sicheren Punkt → Stress regulieren.

→ Stress regulieren: Atmen. Atmen. Atmen. Schultern runter. Brustbein hoch. Arme und Beine locker schütteln. Kontakt zu den Füßen: fester Stand oder feste auftreten. Beruhigen.

Skala unverändert hoch? Vorhaben abbrechen, erst an einfacheren Stellen Sicherheit und Vertrauen aufbauen.

- → Überschaubare Übungsstrecke festlegen (lieber zu kurz als zu lang).
- → Atmen, Muskulatur lockern, Brustbein hoch, ideale Körperhaltung einnehmen.
- → Die festgelegte Übungsstrecke entschlossen und dem Gelände angemessen gehen/bewegen → mehr dazu bei den einzelne Schlüsselstellen in Kapitel 4.
- → Ggfs. sich die vermutete Gefahr genauer ansehen, mehr dazu bei den einzelnen Schlüsselstellen in Kapitel 4.
- → Am Ende der Übungsstrecke bedacht umdrehen.
- → Zurück zum Ausgangspunkt der Übungsstrecke.
- → Erholen, ggfs. Einschätzung auf der Höhenangstskala durch stressregulierende Maßnahmen absenken.
- → Übungsstrecke ein zweites Mal bis zum festgelegten Endpunkt gehen.

Passagen ohne Unwohlsein → genießen!

Weitere Schlüsselstellen? Noch ausreichend frisch und motiviert?

nein → Längere Pause, oder: Für heute reicht´s!

ja → Nach vorgestelltem Prinzip üben.

Den nun vor uns liegend Wegabschnitt werden wir nutzen, um das im Schaubild auf den Seiten 82/83 dargestellte Vorgehen Schritt für Schritt durchzugehen. Für weitere Schlüsselstellen kennen Sie das Vorgehen dann bereits, also werden wir den Fokus später stärker auf hilfreiche Informationen zu den einzelnen Geländeformen richten und was Sie dort tun und lassen können.

Schritt für Schritt an Schlüsselstellen üben

Wieder sind wir ein Stück des Weges weitergewandert, und Sie haben aus einem sicheren Stand heraus schon einige Male den Rückweg und die Lage gecheckt. Bislang mit dem Ergebnis: »Gar kein Problem! Die Aussicht von hier oben sieht ganz anders aus, als ich befürchtet hatte! Höhenangstskala? 0,5!« Wie ich bereits gesagt hatte: »Rückweg checken« und »Erstmal schauen« können Befürchtungen zerstreuen und das Stresslevel auf ein gut erträgliches Niveau regulieren.

Aber plötzlich bleiben Sie unvermittelt stehen. Ein erster Lagecheck ergibt: Kein Gelände, das Höhenschwindel auslösen könnte, aber vor uns auf dem Weg liegt eine Passage, die Ihnen auf den ersten Blick unheimlich erscheint. Für den Moment sind Art und Eigenheit dieser Passage unerheblich. Jetzt geht es erst einmal darum zu erfahren, wie Sie sich solchen Stellen nähern können. Im folgenden Kapitel finden Sie dann Informationen und Anregungen zu den verschiedenen Stellen und Passagen, die bei Menschen mit Höhenangst Zweifel und Unsicherheiten auslösen können, ganz im Sinne von: »Da gehen wir aber jetzt nicht drüber, oder?«

Nein, erstmal gehen wir da nicht drüber. Und schon gar nicht schneller, um die Stelle möglichst schnell hinter uns zu bringen. Erst mal schauen und prüfen wir. Dann üben wir (weil doch endlich einmal Übungsgelände vorhanden ist!). Und wenn das alles gut läuft, dann machen wir uns auf den Weg.

Stehen am sicheren Punkt? Stehen Sie gerade an einem sicheren Punkt? Können Sie fest und stabil stehen?

→ Ja: Fahren Sie fort wie beschrieben.
→ Nein: Gehen Sie zur Seite oder zu einem sicheren Punkt zurück.

Höhenschwindelgelände? Befinden wir uns hier im Höhenschwindelgelände, oder könnte an der Schlüsselstelle Höhenschwindelgelände sein?

→ Nein: Fahren Sie fort wie beschrieben.
→ Ja: Bereits hier, oder möglicherweise im Voraus Höhenschwindelgelände:

- Seien Sie vorbereitet und behalten Sie »den Blick im Auge«.
- Halten Sie feststehende Objekte in unmittelbarer Nähe im Blickfeld.
- Vermeiden Sie kurze, schnelle Blicke in die Weite oder Tiefe. Lassen Sie den Blick stattdessen gemächlich von nah zu fern oder in die Tiefe wandern.
- Vermeiden Sie schnelle Drehbewegungen mit Kopf und Rumpf. Bewegen Sie sich angemessen und mit Bedacht.

Rückweg checken! Können Sie von dieser Stelle aus sicher wieder zurückgehen?

→ Ja: Fahren Sie fort wie beschrieben.
→ Unsicher oder nein: Üben Sie zuerst den Rückweg, bevor Sie weitergehen.

Ihre Einschätzung auf der Höhenangst-skala? Aufregung regulieren! Auf welcher Stufe der Höhenangstskala befinden Sie sich gerade?

→ 0,5 bis allerhöchstens 3: Fahren Sie fort wie beschrieben.
→ 3 bis 4: Das ist hoch! Wenden Sie Maßnahmen zur Stressregulation an: tief und ruhig atmen, Schultern runter, Brustbein anheben, Hände und Arme ausschütteln. Machen Sie sich bewusst, dass Sie gar nichts MÜSSEN. Sie KÖNNEN sich dazu entscheiden, einen ersten kleinen Versuch zu wagen.
→ 4,5 bis 5: Das ist eindeutig zu hoch! Möglicherweise sind Sie im wahrsten Sinne des Wortes schon zu weit gegangen und nun überfordert. In diesem Fall kehren Sie mit der erforderlichen Vorsicht zum letzten sicheren Punkt zurück. Dort wenden Sie die Maßnahmen zur Stressregulation an, beruhigen und erholen sich. Fahren Sie mit der Übung erst fort, wenn sich die Aufregung wieder gelegt hat und Sie Ihren Stresspegel auf der Höhenangstskala bis maximal bei 3,5 einordnen würden. Wenn Sie sich auf der Skala weiterhin auf 4 oder höher einschätzen, brechen Sie die Übung an dieser Schlüsselstelle ab und suchen Sie sich einfachere Stellen.

Ich kann Sie förmlich hören: »Wie soll das gehen? Es gibt so viele Stellen, an denen ich bei 4 oder darüber bin! So wird das doch nie besser, da kann ich jedes Mal umdrehen!« Ja, möglicherweise erinnern Sie jetzt beim Lesen genau so. Und schade, denn jedes Erlebnis über der »5« verbucht das Gehirn wahrscheinlich als Alarmsignal für künftige vergleichbare Situation, da kann oft schon die bloße Vorstellung solcher Situationen als Auslöser dienen. Es ist möglich, dass Sie sich bislang schon öfter überfordert haben. Möglicherweise lag dies an falschen Vorstellungen über die geplante Tour, dem Wunsch, anderen zu folgen, oder dem Zögern, Mitwandernde auszubremsen. Wählen Sie nun die nächsten Touren und Übungsstellen so, dass Sie sich in angemessenem Gelände befinden – überschaubar, meisterbar und nicht unmittelbar absturzgefährdet. Das gibt Ihnen Zeit und Gelegenheit, die vorgestellten Techniken auszuprobieren. Ganz nach dem Prinzip: »Erst einmal schauen!«

Machen Sie den Lagecheck:

Beim Lagecheck prüfen Sie, was sich direkt vor Ihnen und unmittelbar um Sie herum befindet – nicht das, was vielleicht noch irgendwann kommt, oder ganz vage und irgendwo in weiter Ferne zu erkennen ist.

Was ist da?

Betrachten Sie die vorausliegende Stelle und beschreiben Sie so objektiv wie möglich, was Sie von hier aus erkennen können. Objektiv bedeutet: sachlich, unvoreingenommen, nicht durch Erinnerungen oder Befürchtungen geprägt.

Geländeform bekannt und vertraut? Oder unbekannt, unvertraut?

Kennen Sie diese Geländeform bereits? Sind Sie so etwas schon einmal gegangen? Liegen Ihre Befürchtungen eher auf unangenehmen Erlebnissen mit einer vergleichbaren Geländeform begründet? Oder resultieren sie eher darauf, dass Sie nicht wissen, was an dieser Stelle auf Sie zukommt und was Sie an solchen Stellen tun können, um sie sicher bewältigen zu können?

Welche Gefahren vermuten Sie, was »könnte« passieren?

Benennen Sie spontan, kurz und knapp und ohne sich hineinzusteigern, was Sie an dieser Stelle befürchten. Zum Beispiel: Schotter? Rutschgefahr. Grat? Abstürzen. Wiese? Ausrutschen. Hinter der Biegung da vorn? Ausgesetzter Weg. Dabei sollen Sie nicht nach Gefahren suchen, sondern sich bewusst machen, was genau Sie fürchten. Um im nächsten Schritt dann zu überprüfen, ob da wirklich das ist, was Sie vermuten, oder ob Sie sich vielleicht doch umsonst Sorgen gemacht haben?

Tatsächlich Rutschgefahr?

Die Gefahr, auszurutschen, hinzufallen oder abzustürzen wird umso größer, je verkrampfter die Muskulatur, je zögerlicher die Schritte und je weiter der Körperschwerpunkt nach hinten gerät. Und je unaufmerksamer Sie sind: Diejenigen meiner Kursteilnehmenden, die – unabhängig von der Art des Untergrundes – schon einmal auf dem Hosenboden gelandet sind, bestätigen, an dieser Stelle in Gedanken ganz woanders gewesen zu sein, oder sich beim Unterhalten mit einer hinten gehenden Person zu dieser umgedreht zu haben.

Prinzipiell ist der Körper in der Lage, ein plötzliches Ungleichgewicht blitzschnell auszugleichen und zurück zur Balance zu finden. Das wird durch fein aufeinander abgestimmte, kleinste Muskeltätigkeiten ermöglicht und zählt zu den Koordinationsfähigkeiten. Wenn nun allerdings die Muskulatur zu stark angespannt oder gar verkrampft ist, wird dieses feine Zusammenspiel eingeschränkt, und Reaktionsschnelligkeit, Balance- und Gleichgewichtsfähigkeit nehmen ab.

Wenn jemand das Begehen von bestimmten Stellen oder das Bergabgehen als beängstigend empfindet, wird er oder sie mit hoher Wahrscheinlichkeit eine Schutzhaltung einnehmen. Dabei wird der Po nach hinten geschoben, die Schultern nach oben gezogen und nach vorn gerollt, die Schritte werden zögerlich aufgesetzt und das gesamte Gangbild ist steif und sehr verhalten. Durch das Vorbeugen des Oberkörpers gerät das Blickfeld zu nah vor die Füße und die vorausschauenden Berechnungen für Bewegungsabläufe und Gleichgewicht werden erschwert. Durch den nach hinten geratenen Körperschwerpunkt verschiebt sich die Druckbelastung auf die Schuhsohlen auf die Ferse, schade! Sie erinnern sich bestimmt: Bergwanderschuhsohlen greifen am besten, wenn sie fest, entschlossen, mit Druck von oben (nicht von hinten) und mit der gesamten Sohlenlänge eingesetzt werden.

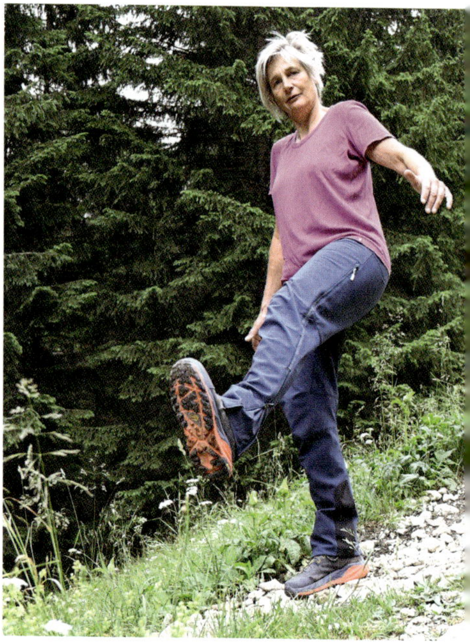

Bergwanderschuhsohlen greifen am besten, wenn sie fest, entschlossen, mit Druck von oben (nicht von hinten) und mit der gesamten Sohlenlänge eingesetzt werden.

Den zweiten Teil des nachstehenden Satzes haben bisher schon ein paar Mal von mir gehört: »… was Sie tun können, und was Sie besser bleiben lassen.« Wie Sie sehen, nimmt Rutschgefahr tatsächlich in Abhängigkeit von etwas zu, das Sie besser bleiben lassen. Was Sie stattdessen tun können, haben Sie bereits im ersten Kapitel bei den Schritt- und Tritttechniken gelesen, weitere Anregungen dazu finden Sie im vierten Kapitel beim Bergwanderwissen.

Bemerkenswerte Sturzfantasien

Ich möchte keinesfalls die Angst zu fallen oder zu stürzen kleinreden oder abtun. Überall und jederzeit besteht die Möglichkeit zu stolpern oder hinzufallen. Was ich allerdings bemerkenswert finde, sind die Vorstellungen, die sich gerade Menschen mit Höhenangst davon machen, wie so ein Sturz ablaufen könnte und wo man dadurch landen könnte. Wie oft höre ich den Satz: »Hmmm, wenn ich hier falle, fängt mich dies oder jenes da weiter unten auf.«

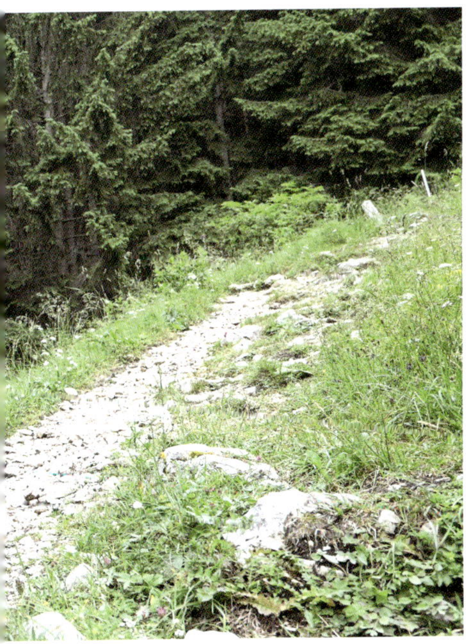

Dazu kann ich in den meisten Fällen nur sagen: a.) »Bis dahin müssen Sie erst einmal kommen«, weil der Hang gar nicht so steil ist, dass Sie beim Hinfallen bis dorthin kollern würden.« Zu Ihrer Beruhigung: Diesen Satz hören meine Kursteilnehmer:innen viel öfter als b.) »Das hilft Ihnen dann auch nichts mehr.« Keine angenehme Feststellung, das weiß ich. Aber es ist besser, rechtzeitig zu lernen, konkrete Gefahren objektiv zu beurteilen und einzuschätzen, anstatt die Augen davor zu verschließen im Sinne von: »Was ich nicht sehe, oder mir schönrede, kann nicht gefährlich sein.«

Ebenfalls aufschlussreich finde ich, dass Menschen **ohne** Höhenangst durchaus mit der Möglichkeit rechnen, an gewissen Stellen eventuell auf dem Hosenboden zu landen. Während Menschen mit Höhenangst den Hosenboden gar nicht erst in Betracht ziehen. Für sie bedeutet hinfallen oder stürzen automatisch abstürzen, runterfallen oder runterkollern. Dabei ist die Wahrscheinlichkeit, ein Stolpern abfangen zu können oder eben »nur« auf dem Hosenboden zu landen, sehr viel größer als einfach so und ohne deutliches Fehlverhalten seitlich vom Weg zu fallen.

Mit welchen tatsächlichen Gefahren ist eventuell zu rechnen?

Jawoll. In den Bergen kann, so wie überall und jederzeit, etwas passieren. Konkrete Stellen können konkrete Gefahren bergen. Gut zu wissen! Dann brauchen Sie nicht den größten Teil der Wanderung und an allen möglichen Stellen nach allen möglichen Gefahren Ausschau halten. Sondern Sie können sich beim Risiko-Check auf jene Stellen konzentrieren, die für Sie wirklich relevant sind. Das spart Nerven, reguliert den Stresspegel und hilft dabei, an bestimmten Stellen die Aufmerksamkeit auf tatsächlich vorhandene Gefahren zu fokussieren. Mehr über potenzielle Gefahren und Risiken in konkreten Geländeformen erfahren Sie bei der Beschreibung der einzelnen Schlüsselstellen in Kapitel 4.

Wissen und Gespür für konkrete Gefahrenstellen und das Vertrauen, dass Sie damit umgehen können, erwachsen übriges aus (Berg-)Erfahrung. Am besten aus erfreulichen, genussvollen und gelungenen Erfahrungen! Je häufiger Sie solche erfolgreichen Erfahrungen machen, sich dabei bewusst mit dem Gelände beschäftigen und sich verdeutlichen, wie Sie bestimmte Herausforderungen meistern können (anstatt herausfordernde Stellen mit zu hohem Stresspegel und möglichst schnell zu überwinden), desto besser können Sie bestimmte Geländeformen einschätzen. Und umso selbstsicherer können Sie werden. Weil Sie die meisten dieser Erfahrungen nur in den Geländeformen machen können, die Sie vor Herausforderungen stellen – in der Regel sind das nicht diejenigen direkt vor der Haustür oder im nahegelegenen Erholungsgebiet. An solchen Stellen sollten Sie tatsächlich üben, wenn sie sich direkt vor Ihnen auftun. Also: üben, üben, üben! Aber überfordern Sie sich beim Üben an Schlüsselstellen nicht. Der Schwierigkeitsgrad der Übungsstelle sollte meisterbar sein, und Sie sollten über die konditionellen und technischen Voraussetzungen verfügen, solche Stellen sicher meistern zu können.

Was bietet Sicherheit?

Dieses Prinzip haben Sie bereits beim »Lagecheck« im zweiten Kapitel kennengelernt. Dabei richten Sie die Aufmerksamkeit auf Umstände und Objekte, die Sicherheit geben können, anstatt nach möglichen Gefahren zu suchen:

→ Wo ist der nächste sichere Punkt?
→ Was kann auf dem Weg dorthin Sicherheit geben?
→ Gibt es bestimmte Geländeformen, die Sicherheit bieten?
→ Welche Techniken könnten Sie anwenden? Mehr dazu bei den jeweiligen Schlüsselstellen in Kapitel 4.

»Erst einmal schauen« und dann prüfen

Bei den bisher aufgezählten Maßnahmen sind Sie am sicheren Punkt geSTANDEN. Lagecheck und Höhenangstskala ergeben: Sie können auf einer überschaubaren Übungsstrecke einen Test wagen!

→ Legen Sie nun eine überschaubare Übungsstrecke fest. Die Strecke soll lieber kürzer als zu lang gewählt werden, denn möglicherweise steigt die Stresskurve beim ersten Versuch noch schnell steil nach oben. Dann ist es hilfreich, wenn es bis zum letzten oder nächsten sicheren Punkt nicht allzu weit ist. Dort können Sie sich erholen und den Stresspegel mithilfe der Regulationstechniken wieder absenken.

→ Letzte Vorbereitungen, bevor Sie losgehen: atmen, atmen, atmen. Muskulatur lockern. Brustbein hoch. »Ideales Körperbild« einnehmen. Blick voraus auf den Weg.

→ Nun betreten Sie entschlossen die festgelegte Übungsstrecke. Gehen und bewegen Sie sich dem Gelände angemessen. Mehr dazu finden Sie bei den jeweiligen Schlüsselstellen in Kapitel 4.

→ Es kann durchaus sein, dass Sie sich auf der Übungsstrecke nicht sonderlich wohl fühlen, gestresst sind und Schwierigkeiten haben, sich an die Regulationstechniken zu erinnern und sie beizubehalten. Möglicherweise würden Sie sich auf der Höhenangstskala bei einer Zahl knapp unter 4 einordnen. Solange Sie den Stresspegel dabei noch selbst durch Atmung, Körperhaltung und bewusstes Gehen regulieren und sich selbst beruhigen können, ist die Situation zwar nicht angenehm, aber für eine kurze Dauer auszuhalten. Deswegen sollen Sie die Übungsstrecke auch nicht zu weit wählen und den letzten oder den nächsten sicheren Punkt, an dem Sie sich erholen können, schon vorab festgelegen. Erinnern Sie sich daran, dass Aufregung in Wellenform verlaufen soll. Wenn Ihre Einschätzung auf der Höhenangstskala während des Übens ansteigt, sollte sie umgehend danach durch die Anwendung der Regulationstechniken wieder auf ein gut erträgliches Maß abgesenkt werden.

→ Am Ende der Übungsstrecke halten Sie an und drehen sich mit Bedacht um. Vorsicht bei Höhenschwindelgelände! Wenn sich auf einer Seite des Weges feststehende Objekte befinden (aufsteigender Berghang, Bäume und Vergleichbares), drehen Sie sich diesen Objekten zugewandt um.

→ Gehen Sie zurück zum Ausgangspunkt der Übungsstrecke. Werden Sie dabei nicht schneller.

→ Beruhigen und erholen Sie sich. Nutzen Sie die Regulationstechniken, um Ihre Einschätzung auf der Skala zu senken.

→ Benennen Sie wörtlich, was Ihnen beim Begehen dieser Geländeform am meisten hilft.

→ Anschließend gehen Sie die Übungsstrecke ein zweites Mal bis zum festgelegten Endpunkt. Halten Sie an und entscheiden Sie, ob Sie die Übungsstrecke verlängern möchten und wie oft Sie üben möchten.

Wie oft üben?

Ein zweites (manchmal genügt schon ein einziges) Begehen einer überschaubaren Übungsstrecke kann unterschiedliche Auswirkungen haben:

→ Womöglich fällt Ihnen das Begehen der Stelle leichter, als Sie vermutet haben, und Sie fühlen sich nach ein- oder zweimaligem Üben sicher genug, den Weg fortzusetzen. Und auf diesem Weg auch ohne große Schwierigkeiten wieder ins Tal abzusteigen. In diesem Falle setzen Sie die Wanderung unter Beachtung des »Genussprinzips« fort, mehr dazu folgt später.

→ Womöglich stellen Sie fest, dass Sie sich beim zweiten Durchgang über diese Stelle schon sicherer und weniger unwohl fühlen als beim ersten Durchgang. In diesem Falle können Sie gern noch einen weiteren Durchgang wagen oder die Übungsstrecke verlängern.

→ Womöglich war das Begehen dieser Stelle eine größere Herausforderung, aber Sie konnten sich nach dem ersten und dem zweiten Durchgang wieder beruhigen. In diesem Falle – und wenn Sie sich noch frisch genug fühlen – sollten Sie den Hin- und Rückweg noch ein paarmal üben. Dabei sollte Ihre Einschätzung auf der Höhenangstskala insgesamt abnehmen. Bei zunehmend ansteigender Einschätzung jedoch sollten Sie das Üben rechtzeitig beenden.

Egal, für was Sie sich entscheiden: Ihr Stresspegel sollte beim Üben zu keinem Zeitpunkt die Einstufung 4,5 auf der Höhenangstskala übersteigen. Da sich die Einstufung erfahrungsgemäß mit jedem Durchgang reduziert, wird sich Ihr Übungsradius mit konsequentem Üben zunehmend erweitern.

Achtung: Stress und Angst sind anstrengend!

Manche Übungsstellen werden Ihnen mehr abverlangen als andere. Machen Sie sich bewusst, dass das Begehen von stressverschärfenden Stellen, die den Stresspegel auf der Höhenangstskala über 3,5 oder höher bringen, körperlich und mental sehr anstrengend ist. Nehmen Sie sich nach derart herausfordernden Begehungen unbedingt ausreichend lange Zeit zur Stressregulation und zur Erholung. Stressen Sie sich nicht noch zusätzlich durch »Übungswut«, den Anspruch sich »überwinden zu müssen« oder eine Stelle um jeden Preis meistern zu wollen. Das könnte die Höhenangst verschlimmern. Bei jeglichem Üben – egal, von was und für was – sollte stets gelten: Qualität vor Quantität. Und vergessen Sie nicht, sich über das zu freuen, was Ihnen gelungen ist!

In Abschnitten ohne besondere Schwierigkeiten Genuss statt Sorgen kultivieren

In der Regel folgen auf herausfordernde Passagen irgendwann auch wieder solche ohne besondere Gefahren. Falls Sie das bisher anders empfunden haben … sind Sie wohl zu weit gegangen. Dann sollten Sie weitere Überforderung unbedingt vermeiden und die nächsten Touren ganz bewusst so planen, dass Sie a) nicht übermäßig oft an Ihre Grenzen kommen und b) tatsächlich jederzeit umkehren oder einen anderen Weg nehmen könnten, wenn es für Sie an diesem Tag nicht mehr weitergeht. Allein das Wissen darum, dass Sie da entlang oder dort hoch gehen könnten, aber nicht um jeden Preis müssen, kann schon Stress reduzieren. Es sorgt oft für dieses gewisse Quäntchen Mut: »Erstmal schauen, ob das WIRKLICH so ist, wie ich befürchte!«

Wenn also nach einer Schlüsselstelle kurze oder längere Passagen kommen, an denen Sie keine unmittelbaren, konkrete und reale Bedrohungen wahrnehmen (also hier an dieser Stelle, nicht: »da vorn könnte aber doch …«), dann schalten Sie in den Genussmodus!

Genießen senkt den Stresspegel, und es ermöglicht Ihnen, weitere Schlüsselstellen auf dem Weg entspannter und weniger gestresst anzugehen. Anstatt sich durch hinderliche Gedanken oder falsches Blicken vorsätzlich selbst zu stressen. Je tiefer der Stresspegel, desto mehr ist Luft nach oben bis zu jenen Grenzbereichen auf der Höhenangstskala, die Überforderung signalisieren.

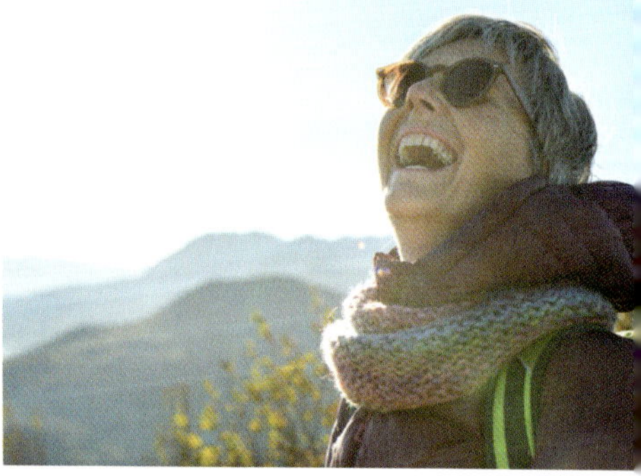

An Stellen ohne besondere Herausforderungen den Genussmodus aktivieren!

Woher sollten Sie das alles können?

Bisher haben Sie schon eine Menge über die Hintergründe und Ursachen von Höhenstress und Höhenangst erfahren, und Sie können Ihre Höhenangst inzwischen hoffentlich schon ein wenig besser verstehen. Wenngleich Sie Ihre ganz persönliche Geschichte mit individuellen Gelände-Vorlieben und -Abneigungen haben, gibt es einige Faktoren, die bei nahezu allen von Höhenangst Betroffenen Stress auslösen: unbekannte, unvertraute und ungeübte Geländeformen.

Eigentlich ist das natürlich und verständlich: Wo finden sich schon im Alltag matschige, schmale, grob geschotterte, luftige, felsige, wurzeldurchsetzte und seitlich steil abfallende Übungsorte, auf denen sich Balance, Gleichgewicht und Koordinationsvermögen üben und verbessern ließen? **Also wieso und woher sollten Sie diese Untergründe und Geländeformen, einfach so, sicher und souverän begehen können?**

Eben. Seien Sie nicht so streng mit sich selbst. Vielleicht möchten Sie sich aber dazu entschließen, sich mit den Geländeformen, die Ihnen Schwierigkeiten bereiten, vertraut zu machen, mehr darüber zu wissen und das Begehen solcher Stellen auch konsequent zu üben. Lassen Sie uns also weiter wandern und uns überraschen, welchen Herausforderungen wir begegnen, was Sie dazu wissen sollten und welche konkreten Übungen Sie an bestimmten »Schlüsselstellen« durchführen können!

Wenn Sie nicht bei jeder sich bietenden Gelegenheit und konsequent »im Einfachen« üben ...

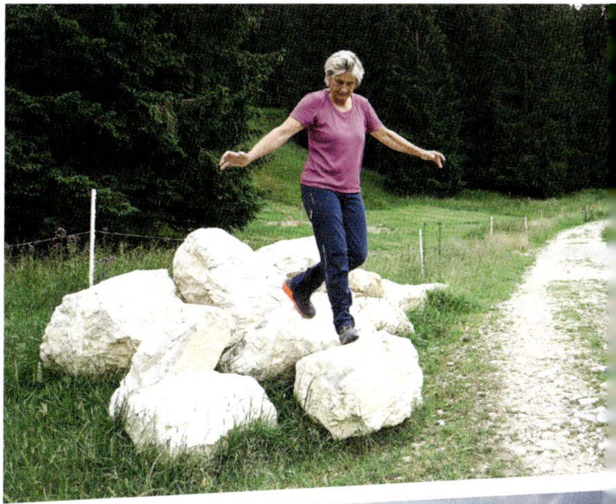

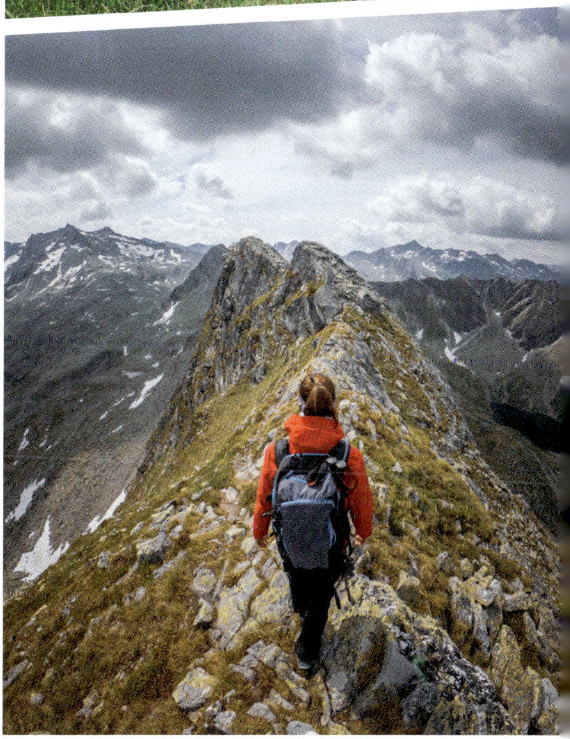

... wieso sollten Sie es dann »im Schwierigen« können?

KAPITEL 4

Bergwander-Wissen für Höhenmutige!

Was beim Begehen von bestimmen Geländeformen helfen kann

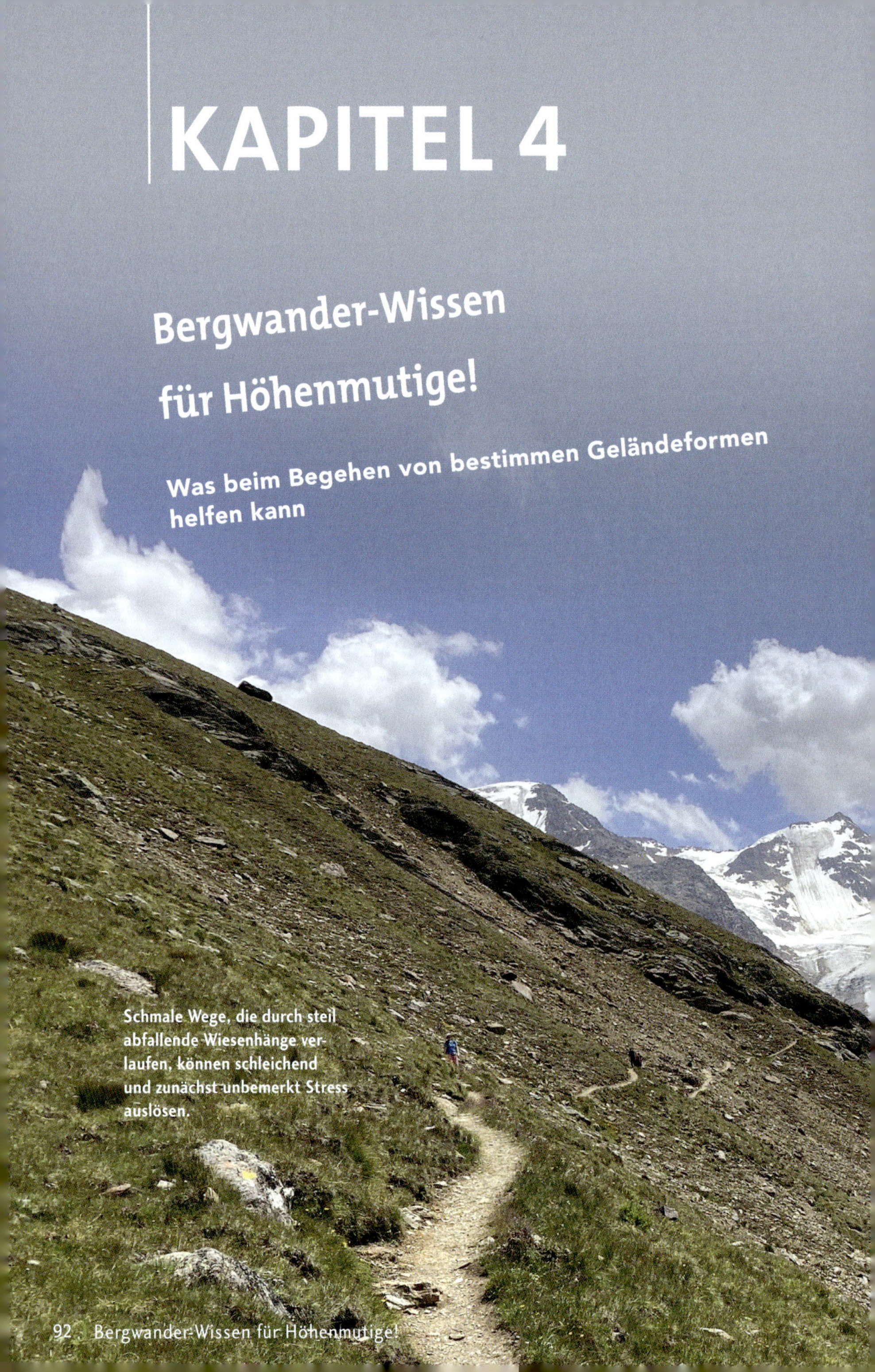

Schmale Wege, die durch steil abfallende Wiesenhänge verlaufen, können schleichend und zunächst unbemerkt Stress auslösen.

Keinen Blick für die Blumenvielfalt

Schmale Wege durch steil abfallende Wiesenhänge

Eben noch haben wir über die faszinierenden, uralten Baumriesen rechts und links des Weges gestaunt: Was es hier alles zu entdecken, zu riechen und zu hören gibt! Plötzlich, hinter der nächsten Wegbiegung, endet der Wald von einem Meter auf den nächsten, und vor uns öffnet sich eine weite, (sehr) schräg abfallende Wiesenfläche mit einer schier unglaublichen Vielzahl unterschiedlicher Bergwiesenblumen. Mein »Wunderschön!« überschneidet sich mit Ihrem: »Oh nein! Das ist viel zu steil, und überhaupt: Ich sehe gar keinen Weg! Jetzt müssen wir umdrehen!« (Der letzte Satz klingt irgendwie … hoffnungsvoll?)

Durch steil abfallende Wiesenhänge verlaufende, schmale Wege können auf eine ganz besondere Art und Weise stressen, nämlich schleichend und erst einmal unbemerkt. Die meisten Menschen würden eine Wiese nicht als sonderlich bedrohlich einschätzen. Aber es gibt zwei Faktoren, die Sie kennen sollten, wenn Sie zu jenen gehören, denen Wege durch Wiesenhänge Schwierigkeiten bereiten.

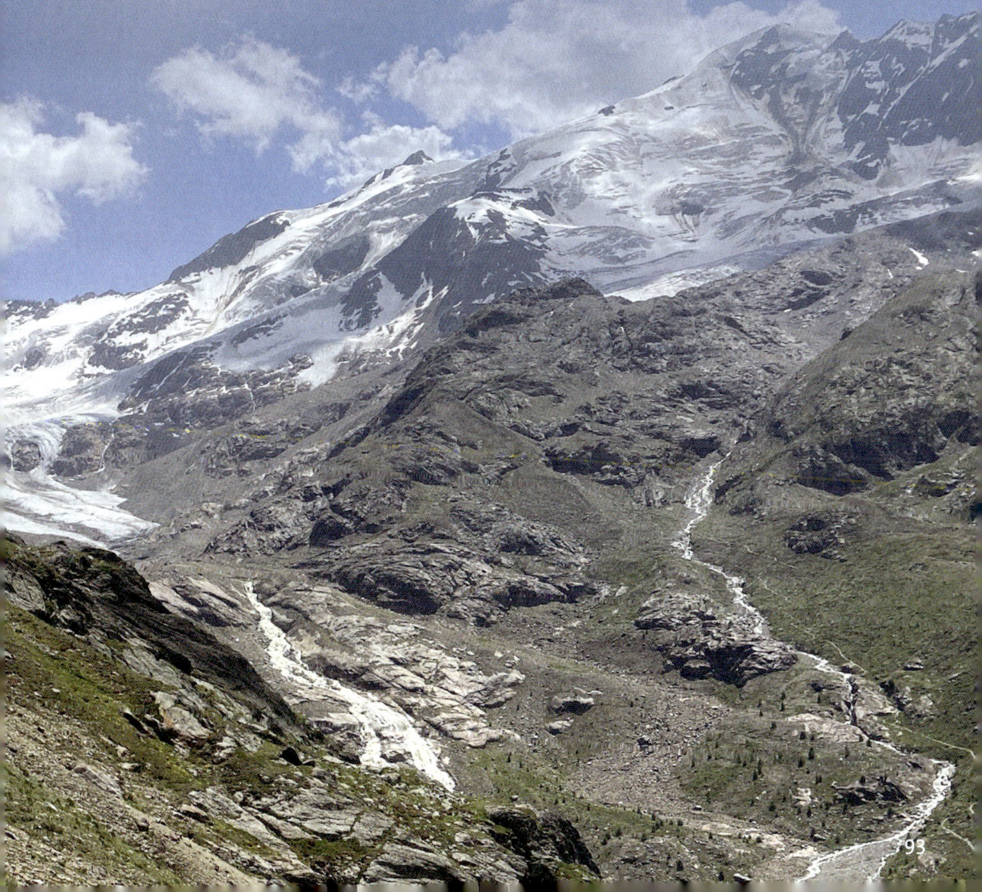

Zum einen kann ein Wiesenhang auf einer Seite einen weiten Blick auf das tieferliegende Land ermöglichen. Für das Auge jedoch bietet eine bunte, aber sonst relativ konturarme Wiese meistens zu wenig Fixpunkte zur Orientierung. Dadurch kann ein Wiesenhang möglicherweise Höhenschwindelgelände sein. Beim Queren von langen Wiesenhängen tritt Höhenangst selten plötzlich, sondern eher schleichend auf. Dann kann der Eindruck entstehen, die Höhenangst überfällt einen wie aus heiterem Himmel, dabei ist der Stresspegel unbemerkt immer weiter angestiegen bis zu dem Punkt, an dem das Unwohlsein unerträglich wird.

Zum anderen kann ein mit Pflanzen bedeckter Boden besser Wasser speichern als spärlich bewachsener oder kahler Boden. Deswegen können Wiesenwege und -pfade eher einmal feucht und damit – vermeintlich oder tatsächlich (»Erst einmal schauen!«) – rutschig sein. Außerdem kann auch ein Wiesenweg trotz der Blumenpracht am Wegesrand unwegsam und schwierig zu begehen sein, wodurch Sturzangst ausgelöst oder vergrößert werden kann.

Schmale Wege durch steilere Wiesenhänge – das kann helfen:

Angemessene Schritt- und Trittechniken. Feste, entschlossene Schritte. Angemessenes Tempo. Lebendiges Gehen in optimaler Körperhaltung. Gegebenenfalls Hände und Arme abfangbereit ausbreiten.

Höhenschwindelgefahr im Auge behalten. Finden Sie heraus, ob Ihre Schwierigkeiten mit solchen Passagen bislang durch nicht erkannten oder nicht bewussten Höhenschwindel ausgelöst wurden? Falls ja, wissen Sie ja nun, wie Sie mit diesem Auslöser umgehen können (siehe Kapitel 2, ab Seite 55).

Den Stresspegel im Auge behalten. Gegebenenfalls Stressregulationstechniken (siehe Kapitel 2, ab Seite 38) anwenden.

Augen auf den Weg, »den Weg scannen«.

Genießen! Geräusche, Gerüche und Körperempfindungen können auch im Gehen genossen werden; die Blumenvielfalt oder Ausblicke mit Höhenschwindelpotenzial bitte nur aus festem Stand heraus oder im Sitzen.

Schluss mit Schotterschlottern

Sicheres Gehen auf Schotter, Kies und Geröll

Nach dem Queren des Wiesenhanges, dem Sie schlussendlich doch noch ein paar wunderschöne Seiten und eine Menge Fotos von seltenen Blumen abgewinnen konnten, führt unser Weg nun in einen lichten Buchenwald hinein. Plötzlich bleiben Sie wie angewurzelt stehen. Sie brauchen nichts zu sagen, ich sehe es an Ihrer Körperhaltung: Ihre Schultern sind nach oben gezogen, die Augen weit geöffnet, der Blick starr auf die Passage vor uns gerichtet: »Ein Schotterfeld! Was jetzt?«

Für viele Menschen ist das Begehen von Schotterwegen und -hängen – vor allem bergab! – eine beängstigende Herausforderung. Sie assoziieren Schotter blitzschnell mit verringerter Bodenhaftung und der Gefahr des Ausrutschens. Die Wahrnehmung eines vorausliegenden, bergab führenden Schotterfeldes kann den Stresspegel stark ansteigen

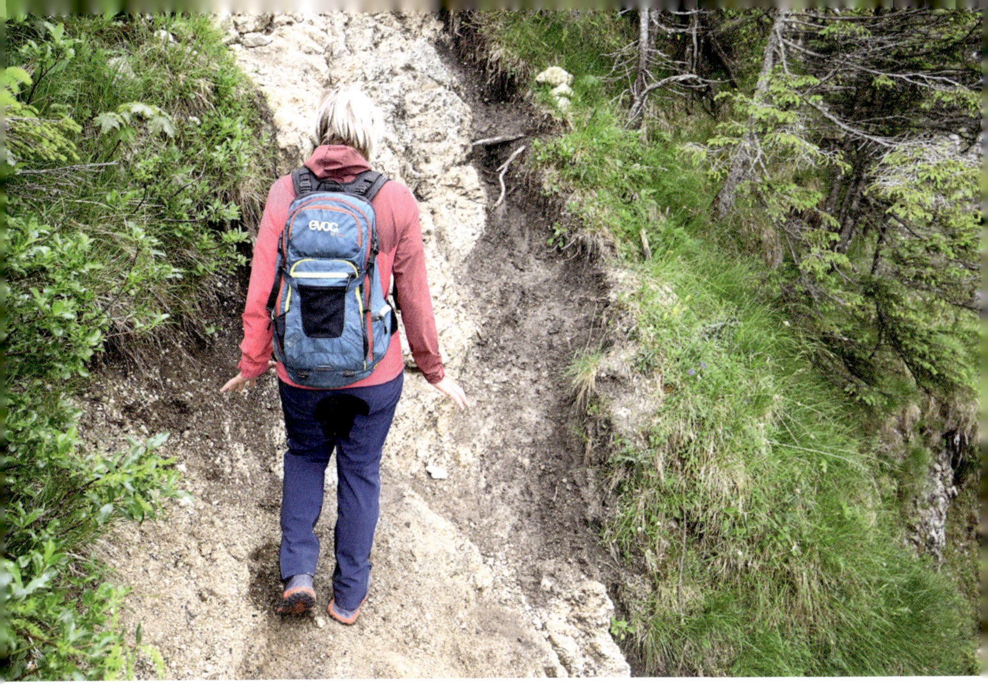

Das Gehen auf schotterigen Untergründen ist ungewohnt und daher für viele Menschen erst einmal eine beängstigende Herausforderung.

lassen und entsprechende Reaktionen auslösen. Dann verschiebt sich der Körperschwerpunkt nach hinten und die Muskulatur verspannt sich, dadurch vermindern sich Koordinationsfähigkeit, Balance- und Gleichgewichtsvermögen. Durch die Verschiebung des Körperschwerpunktes nach hinten verändert sich die Druckverteilung auf die Füße, und anstatt den Fuß gleichmäßig zu belasten, kommt mehr Druck auf die Ferse. Diese Druckbelastung ist insbesondere bei losem Untergrund kritisch: Der Fuß kann dann tatsächlich eher wegrutschen.

Schotterfelder können Höhenschwindelgelände sein

Wenn Schotterfelder oberhalb der Baumgrenze auftreten, kann die relativ eintönige Oberflächenstruktur solcher Geländeabschnitte den Augen zu wenig Kontrast und Kontur bieten. Wenn dann keine weiteren größere, feststehenden Objekte vorhanden sind (zum Beispiel größere Felsblöcke), kann schon ein nur mäßig steil abfallendes Geröllfeld bei schnellen Blicken in die Weite oder Tiefe eventuell Höhenschwindel auslösen. Seien Sie also entsprechend vorbereitet und verhalten Sie sich so, wie wir das bereits geübt haben: Augen auf den Weg. Wenn Sie sich umsehen möchten, lassen Sie den Blick langsam von der Nähe in die Weite oder Tiefe wandern, und vermeiden Sie kurze seitliche Blicke und Weitblicke.

Steinschlaggefahr?

Lose Steine können, wenn sie losgetreten werden, nach unten kollern. Deswegen prüfen wir zunächst die mögliche Steinschlaggefahr und sehen uns das Gelände vor uns genauer an: Wie steil ist die Hangneigung (je steiler ein Hang, desto eher können Steine herabpurzeln), und befinden sich über oder unter uns weitere Wegabschnitte?

gedreht, in der Hoffnung, sich dort im Falle eines Falles irgendwo festhalten zu können. Das führt zu ungewohnten Bewegungsmustern und Unsicherheit beim Gehen.

Feuchte, matschige und rutschige Untergründe – das kann helfen:

Entschlossene Schritte: »Schritt!!! Schritt!!! Schritt!!!« So wird die Profilsohle in der ganzen Länge belastet und kann gut greifen.

Brustbein hoch! Dadurch kommt der Körperschwerpunkt über die Füße, und die Gefahr des seitlichen Abknickens des Oberkörpers wird reduziert.

Kurz, aber fest auftreten. Nicht zu lang auf einem Fuß stehenbleiben. Lieber kürzer auftreten, dabei beweglich bleiben und »lebendig gehen« (siehe Seite 40).

Nicht schneller werden.

Gute Wanderschuhe mit ausgeprägter Profilsohle. Hochwertiges Schuhwerk ist mit gut profilierten Winterreifen vergleichbar, die greifen auf matschigem Untergrund auch besser als Reifen mit wenig Profil.

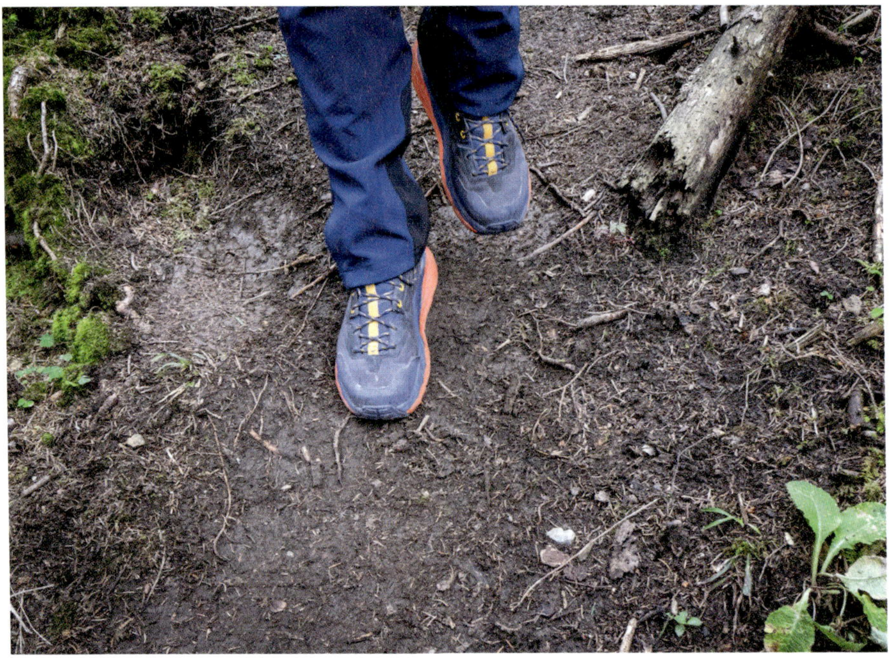

Matsch? Füße richtig aufsetzen: Fußspitze in Laufrichtung, Gewicht über den Fuß: So kann die Profilsohle optimal greifen.

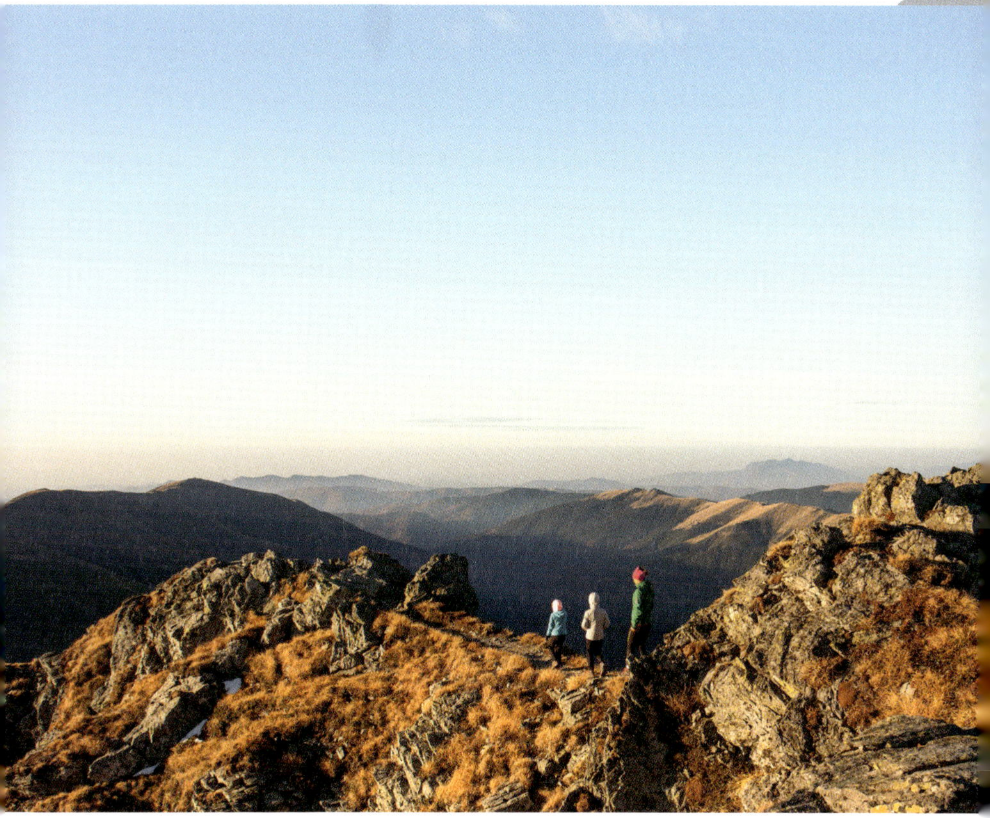

Ausgesetzt: An dieser Stelle besteht potenzielle Sturzgefahr.

Hier gähnt nur einer: rechts, der Abgrund!

Sicheres Gehen auf einseitig ausgesetzten Wegstücken

Gerade schlängelt sich unser Weg durch den Wald. Links steigt der Hang steil an, rechts fällt der Hang zwar steil bergab, aber weil da dicht an dicht noch starke Bäume stehen, ist der Weg für Sie gut zu meistern. Doch dann endet der Wald, nun sind rechts keine Bäume mehr und wir können direkt ins Tal blicken. Mit schreckgeweiteten Augen sagen Sie: »Das ist ja total ausgesetzt! Da geht es direkt in den Abgrund!« Ich würde ja sagen, der Hang fällt hier nicht steiler ab als die letzten 800 Meter entlang unserer Wegstrecke. Aber schlaue Sprüche nutzen Ihnen jetzt auch nichts. Lassen Sie uns lieber mal über den Begriff »ausgesetzt« sprechen, und was Sie an ausgesetzten Stellen tun und lassen können.

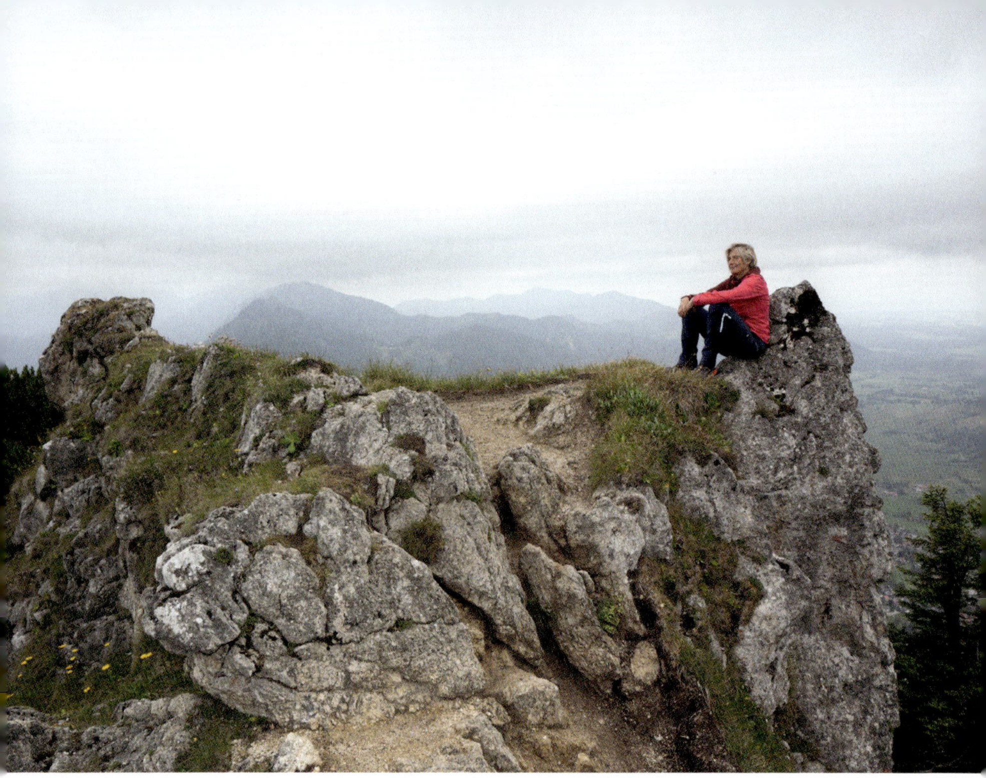

Ausgesetzt: Hier sitzt jemand auf einem exponierten, also herausragenden Felsvorsprung.

Was bedeutet eigentlich ausgesetzt?

Das Wort ausgesetzt ist die Übersetzung des Begriffes exponiert. Der wiederum leitet sich ab von den lateinischen und mittelhochdeutschen Sprachwurzeln für die Worte »herausragend« und »etwas ausgesetzt« sein. Im Zusammenhang mit Bergen und beim Wandern kann ausgesetzt also eine Stelle oder Passage bezeichnen, die über etwas herausragt. Zum Beispiel nach oben: ein Gipfel, oder nach vorn ein Felsvorsprung. Und es kann eine Stelle oder Passage bezeichnen, an der eine potenzielle Absturzgefahr besteht. Zum Beispiel Wege und Pfade, an denen es auf einer oder auf beiden Seiten steil nach unten geht und es keine Bäume oder Büsche mehr gibt, die einen Sturz vielleicht doch noch abfangen könnten.

Weil einseitig ausgesetzte Passagen und Stellen in den meisten Fällen zumindest auf der steil abfallenden Seite von wenigem oder keinem Bewuchs mehr begrenzt werden, kann diese Geländeform nicht nur Sturzangst, sondern auch Höhenschwindel auslösen. Zumal Menschen mit Höhenangst gerade in ungewohnten und als bedrohlich empfundenen Situationen dazu tendieren, immer wieder kurze Blicke dahin zu werfen, wo sie die Gefahr vermuten: in den Abgrund. Jeder dieser kurzen Tiefblicke kann vom Gehirn als Signal für Sturzgefahr bewertet werden: »Achtung, da geht es steil hinunter!« Das kann bei Menschen mit der Neigung zu Höhenschwindel ebendiesen auslösen und/oder verstärken.

Einseitig ausgesetzte Wege und Stellen – das kann helfen:

Atmen. Atmen. Atmen.

Höhenschwindelgelände? Den Blick im Auge behalten. Überprüfen Sie rechtzeitig, ob sich die vor Ihnen liegende Passage in Höhenschwindelgelände befindet oder in solches hineinführt. Falls ja: Seien Sie vorbereitet und vermeiden Sie schnelle, kurze Tief- und Weitblicke. Wenn Sie schauen möchten oder müssen, machen Sie das aus sicherem Stand heraus und lassen Sie den Blick langsam von nah nach fern oder von nah nach tief wandern. Ansonsten: Blick auf den Weg voraus und eher auf den bergseitig gelegenen Wegrand gerichtet.

Körperachsen wahren. Halten Sie den Oberkörper gerade, in einer Linie über der Hüfte und den Füßen. Anstatt – in der Hoffnung, sich doch irgendwo festhalten zu können – den Oberkörper zur Seite abzuknicken oder sich zu verwinden.

Seitlich gehen. Wenn Untergrund und Gelände es erlauben, können Sie über kürzere Strecken auch seitlich gehen. Dabei drehen Sie den ganzen Körper zur Bergseite und setzen die Schritte seitlich nebeneinander, anstatt, wie beim regulären Gehen, nacheinander. Wenn Sie sich dazu nicht allzu stark beugen oder verwinden müssen, können Sie stabile Objekte zum Festhalten oder zum Abstützen nutzen. Diese Art der Fortbewegung können Sie auch beim Begehen von seilversicherten Wegabschnitten anwenden.

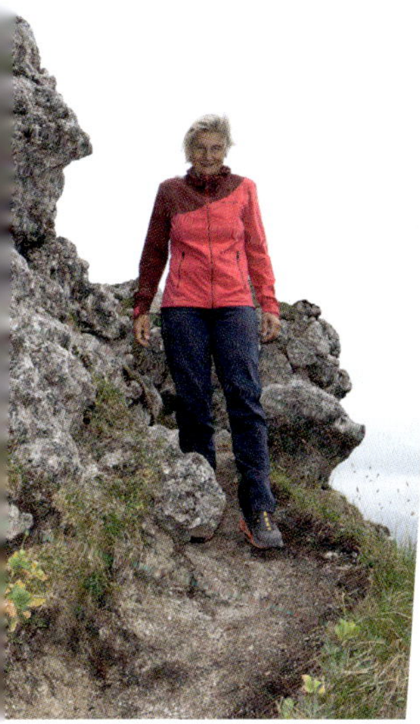

Halten Sie den Oberkörper gerade, in einer Linie über der Hüfte und den Füßen, ...

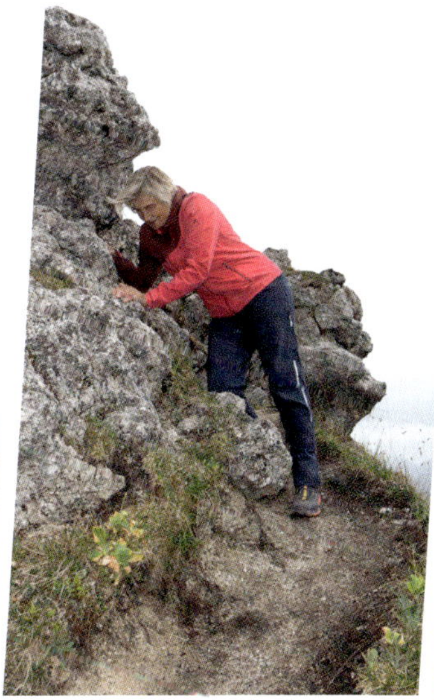

...anstatt den Oberkörper zur Seite abzuknicken oder sich zu verwinden, in der Hoffnung, sich irgendwo festhalten zu können.

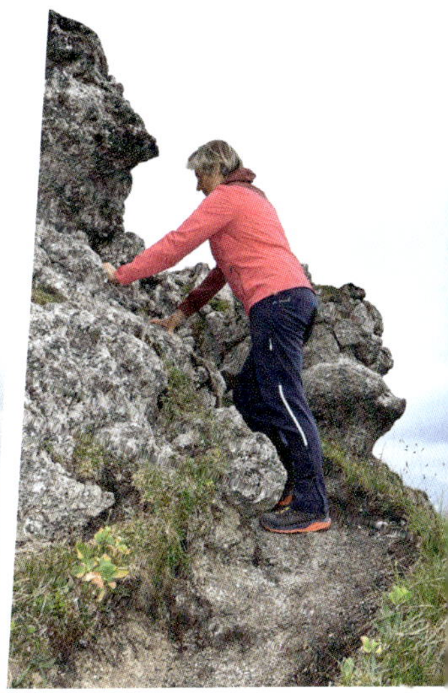

Seitlich gehen: Den Körper zur Bergseite drehen und die Schritte seitlich nebeneinander setzen.

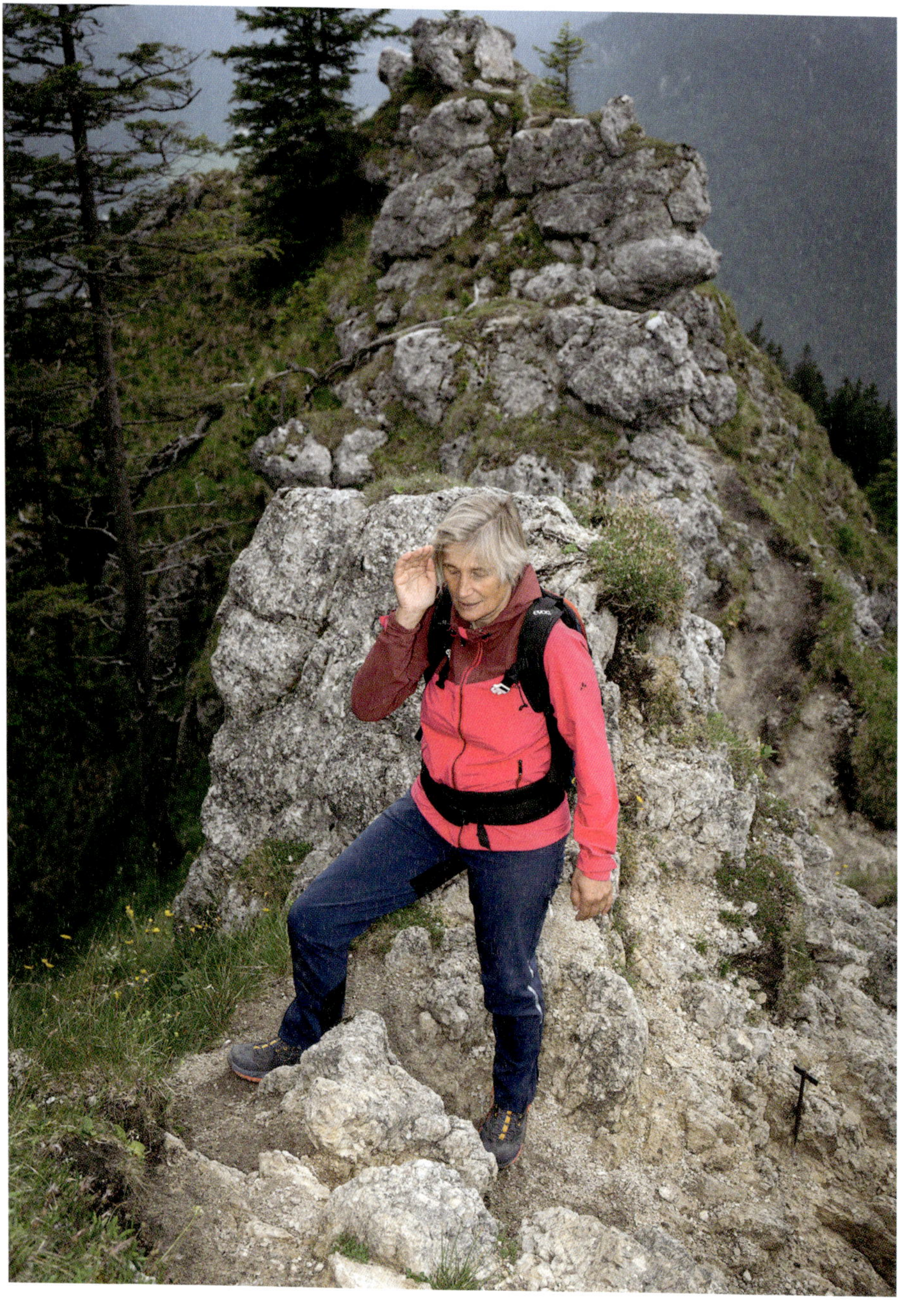

Scheuklappe auf einer Seite: Bei einseitig ausgesetzten Wegen eine Hand verwenden.

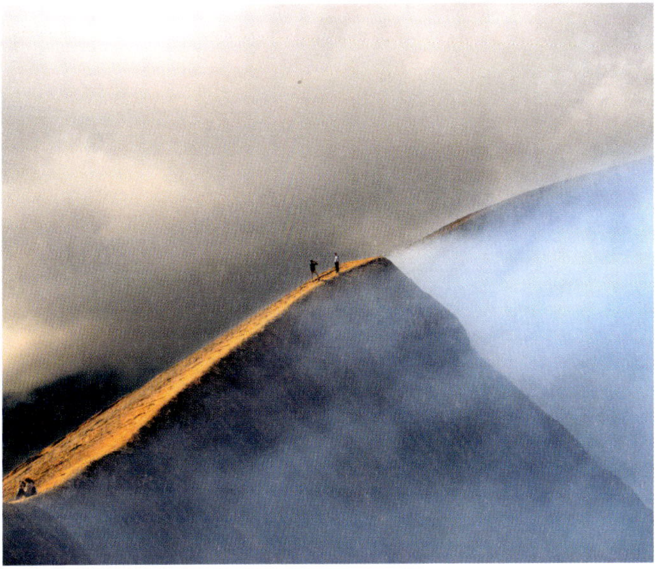

Grate sind scharf gezeichnete Bergrücken, an denen das Gelände rechts und links abfällt.

Scheuklappe aufziehen. Auch wenn Sie sich fest vornehmen, beim Begehen von einseitig ausgesetzten Passagen auf den Weg und nicht in den Abgrund zu blicken, kann es sein, dass Sie trotzdem immer wieder kurz nach unten linsen. Oder dass Ihr peripheres Sehvermögen, sozusagen »aus den Augenwinkeln« und nicht bewusst, Informationen über die neben Ihnen gähnende Weite oder Tiefe wahrnimmt. Das lässt sich verhindern, indem Sie mit der talseitigen Hand eine Art Scheuklappe bilden.

Balance und Gleichgewicht trainieren: Das Begehen von schmalen Wegen, insbesondere solchen mit potenzieller Sturzgefahr, wird umso sicherer, je besser Ihre gesamte körperliche Gewandtheit ist, also das Koordinations- und Gleichgewichtsvermögen und die Balancierfähigkeit. Das sind Fähigkeiten, die Sie auch in im Alltag konsequent üben können und sollten.

Grat ... geht´s mir nicht so gut

Auf Gratwegen den Höhenschwindel-Turbo abstellen

Eigentlich war klar, dass unser Weg früher oder später über einen Grat führen wird. Schließlich haben Sie sich vor der Wanderung schon ausgiebig im Internet informiert. Weil Sie jedoch von Anfang an unserer Wanderung das Prinzip »Erstmal schauen!« angewandt haben und sich dadurch nicht schon seit Stunden vor eben diesem Grat gefürchtet haben, können Sie sich den Weg über den Grat nun mit einem gut regulierten Stresspegel von einem sicheren Punkt aus ansehen.

Gratwanderungen stellen in der Tat eine besondere Herausforderung dar: Grate sind scharf gezeichnete Bergrücken, an denen das Gelände rechts und links abfällt. Manchmal eher gemächlich über Bergwiesen, manchmal schroff und steil, auf felsigem Untergrund oder über Geröll und bis zu mehreren hundert Metern tief. Gratwege gibt es in sehr unterschiedlichen Schwierigkeitsstufen, von gut befestigten, breit angelegten entspannten Wanderwegen bis hin zu anspruchsvollen, ausgesetzten Felspfaden, die sehr viel Erfahrung und eine ausgezeichnete Geländegängigkeit erfordern. Aber egal, wie lang oder kurz, wie breit oder schmal oder wie ausgesetzt ein Grat ist: Grate sind in der Regel »Höhenschwindelgelände«.

Höhenschwindel in Kombination mit Sturzgefahr kann ein sehr bedrohliches Erlebnis sein, vor allem für Unerfahrene, die mit solchen Geländeformen nicht vertraut sind oder ohnehin schon höhengestresste Menschen. Die meisten Höhenängstlichen können den Beginn ihrer Höhenangst einem konkreten Erlebnis zuordnen: Überforderung auf einem Gratweg oder einem Klettersteig gehört zu den meist genannten Erfahrungen, durch die ihre Höhenangst erstmalig ausgelöst wurde und seitdem latent als »Angst vor der Angst« oder in bestimmten Situationen immer wieder akut mit entsprechend heftigen Symptomen auftritt.

Gratwege – das kann helfen:

Überforderung vermeiden. Achten Sie sehr aufmerksam darauf, dass Ihre Einschätzung auf der Höhenangstskala in einem erträglichen Bereich bleibt. Nutzen Sie das Prinzip »Schlüsselstellen üben«, um den Stresspegel abzusenken und gelingende Erfahrungen mit der doppelten Herausforderung Sturzangst und Höhenschwindel zu sammeln. Wenn Ihr Stresspegel vor der Gratbegehung auf der Höhenangstskala auf die Stufe 5 oder darüber hinaus ansteigt oder beim Gehen ansteigen würde, verzichten Sie auf diese Herausforderung.

Die Augen brauchen einen Blickpunkt. Wenn Sie zu Höhenschwindel neigen, brauchen die Augen einen Punkt, auf den sich der Blick fokussieren kann, anstatt hektisch umherzuschweifen und immer noch mehr bedrohliche Signale aufzunehmen. Da sich auf einem Gratweg aber meistens keine Bäume, Büsche oder größere Felsen im direkten oder peripheren Sichtfeld befinden, können Sie eine geeignete Person bitten, vor Ihnen herzugehen. Dann richten Sie den Blick auf die Füße des oder der Vorangehenden, wodurch der Blick fokussiert wird. Außerdem kann das Beobachten von jemandem bei einer bestimmten Handlung die eigene Bewegungsplanung unterstützen, wodurch die Bewegungen sicherer und flüssiger werden können.

Die Erfahrung machen, dass es geht. Nutzen Sie das Prinzip »Schlüsselstellen üben«. Legen Sie eine (manchmal sehr) kurze, überschaubare Wegstrecke auf dem Grat fest und gehen Sie diesen Abschnitt wiederholt hin und zurück. Wenden Sie dabei die nachstehend aufgeführten **Regulationstechniken** an:

- → Atmen. Atmen. Atmen.
- → Höhenschwindelgelände? Den Blick im Auge behalten.
- → Brustbein heben, Schultern runter.
- → Schritt!!! Schritt!! Schritt!!! Feste und entschlossene Tritte.
- → Mit den Augen den Weg scannen, vorausschauen, damit Kopf und Körper Bewegungsfluss und Gleichgewicht berechnen können.
- → Gegebenenfalls mit beidseitigen Scheuklappen oder mit dem Blick auf die Füße einer vorangehenden Person gerichtet.

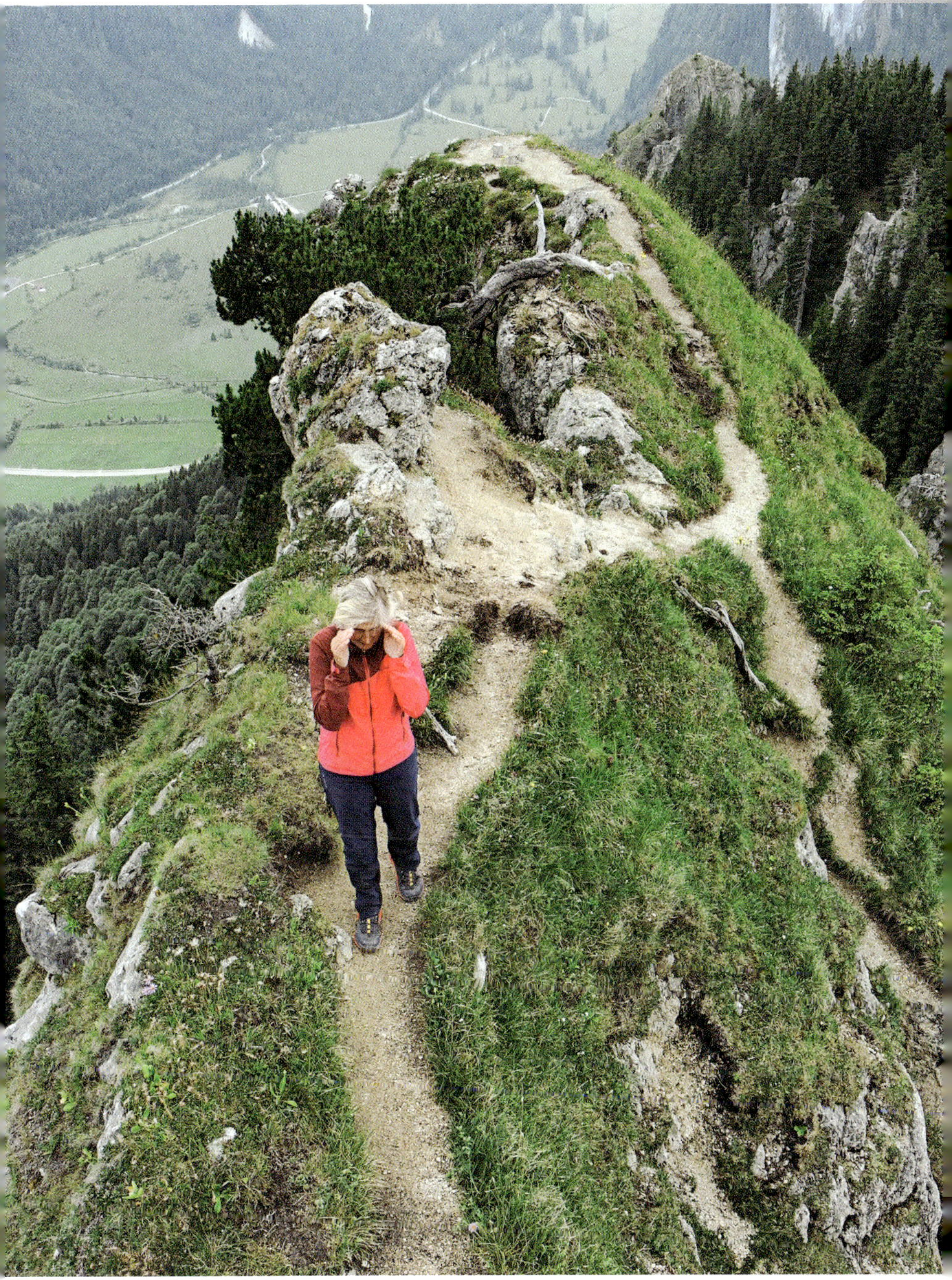

Scheuklappen auf beiden Seiten: Auf Graten, Plateaus oder Gipfeln kann man beide Hände verwenden.

Beidseitig Scheuklappen aufziehen. Auf einem Grat nutzen Sie beide Hände, um das rechte und das linke periphere Sichtfeld zu verdecken. **Im schlimmsten Fall: klein machen und Bodenhaftung herstellen.** Wenn Sie unglücklicherweise doch zu weit gegangen sind und sich ab einem gewissen Moment extrem unwohl fühlen, werden Sie vor allem nicht schneller! Stattdessen halten Sie an, hocken sich auf den Boden, berühren ihn mit beiden Händen, atmen ganz bewusst tief und ruhig und beruhigen Sie sich selbst. Je kleiner Sie sich machen, umso weniger wird das durch Höhenschwindel ausgelöstes Schwanken und desto geringer ist die Gefahr zu stürzen. Wenn Sie sich wieder beruhig haben, erheben Sie sich sehr bedacht und vorsichtig, richten dabei den Blick auf den Boden, um nicht erneut Höhenschwindel auszulösen, und gehen entweder weiter oder kehren zum Ausgangspunkt des Grates zurück. Je nachdem, was Ihnen in diesem Moment klüger erscheint.

Seil? Gibt Sicherheit!

Seilgesicherte Wanderweg-Passagen: Service, nicht Stress!

Dieser kurze Gratweg hat es Ihnen angetan: Sie sind gerade – nachdem Sie die Übungsstrecke nach dem zweiten Gehversuch auf die komplette Länge des Gratweges verlängert haben – beschwingt und fröhlich grinsend beim fünften Übungsdurchgang, das genügt! Schon im ersten Kapitel haben Sie erfahren, dass die Aussicht auf Gelingen die Ausschüttung des Botenstoffes Dopamin aktiviert, Dopamin motiviert und setzt in Bewegung! Und dass bei gelingenden Erfahrungen weitere Botenstoffe ausgeschüttet werden, die Lust auf mehr machen. Diese Erfahrungen fühlen sich nicht nur gut an, sie bescheren zudem Zuversicht, zunehmendes Selbstvertrauen und Lust darauf, die Aufgabe zu wiederholen, um noch mehr von den erfreulichen Auswirkungen dieser Botenstoffe zu profitieren. Dennoch sollten Sie darauf achten, sich aus diesem Überschwang an Lust und guter Laune heraus nicht durch zu viele Übungsdurchgänge zu ermüden. Schließlich sind wir noch nicht am Ende unserer Wanderung angekommen, vielmehr stehen wir jetzt am Anfang einer Seilversicherung.

Leider kann auch Ihre dopaminbeschwingte Zuversicht nicht verhindern, dass Sie jetzt genau das denken, was Sie immer denken, wenn irgendwo eine Seilversicherung auftaucht, nämlich: »Seilversicherungen = Gefahr!« Und ja, dieser Gedanke hat eine gewisse Berechtigung, zumal Seile in den meisten Fällen an Stellen mit potenziellen Gefahren aufgebaut sind. Allerdings mit der zumeist serviceorientierten Absicht, an diesen Stellen die Sicherheit zu erhöhen. Von dem her könnten Sie genauso gut denken: »Seil? Ist Service und gibt Sicherheit!«

Seilversicherung oder Klettersteig?

Bei Seilversicherungen gibt es unterschiedliche Gründe für deren Vorhandensein, und es gibt verschiedene Schwierigkeitsgrade. Das reicht von Geländern ähnelnden, stabilen Drahtseilen neben gut zu gehenden Premiumwanderwegen über Seilversicherungen, die auf schwierigen Passagen Halt bieten, bis hin zu ausgewiesenen Klettersteigen. Diese Unterscheidung sollten Sie sehr bewusst vornehmen: Eine Seilversicherung ist nicht automatisch ein Klettersteig. Klettersteige werden in einer Tourenbeschreibung in der Regel besonders erwähnt und auf Wegeschildern unterwegs häufig auch speziell gekennzeichnet. Das Begehen von echten Klettersteigen erfordert viel Erfahrung und

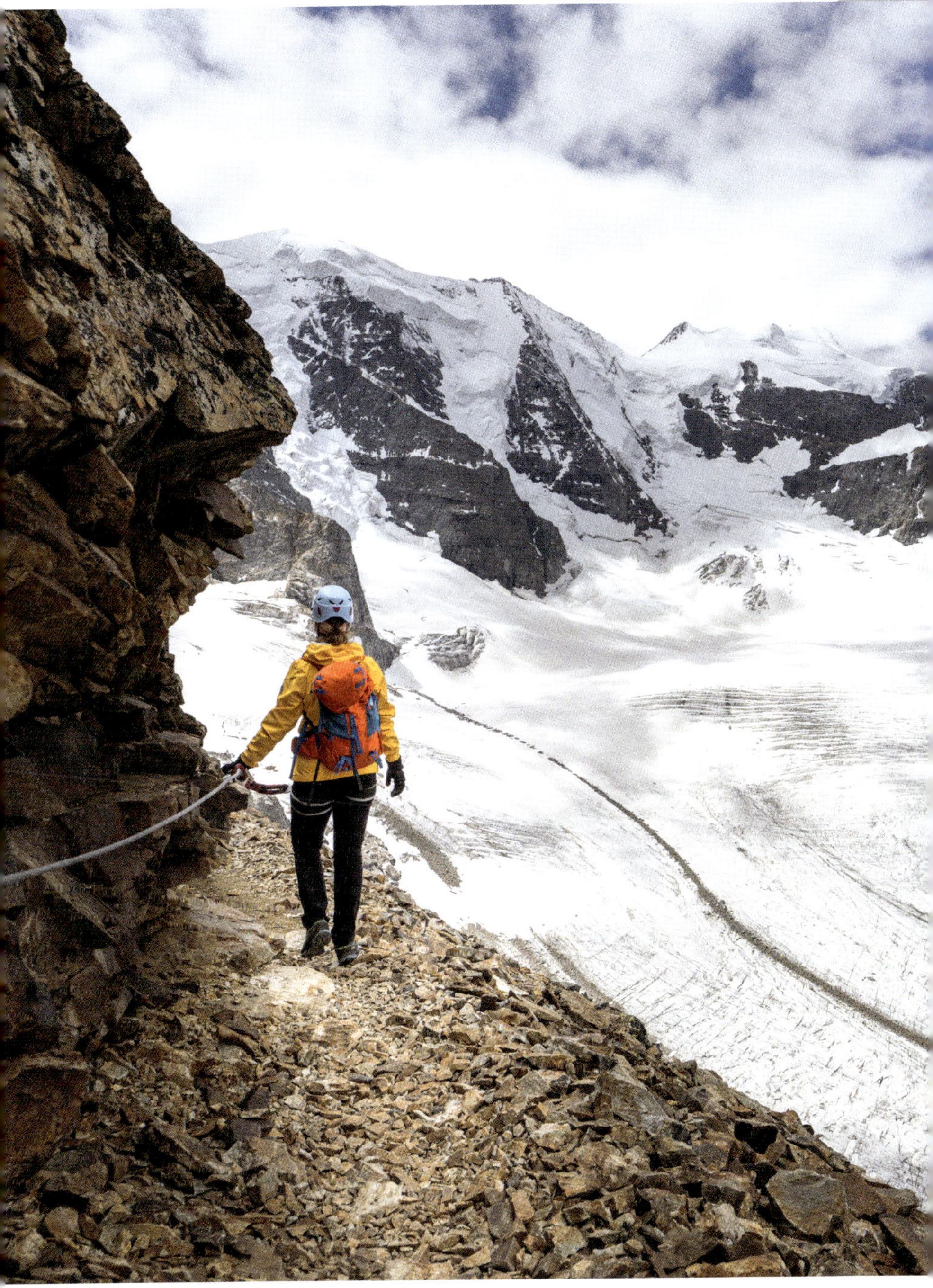

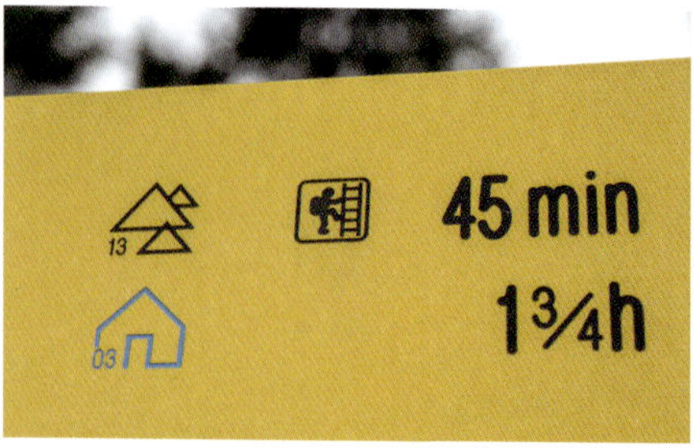

Klettersteige sind auf Wegeschildern meistens besonders gekennzeichnet.

in den meisten Fällen auch eine besondere Ausrüstung.

Weil in seilversichertem Gelände gleich mehrere Faktoren zueinanderfinden können – eine ungeübte Fortbewegungsart in unvertrautem Gelände mit Sturzgefahr und Höhenschwindelpotenzial –, gehören beängstigende Erfahrungen bei schwierigen seilversicherten Passagen und auf Klettersteigen zu den am häufigsten genannten Erstauslösern einer Höhenangst.

Falls Sie zu den Menschen gehören, die sich sicher und souverän in den Bergen bewegen können und nur in Klettersteigen unter Höhenangst leiden, vielleicht weil Sie mit dieser Sportart noch nicht ausreichend Erfahrung oder eben schlechte Erfahrungen gesammelt haben, rate ich Ihnen weniger zu einem Höhenangsttraining als vielmehr dazu, sich die technischen und taktischen Grundlagen für das sichere Begehen von Klettersteigen von Anfang an anzueignen. Aber nur in Begleitung von geduldigen und sehr erfahrenen Bekannten oder speziell dafür ausgebildeten Klettersteigtrainern. Von Anfang an bedeutet: In einfachem Gelände die technischen

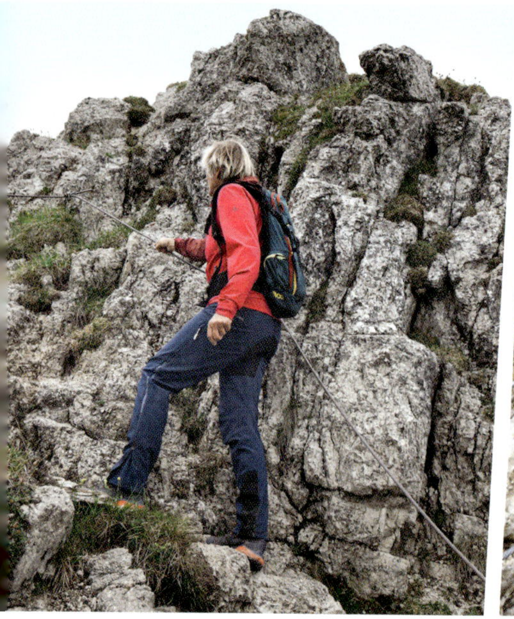

Unterscheiden Sie zwischen einem »Service-Sicherheits-Seil« …

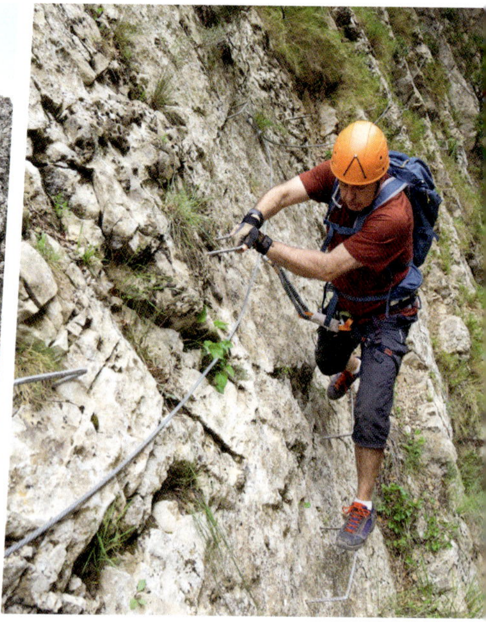

… und einem echten »Klettersteig«.

und taktischen Grundlagen zu erlernen und den Schwierigkeitsgrad langsam über einen langen Zeitraum zu steigern. Das kann durchaus mehrere Jahre in Anspruch nehmen. Auch ein Kletterkurs in einer der inzwischen überall zu findenden Kletterhallen kann helfen, die nötigen Grundlagen und Erfahrungen für sicheres Bewegen in seilversicherten Steigen zu erwerben und zu festigen.

Obwohl Seilversicherungen eine gewisse Sicherheit bieten, sind sie Ihnen wahrscheinlich eher unvertraut. Entweder, weil in einer Tourenbeschreibung auf eine Seilversicherung hingewiesen wurde und Sie die Tour daraufhin von vorneherein vermieden haben. Oder, weil Sie das Gehen am Sicherheitsseil bislang nicht wirklich bewusst geübt haben. Vielmehr haben Sie vermutlich alles gegeben, um die seilversicherte Stelle möglichst schnell zu überwinden, und Sie haben sich dann den gesamten weiteren Weg Sorgen darüber gemacht hat, ob und wie Sie über diese Stelle jemals wieder zurückkommen.

An manchen Seilversicherungen kann man nach dem Prinzip »Schlüsselstellen üben« Erfahrungen mit den Eigenheiten und der korrekten Nutzung eines Seiles sammeln. Vorausgesetzt, an dieser Stelle ist das Risiko überschaubar und es sind nicht viele andere Wanderer unterwegs, die dieses Seil ebenfalls nutzen möchten oder müssen.

Seilversicherungen – das kann helfen:

Achtung Höhenschwindelgelände! Seilversicherte Stellen finden sich häufig in Gelände mit Weit- und/oder Tiefblicken. Halten Sie den Blick im Auge und am Seil, anstatt immer wieder in die Tiefe oder in die Weite zu linsen.

Lagecheck Seilversicherung! Bevor Sie ein Sicherungsseil benutzen, verschaffen Sie sich einen Überblick über das Seil:

- → **Seil fest und stabil an der Wand befestigt?** Oder könnten die Sicherungshaken nachgeben oder ausreißen?
- → **Seil einwandfrei?** Fest gedreht und eher neuwertig oder alt, rostig und an bestimmten Stellen gesplissen? Das ist oft an den Seilenden der Fall, dadurch besteht Verletzungsgefahr durch herausstehende Eisendrähte.
- → **Straff gespannt oder eher locker?** Wenn das Seil locker hängt, achten Sie auf die Art der Befestigung des Seiles an den Wandhaken: Wenn sich das Seil bei Zug in den Ösen bewegt, müssen Sie damit rechnen, dass Sie den Zug im Seil spüren, wenn jemand über oder unter Ihnen am Seil zieht. Dabei besteht die Gefahr, dass Ihre Hand schlimmstenfalls in die Öse gezogen wird und Sie sich dabei verletzen.

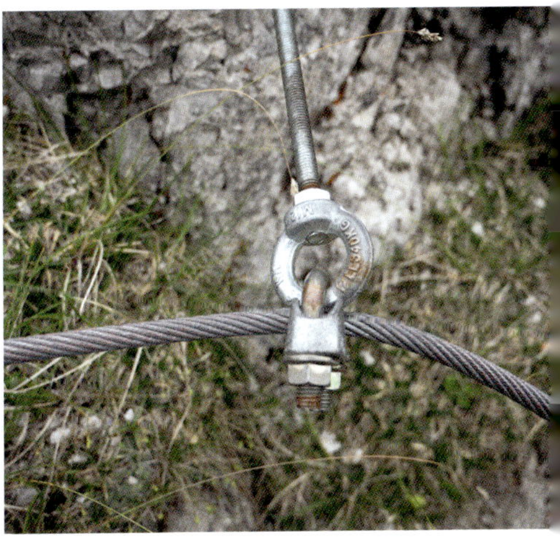

Stabile und fest mit der Wand verbundene Seilversicherung.

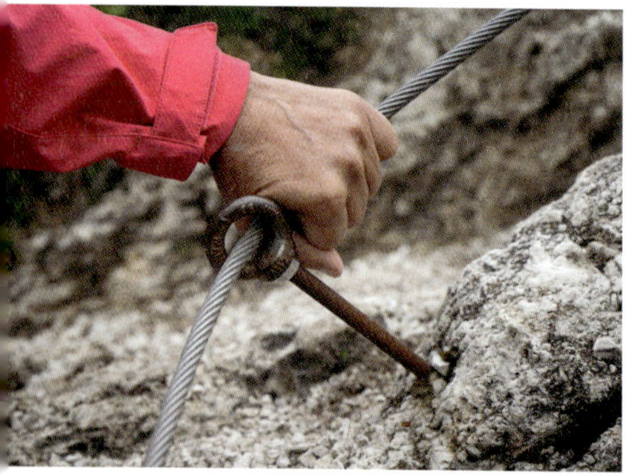

Wenn Sie eine geeignete Übungsstelle gefunden haben, machen Sie sich auf einer überschaubaren Strecke bergauf und bergab mit den verschiedenen Techniken zur Fortbewegung am Seil vertraut. Bleiben Sie dabei stets aufmerksam, bewegen Sie sich bedächtig und gehen Sie kein Risiko ein.

↑ Achten Sie besonders auf die Art der Befestigung des Seiles an den Wandhaken: straff oder locker? Besteht – wie auf dieser Abbildung sichtbar – die Gefahr, dass Ihre Hand bei Zug am Seil durch einen anderen Nutzer in die Öse gezogen wird?

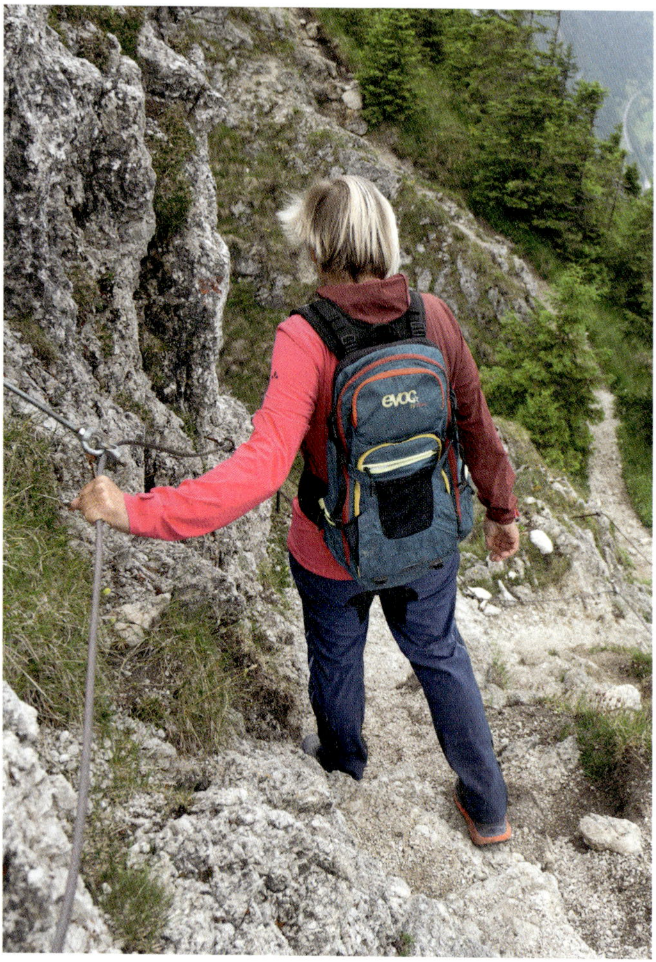

→ Wenn das Seil fest und straff gespannt ist, greifen Sie fest es mit einer Hand. Gehen Sie ruhig und mit kleinen Schritten so weiter, wie es das Gelände erfordert.

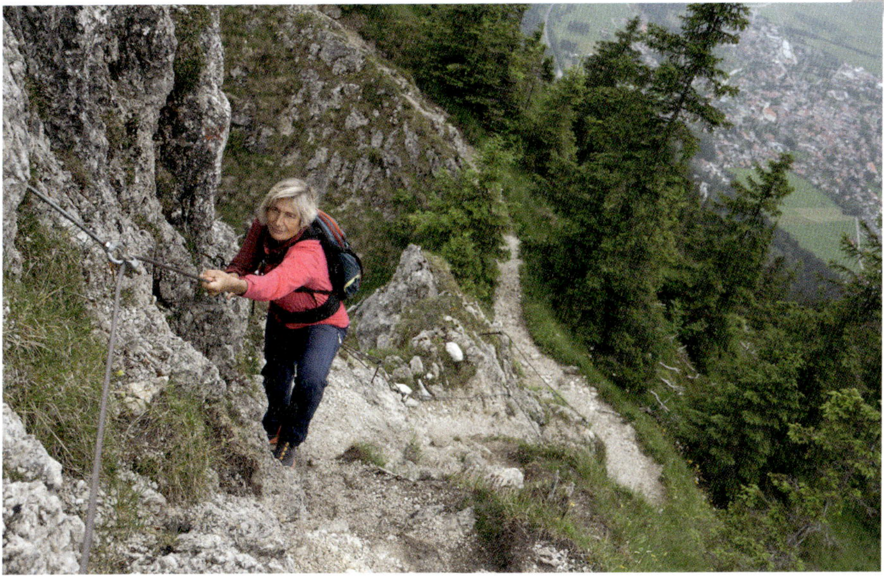

Sie können das Seil auch mit beiden Händen greifen und weiter vorwärts gehen.

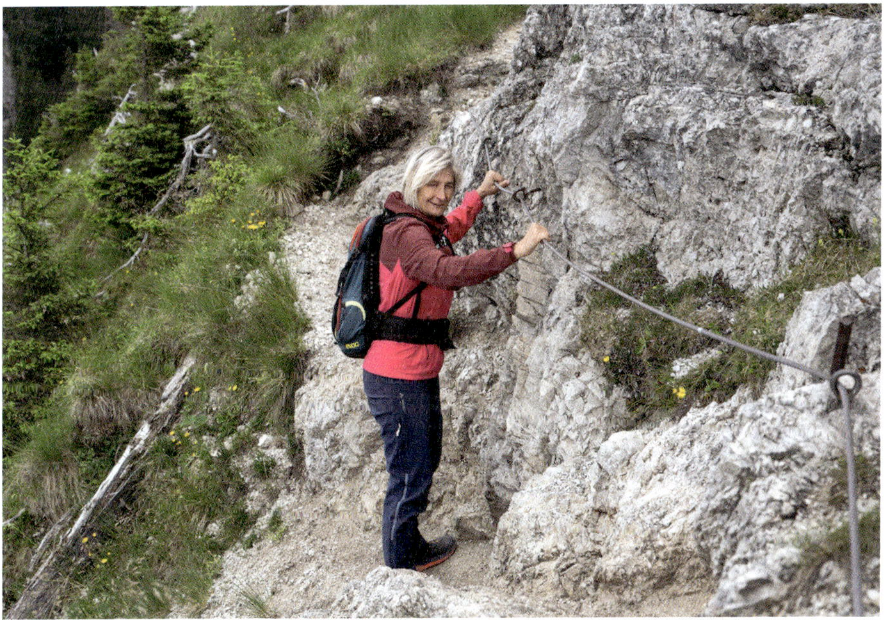

Bei horizontal verlaufenden Seilen können Sie den Oberkörper zur Wand drehen, das Seil mit beiden Händen greifen und dann seitlich gehen. Dabei haben Sie die Wand als feststehendes Objekt vor sich und können Tief- und Weitblicke vermeiden.

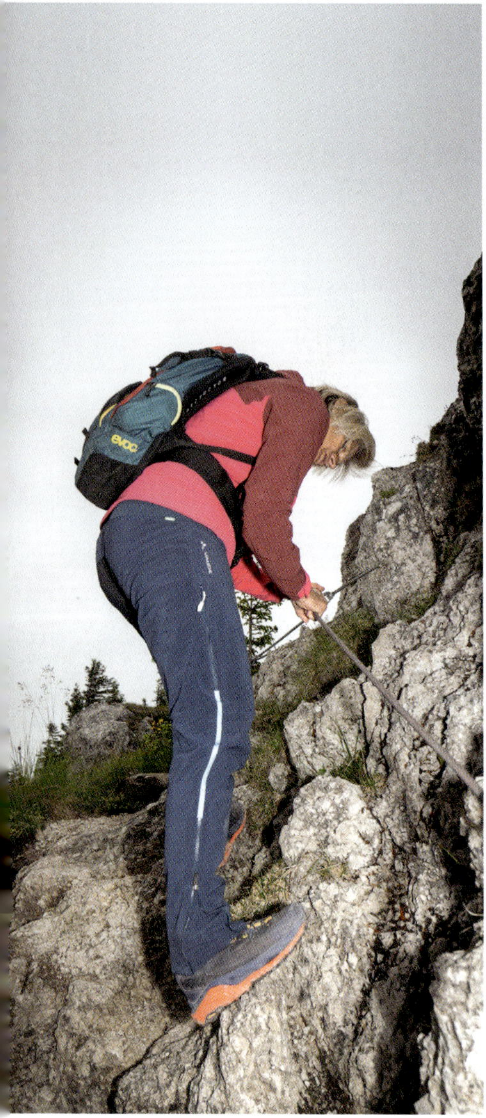

Absteigen mit beiden Händen am Seil.

Bin ich da wirklich drüber gegangen? Kurze Wiederholung der Lektion »Rückweg checken«

Die Seilpassage ist überwunden, und wir setzen unsere Wanderung fort. Auf der nächsten kleinen Kuppe erinnere ich Sie daran, den Rückweg zu checken. Sie wählen den nächsten sicheren Punkt, bleiben stehen und drehen sich langsam um. Der Blick bleibt beim Umdrehen vorerst auf den Boden gerichtet – Höhenschwindelgelände! –, dann lassen Sie den Blick langsam von der Stelle, an der wir hier stehen, entlang des Bodens zurück zur Seilpassage wandern. »Wow! Das sieht ja von hier aus ganz anders aus als ich das beim Üben empfunden habe! Bin ich da wirklich drüber gegangen? Das hätte ich nicht gedacht! Wenn wir uns dieser Stelle von hier aus genähert hätten … ich weiß nicht, ob ich weitergegangen wäre!« Gut, dass wir das mit dem Rückweg-Checken so konsequent üben. Dabei können Sie die Erfahrung machen, dass viele Geländeformen auf den ersten Blick sehr viel schwieriger erscheinen, als sie tatsächlich sind. Deswegen: »Erstmal schauen!« Außerdem ermöglichen Sie dem Gehirn, sich an die Betrachtung verschiedener Geländeformen von bergwärts nach talwärts, inklusive der sich dadurch bietenden Weit- und Tiefblicke zu gewöhnen und diese Art von Ausblicken dadurch eher zu tolerieren. Beim Bergaufgehen erhält das Gehirn über die Augen Informationen über das Gelände von unten gesehen. Weit- und Tiefblicke sind dann eher selten. Vielmehr findet das Auge beim Blick nach vorn-oben meistens Orientierung bietende Objekte. Der Blick ins Tal hingegen wird selten bewusst geübt, und dann kann es sein, dass einem das Bergabgehen allein schon deshalb Schwierigkeiten bereitet, weil man diese Art von Tief- und Weitblicken nicht gewohnt ist.

Was der Wanderer nicht kennt …

Fels muss man nicht mögen, aber man kann sich dran gewöhnen

So wie ungewohnte, weil nicht geübte oder zu schnell geworfene Blicke zurück, in die Weite oder in die Tiefe Stress auslösen können, können auch unvertraute Geländeformen erst einmal Stress auslösen. Zum Beispiel Fels, also »eine Masse zusammenhängenden Gesteins«.

Je höher Sie sich auf einer Bergwanderung hinaufwagen, desto eher ist mit Fels zu rechnen, und desto größer wird die Wahrscheinlichkeit, auf Wegabschnitte mit hoch aufragenden, schrägen oder flach vor einem liegenden, glatten oder mit Vorsprüngen durchsetzten Steinflächen zu treffen. Manchmal finden Sie dort Seilversicherungen, aber oft genug sind solche Felspassagen ungesichert. Der Weg ist oft nur noch an den farblichen Markierungen am Boden zu erkennen, manchmal auch durch in den Fels gehauene Trittstufen: Da müssen Sie »kraxeln«.

Ungesicherte Felspassagen – das kann helfen:

Gehen Sie kein Risiko ein. Vor allem, wenn die vor Ihnen liegende Passage tatsächlich ausgesetzt und absturzgefährdend ist oder wenn Sie allein unterwegs sind. Entweder Sie können im unteren Bereich einer solchen Stelle gefahrlos das Prinzip »Schlüsselstellen üben« anwenden, oder Sie brechen die Tour ab. Sammeln Sie zuerst an einfacheren Stellen Erfahrungen mit felsigen Untergründen, bevor Sie sich in Situationen begeben, denen Sie vielleicht nicht gewachsen sind.

Beim Bergaufkraxeln bleiben Körpervorderseite und das Blickfeld meisten zur Wand gerichtet. Der Körperschwerpunkt wird bei jedem Trittwechsel über das jeweilige Standbein verlagert. Die Füße können – je nach Gelände und Haftung auf dem Untergrund – unterschiedlich aufgesetzt werden. Bei griffigem und hartem Untergrund können Sie den Schuh mit der ganzen Sohle belasten. Wenn sich ausreichend große Trittmöglichkeiten anbieten, können Sie den Fuß mit der Spitze oder den Leisten aufsetzen.

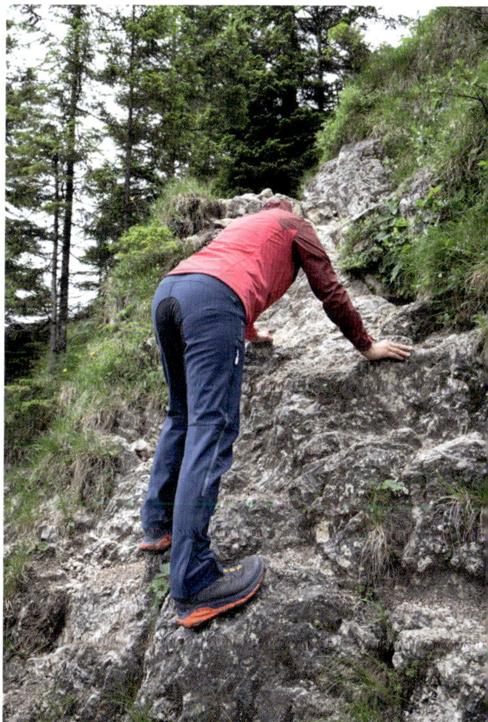

Bei griffigem und hartem Untergrund können Sie den Schuh mit der der ganzen Sohle belasten.

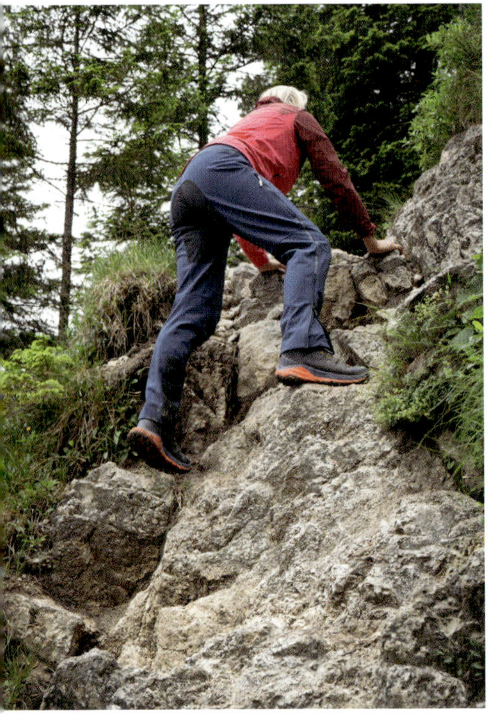

Wenn sich ausreichend große Trittmöglichkeiten anbieten, können Sie den Fuß mit der Spitze oder den Leisten aufsetzen.

Beim Absteigen können Sie je nach Können und Gelände zwischen verschiedenen Arten wählen:

→ **Vorwärts**, also mit dem Gesicht zum Tal. Diese Art des Absteigens eignet sich für flachere Abschnitte und nennt sich taloffen. Sie ermöglicht zwar eine bessere Sicht auf vorhandene Tritte und Griffe, kann aber durch den freien Blick ins Tal verstärkt Angst auslösen. Wenn Sie taloffen absteigen möchten, richten Sie den Blick bewusst und konzentriert auf die jeweils nächsten Griffe und Tritte. Vergessen Sie nicht zu atmen und vermeiden Sie, in die Tiefe zu blicken.

Seien Sie sich vor allem in steilerem Gelände der erhöhten Absturzgefahr beim Vorwärtsabsteigen bewusst: Falls Sie mit einem Fuß hängenbleiben oder das Gleichgewicht verlieren, befinden Sie vor Ihnen dann meistens keine Möglichkeiten mehr, sich festzuhalten. Wenn Sie hingegen mit dem Rücken zum Tal oder seitlich absteigen, befinden sich vor Ihnen meistens noch Griffe oder Tritte, an denen Sie Halt finden können.

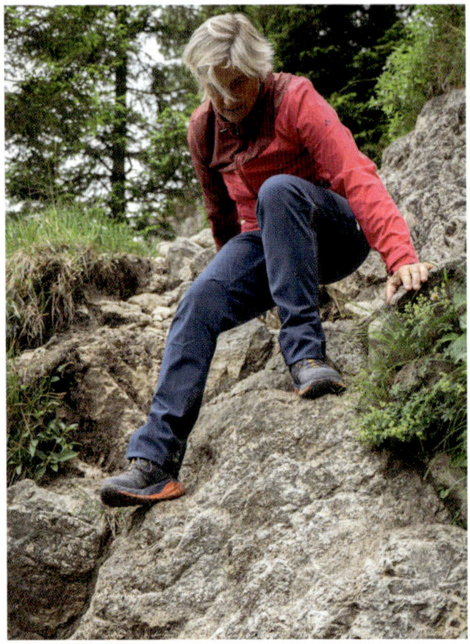

Vorwärts absteigen birgt gewisse Risiken.

→ In steilerem Gelände empfiehlt sich das **seitliche Absteigen**. So lassen sich Tritt- und Griffmöglichkeiten besser erkennen. Allerdings findet der Blick womöglich zumindest nach einer Seite hin keine feststehenden Objekte mehr. Wenn Sie den Blick dann unkontrolliert schweifen lassen, kann Höhenschwindel auftreten.

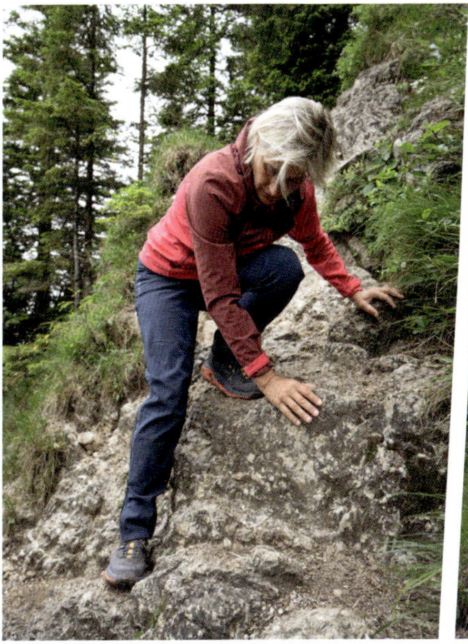

In steilerem Gelände empfiehlt sich das seitliche Absteigen …

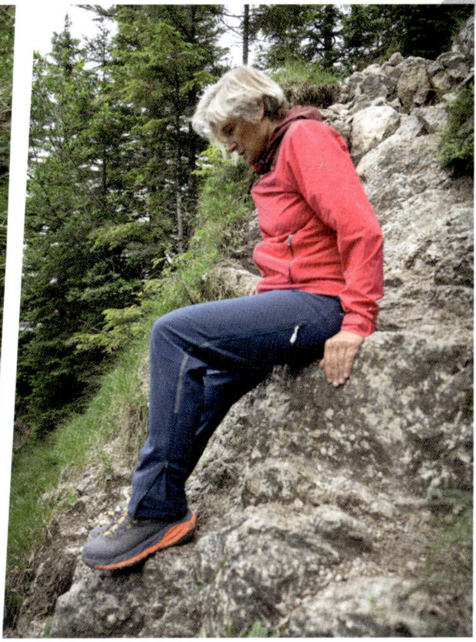

… wenn gar nichts mehr geht, geht (ausnahmsweise) auch der Hosenboden.

→ **Vorwärts auf dem Hosenboden.** Das kann in manchen Geländeabschnitten durchaus eine Alternative sein. »Aber dann schimpfen meine Mitwandernden und sagen, dass es BergWANDERN heißt und nicht Berg-HOSENBODEN-RUTSCHEN, und dass diese Art des Absteigens nicht richtig ist!« Kann schon sein, dass diese Form der Fortbewegung in manchen Kreisen verpönt ist. Aber manchmal ist das, was Ihnen die meiste Sicherheit gibt, einfach wichtiger als »bella figura«. Allerdings möchte ich Sie durch dieses Argument nicht dazu verleiten, sich bei allen schwierigen Passagen auf den Hosenboden zu setzen, anstatt sich konsequent darin zu üben, dem Gelände entsprechend aufrecht und mit dem Körperschwerpunkt über den Füßen zu gehen oder zu steigen.

→ **Rückwärts**, also mit dem Gesäß zum Tal. Bei dieser Art des Abstiegs haben Sie vielleicht den Eindruck, sich besser festhalten zu können, und die Augen finden genügend feststehende und kontrastreiche Objekte, um sich zu orientieren. Dafür kann es sein, dass Sie zeitweilig weniger gut sehen, wohin Sie treten. Lassen Sie sich bei dieser Art des Abstiegs viel Zeit beim Aufspüren von sicheren Tritten. Für ein besseres Gleichgewicht beim Rückwärtsabsteigen können Sie – wo das möglich ist – Tritte suchen, an denen die Füße breiter auseinander stehen. Dadurch wird das Körpergewicht gleichmäßig auf beide Füße verteilt, das kostet weniger Kraft und kann mehr Sicherheit vermitteln.

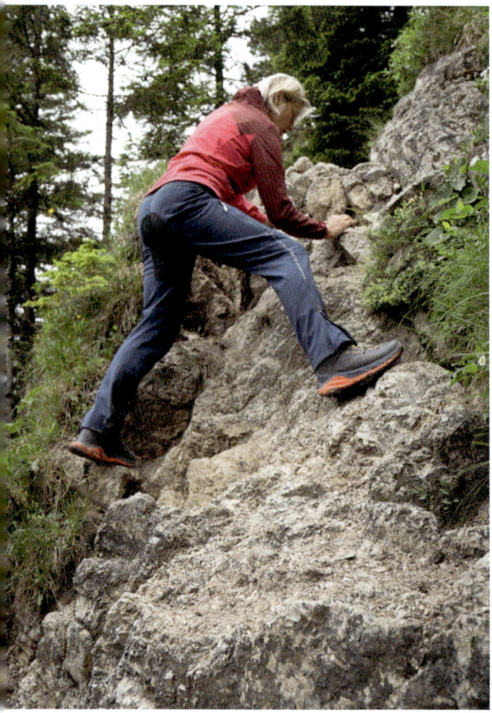

Für ein besseres Gleichgewicht beim Rückwärtsabsteigen können Sie – wo das möglich ist – Tritte suchen, an denen die Füße breiter auseinander stehen.

Mit der Hüfte nah am Fels. Egal, wie herum Sie kraxeln: Je steiler der Fels, desto näher sollte der Körperschwerpunkt an der Wand sein. Je weiter der Körperschwerpunkt von der Wand entfernt ist, desto weniger Gewicht lastet auf den Füßen und umso angestrengter müssen Sie Arme und Hände einsetzen.

An drei Punkten mit der Wand verbunden. Beim Aufsteigen und beim Absteigen können Sie die Aufmerksamkeit darauf lenken, stets an drei Punkten mit der Wand in Verbindung zu sein: entweder mit beiden Händen und einem Fuß oder mit beiden Füßen und einer Hand. Vor jedem Fuß- oder Handwechsel haben Sie für einen Moment lang beide Hände und beide Füße an der Wand. Dann lösen Sie konzentriert immer nur eine Hand für den nächsten Griff oder einen Fuß für den nächsten Tritt.

Trittpositionen variieren. Manche Tritte können Sie im spitzen Winkel mit den Fußspitzen treten, andere bieten mehr Halt, wenn Sie den Fuß seitlich oder mit der ganzen Sohle aufsetzen.

Keine guten Aussichten – oder doch?

Auf ausgesetzten Plateaus und Gipfeln entspannt verweilen können

Wie erwartet hat Ihnen die Kraxelei gerade eben viel mehr Spaß als Probleme bereitet! Gerade noch denken Sie darüber nach, einen Kletterkurs zu machen, als ich Sie bitte, sich einen festen Stand zu suchen und nach oben zu blicken: Keine 20 Meter über uns können wir den oberen Teil des Gipfelkreuzes sehen! Mit einer Mischung aus Stolz, es bis hierher geschafft zu haben, der Zuversicht, dass Sie den Rückweg gut bewältigen können und dem vertrauten Gipfelgrausen wagen Sie sich an die letzten Meter. Nun wissen Sie schon so viel über Höhenangst und Höhenschwindel! Sie wissen, was Sie tun und lassen können, um Aufregung, Stress und Nervosität zu regulieren und sich sicher zu fühlen. Also können Sie dem Gipfelgrausen mit einem »Erstmal schauen« begegnen und dann hoffentlich die grandiose Aussicht genießen!

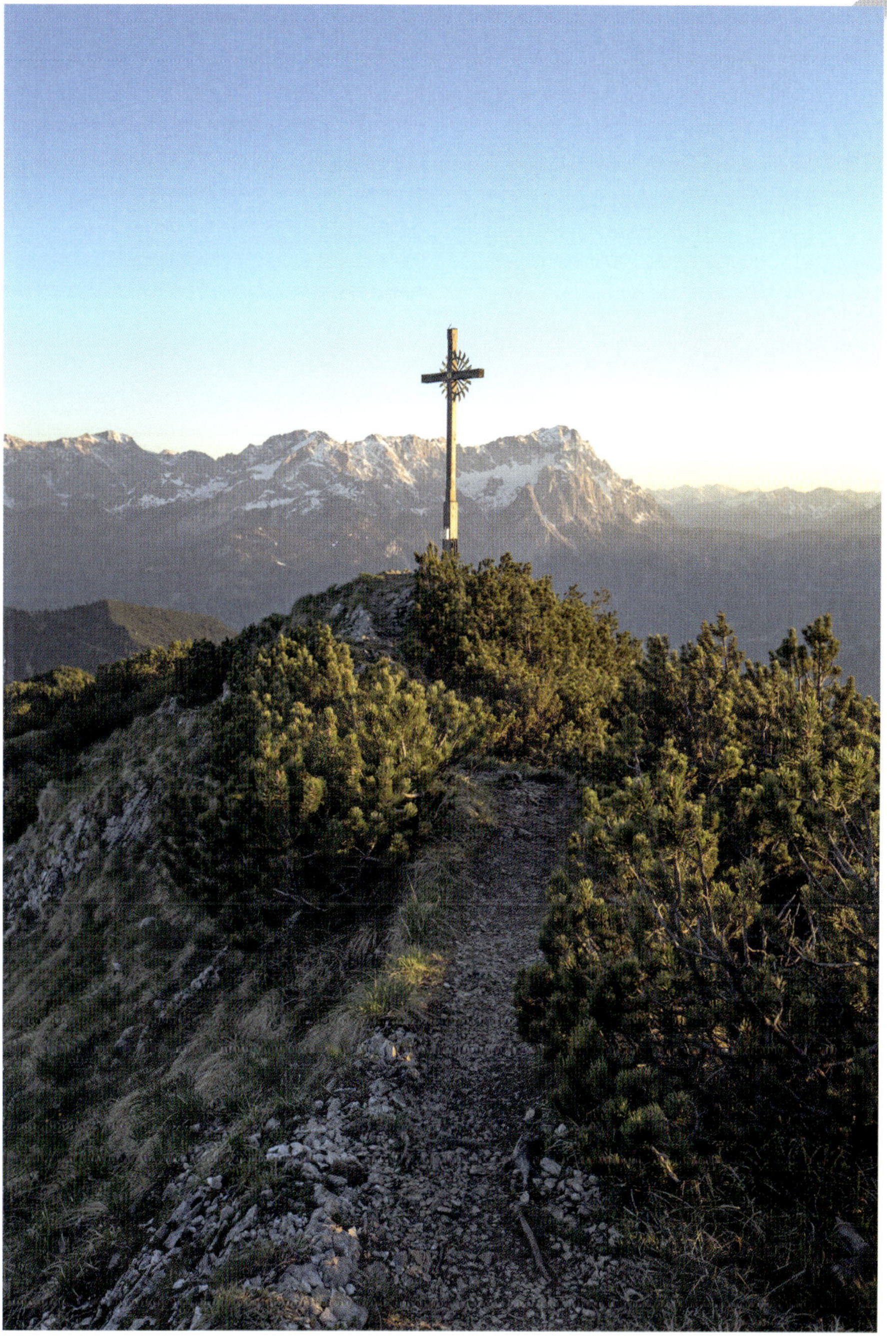

Über uns das Gipfelkreuz! Gipfel, Kanzeln und Aussichtsplattformen haben eines gemeinsam: Sie sind hoch oben und exponiert (»ausgesetzt«), also kann möglicherweise Sturzgefahr bestehen. Und sie bieten meistens auf allen Seiten einen unverstellten Ausblick, also kann dort Höhenschwindel auftreten. Eine Mischung, die vielen Menschen Probleme bereiten kann. Vor allem dann, wenn jemand mit der Neigung zu Höhenschwindel nicht über Höhenschwindel Bescheid weiß, oder wenn er nicht mit Höhenschwindel rechnet und sich deswegen ungünstig verhält. Dann kann der Stresspegel schnell bis an die Grenze des gerade noch Erträglichen oder darüber hinaus ansteigen und macht das, weshalb andere Wandersleute mit Begeisterung hierher aufgestiegen sind, zur Qual. Sie können sich nicht einmal darüber freuen, es überhaupt bis hierher geschafft zu haben, und schon gar nicht über die Aussicht. Zum Glück kennen Sie inzwischen eine ganze Reihe von Möglichkeiten und Maßnahmen, wie Sie Gipfelstress regulieren und sich mit derart exponierten Stellen vertraut machen können.

Gipfel, Kanzeln und Aussichtsplattformen – das kann helfen:

Knien oder sitzen Sie an einem sicheren Punkt. Dabei schwankt der Körper weniger und Höhenschwindel nimmt ab.

Achten Sie aufmerksam auf die Höhenangstskala. Führen Sie so lange Regulationstechniken durch, bis Sie einen erträglichen Stresspegel erreicht haben. Atmen Sie tief und ruhig ein und aus, lockern Sie die Muskulatur von Armen, Beinen und Schultern und beruhigen Sie sich selbst durch freundliches Zureden.

Richtig blicken. Vermeiden Sie schnelle Augenbewegungen. Lassen Sie den Blick entlang konturierter Objekte wandern, von nah zu fern, von hier in die Tiefe, und lassen Sie dann den Blick nur kurz in der Tiefe oder Weite verweilen. Mit der Zeit und bei abnehmendem Stresspegel können Sie wahrscheinliche längere Blicke wagen und vielleicht sogar genießen.

Kein Fernglas nutzen und keine Wolken beobachten. Lenken Sie den Blick stattdessen konzentriert auf feststehende und kontrastreiche Objekte in der nahen Umgebung. Wenn dort gar nichts ist, worauf Sie den Blick richten können, zählen Sie die Knöpfe an Ihrem Hemd oder die Ösen der Schnürsenkel. Vermeiden Sie den »Tunnelblick«, also das Erstarren des Blickes. Vielmehr sollten Sie den Blick konzentriert und langsam zwischen verschiedenen feststehenden Objekten in der Nähe, oder, wie weiter oben bei »richtig blicken« beschrieben, wandern lassen.

Je tiefer der Körper am Boden, desto höher die Sicherheit. Wenn Sie sich näher an den Rand einer Kanzel oder eines Plateaus bewegen möchten oder müssen, gelingt das umso besser, je mehr Sie mit dem Untergrund Kontakt haben. Es mag zwar ungewöhnlich anmuten, aber mit beiden Händen am Boden oder auf dem Bauch liegend kann es Ihnen gelingen, den Ausblick zu wagen und über den Rand nach unten zu blicken. Wenn Sie sich anschließend aufrichten möchten, krabbeln Sie von der Kante weg und stehen erst mit einem gewissen Sicherheitsabstand zur Kante vorsichtig auf. Richten Sie den Blick während des Aufstehens konzentriert auf feststehende Objekte in unmittelbarer Nähe oder auf den Boden vor sich, um Höhenschwindel zu vermeiden.

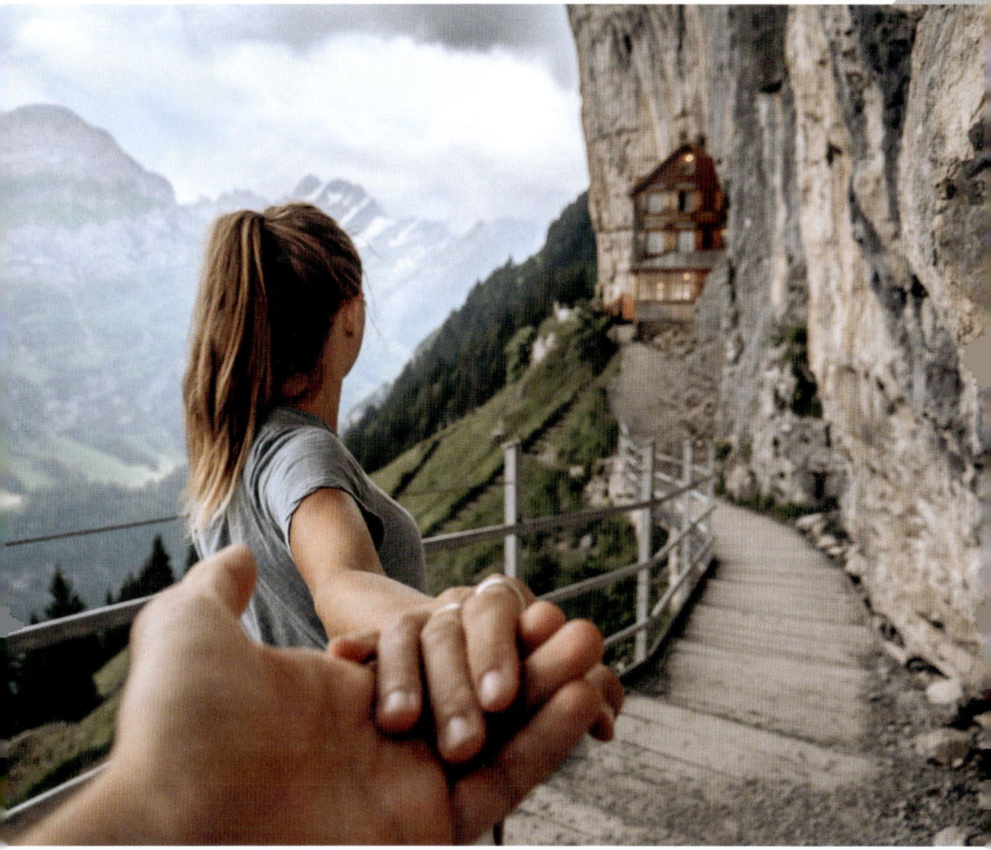

Lassen Sie sich ruhig die Hand reichen.

Sich die Hand reichen lassen. Wenn es Ihnen hilft und ohne Gefährdung für sich oder andere möglich ist, scheuen Sie sich nicht darum zu bitten, für eine Weile lang an die Hand genommen zu werden. Selbst fremde Menschen sind meistens hilfsbereit und froh über eine deutlich geäußerte Bitte, was sie zur Unterstützung tun können.

Wir haben eine gute halbe Stunde auf dem Gipfel verbracht. Ihren anfänglich relativ hohen Stresspegel konnten Sie in den ersten fünf, sechs Minuten durch tiefes, ruhiges Atmen, zu sich selbst gesprochene, beruhigende Worte und bewusstem Schulterkreisen auf ein erträgliches Maß absenken. Erst dann haben Sie sich umgesehen und diesen kleinen, am Gipfelkreuz befestigten Metallkasten entdeckt, in dem das Gipfelbuch vor Wind und Wetter geschützt aufbewahrt wird. Ihre Schritte zum Kreuz waren erstaunlich zielstrebig und souverän, ich weiß nicht, was Sie ins Gipfelbuch geschrieben haben, aber es hat Ihnen ein strahlendes Lächeln ins Gesicht gezaubert!

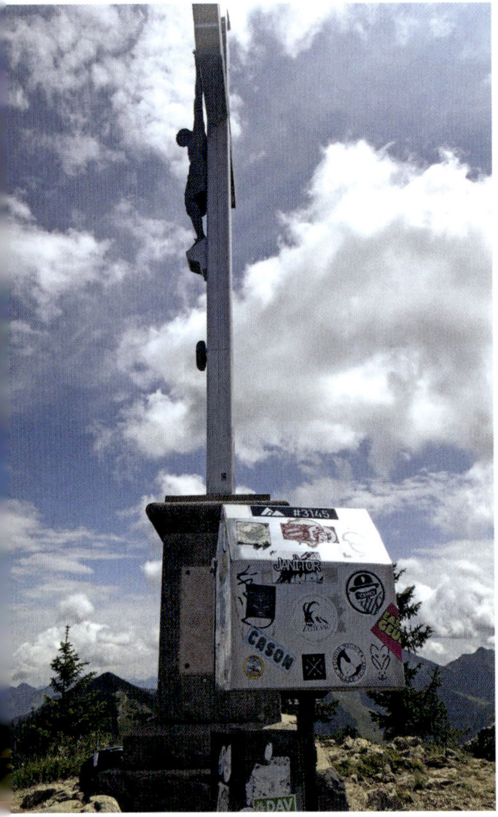

Gipfelbuchkasten auf der Bodenschneid in den Schlierseer Bergen im Mangfallgebirge.

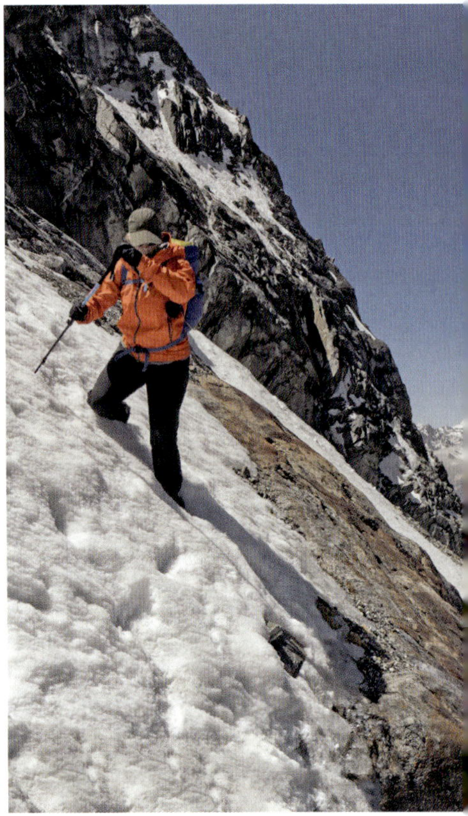
Bei Schnee- und Firnfeldern sollten Sie stets die Alarmglocken läuten hören.

Eiskalt überrascht

Bei Schnee- und Firnfeldern sollten Sie stets Alarmglocken läuten hören

Mit dem Wissen, dass wir es nun nicht mehr weit haben, steigen wir vom Gipfel ab und wandern über ein kurzes Gratstück auf eine kleine Felswand zu. Diese verdeckt uns die Sicht auf das weitere Wegstück. »Erstmal schauen!«, rufen Sie, linsen um die Ecke und ich höre nur noch: »Mist!« Ich schaue selbst: Das ist kein Mist. Das ist ein Altschneefeld. Mist ist nur, dass hier um diese Jahreszeit überhaupt noch Schnee liegt, das lässt selbst bei mir die Alarmglocken läuten.

Das Queren von Schneefeldern birgt tatsächlich ein erhöhtes Gefahrenpotenzial. So stellen bereits mäßig geneigte Hänge von 30 Grad ein Absturzrisiko dar. Versuche zeigen, dass

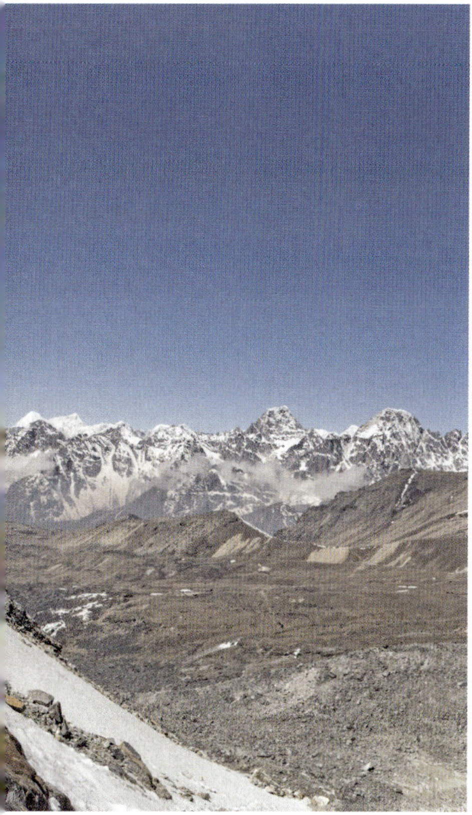

die Rutschgeschwindigkeit bei einem 42 Grad steilen, harten Altschneehang bereits 98 Prozent der freien Fallgeschwindigkeit erreicht. Kein Wunder also, dass sich die meisten Wanderer unwohl fühlen, wenn ein Weg plötzlich in ein steiles, vereistes Schneefeld mündet. Ein solches sollte bei wenig Erfahrung oder unpassender Ausrüstung ein guter Grund sein, die Tour abzubrechen und umzudrehen.

Vor Altschnee- und Firnfeldern sollten Sie tatsächlich großen Respekt haben und sich auch nicht durch leichtsinnige Mitwandernde zur Begehung überreden lassen. Selbst das Mitführen von Grödeln oder Spikes kann nur bedingt Sicherheit verschaffen: Neben der Sturz- und Rutschgefahr können Schneefelder zudem unterhöhlt oder unterspült sein und beim Betreten einbrechen.

Das Queren von kurzen, mäßig geneigten, oder längeren, flachen Schneefeldern, die nicht von einer Eisschicht bedeckt sind und kein Absturzrisiko bedeuten, sollte auch von Ängstlichen zu meistern sein.

Altschnee- und Firnfelder queren – das kann helfen:

Mindestens zehn Zentimeter aufgeweicht. Erst wenn mindestens zehn Zentimeter eines Schneefeldes aufgeweicht sind, kann man wirklich Tritte setzen.

Feste auftreten. Nutzen Sie auf flachen Schneefeldern ohne Hangneigung mit kompaktem Schnee feste Tritte, um die Profilsohle der Schuhe optimal haltgebend zu nutzen. Auf vereisten Flächen jedoch wird selbst das nicht mehr helfen, um ausreichend Halt zu finden. Deswegen sollten Sie das Betreten von vereisten Schneeflächen auf jeden Fall vermeiden.

Kerbschritttechnik einsetzen. Zum Queren von Schneefeldern mit geringer Hangneigung (je stärker die Hangneigung, desto gefährlicher wird das Queren) eignet sich die Kerbschritttechnik. Dabei wird Schritt für Schritt mit der seitlichen Sohlenkante mehrfach in den Schnee eingekerbt, bis kleine Stufen entstehen, auf welchen der Schuh Halt findet.

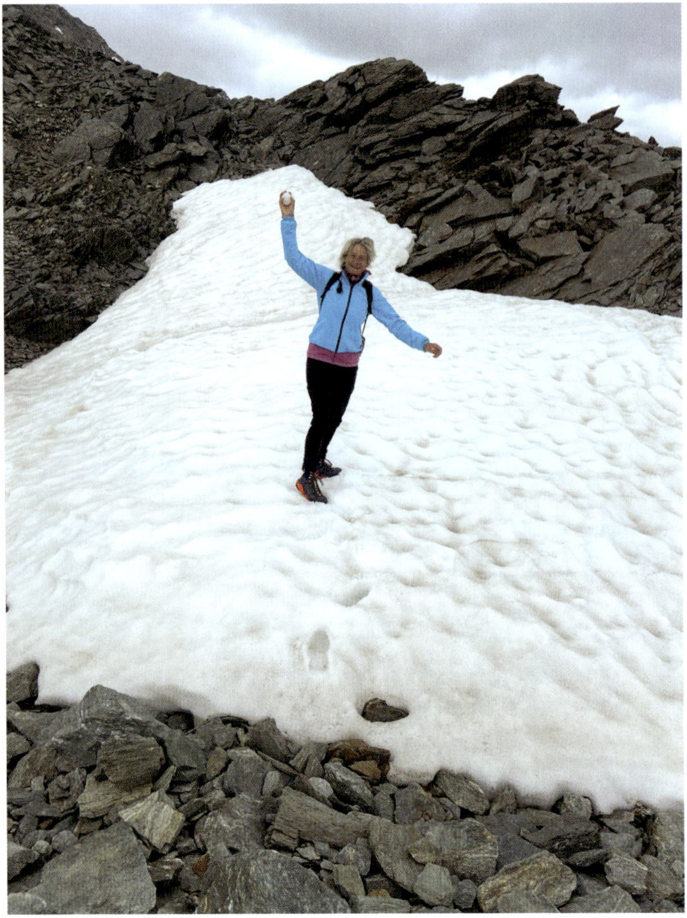

Lust auf eine kleine Schneeballschlacht?

Achtung! Löcher, Gräben und Unebenheiten. Auch wenn die Oberfläche eines Schnee- oder Firnfeldes relativ glatt und stabil aussieht, können Sie darin plötzlich mit einem Fuß tiefer einsinken als mit dem anderen. Schlimmstenfalls können Sie aus dieser Schräglage heraus straucheln oder fallen und sich dabei eine Sehnen- oder Bandverletzung an Fußgelenken oder Knien zuziehen.

Wir haben Glück: Unser Schneefeld liegt erstens in einer Mulde und zweitens gar nicht auf unserem Weg, sondern daneben. Völlig ungefährlich also, und schon fliegt der erste Schneeball! Der allerdings sein Ziel – nämlich mich – aufgrund der groben, feuchten Altschneestruktur eher als eiskalte Schneeklümpchendusche erreicht. Diese willkommene Art der Abkühlung will ich Ihnen nicht vorenthalten, und schon sind wir mittendrin in einer fröhlichen kleinen Schneeballschlacht!

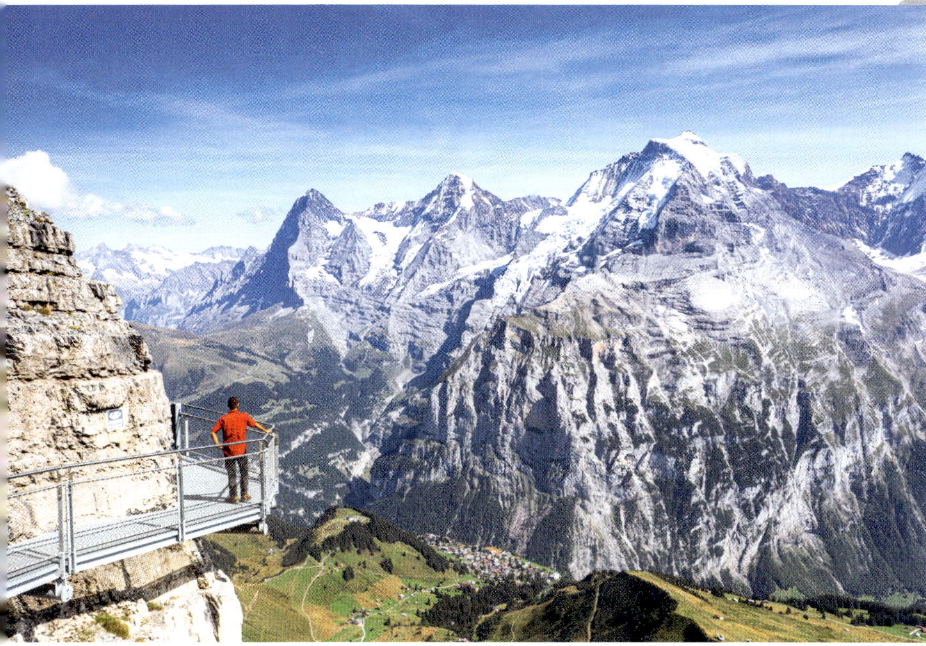

Beim Begehen von Eisengitterkonstruktionen kommt es ganz auf das richtige Blicken an.

Schwindelig durch Heavy Metal

Hängebrücken, Eisenstege und Gitterwege

Noch atemlos von unserer Schneeballschlacht machen wir uns wieder auf den Weg und haben nach wenigen Minuten die Bergstation mit Gaststätte und Aussichtsplattform erreicht. Ihr Blick spricht Bände: Sie haben den weit hinausragenden Eisengittersteg zur Aussichtsplattform gleich entdeckt. Und als ob dieser Steg nicht schon Eisengitterkonstruktion genug wäre, sehen Sie mit Schrecken, dass fast alle Verbindungswege zwischen den Gebäuden hier oben aus Gittereisenböden und -treppen bestehen. »Jetzt bin ich schon so weit gekommen, und dann sowas!«, fluchen Sie, und: »Nie im Leben komme ich über diese ausgesetzten, luftigen, blöden Stege und Treppen!« Nun, das haben Sie vermutlich bislang falsch gesehen, denn bei dieser Art von Untergrund kommt es ganz auf das richtige Blicken an! Und auf die behutsame Gewöhnung.

Nach allem, was Sie heute schon gehört und erlebt haben, ist Ihnen bewusst, dass Aussichtsplattformen, Hängebrücken oder freischwebende Treppenkonstruktionen mit Böden aus Eisengitter mit hoher Wahrscheinlichkeit Sturzangst und Höhenschwindel auslösen können. Einen ähnlichen Effekt haben Durchsicht ermöglichende seitliche Begrenzungen aus Eisenstäben, Gitternetzen oder Seilverspannungen. Das gilt unabhängig davon, ob sie ein Objekt mit Gitterboden oder einem durchgängig festverlegten Bodenbelag sichern.

Aber Sie wissen ja schon, was Sie tun können, um diese beiden Höhenangstfaktoren zu reduzieren: »Den Blick im Auge behalten« und sich behutsam an Aus-, Weit- und Tiefblicke gewöhnen. Mehr dazu finden Sie etwas weiter unten bei den Anregungen zu dem, was Sie tun und lassen können.

Bei Eisengitterkonstruktionen kommt noch ein weiterer, im wahrsten Sinne des Wortes irritierender Faktor hinzu, der Schwindel verursachen kann. Wenn Sie auf einem Eisengitter im Stehen nach unten blicken, nehmen die Augen wahr, was unter Ihnen ist, leiten diese Informationen an das Gehirn zur Verarbeitung weiter und Sie können erkennen, wie tief es unter Ihnen hinunter geht.

Wahrscheinlich denken Sie gerade: »Das will ich gar nicht sehen! Das ist viel zu tief!« Möglicherweise haben Sie bisher entweder noch nie solche Untergründe betreten, oder Sie sind leider schon zu weit auf ihnen fortgeschritten. Bei den nächsten Gelegenheiten zum Üben und zur Gewöhnung empfehle ich, sich im unteren Bereich von Gittertreppen, am Anfang von Eisenstegen und durchsichtigen Passagen aufzuhalten. Gehen Sie nur ein paar Schritte und stoppen Sie an einer Stelle, an der es sich für Sie noch nicht so anfühlt, als ob es weit hinuntergehen würde. Nun blicken Sie im Stehen direkt vor den Füßen nach unten, durch das Gitter hindurch. Jetzt können Sie erkennen, was unter Ihnen ist: vielleicht Büsche, Felsen, Bauwerke oder was auch immer. Feststehende Objekte also, an denen sich der Körper in seiner Lage orientieren kann. Dieser Blick kann, je weiter Sie gehen und je höher Sie stehen, möglicherweise Unwohlsein beim ungewohnten Tiefblick auslösen, aber keinen Schwindel.

Nun beginnen Sie zu gehen, oder wenn Sie auf einer Treppe sind, zu steigen. Blicken Sie dabei weiterhin durch die Gitterkonstruktion nah vor den Füßen nach unten. Die Augen nehmen nun weiterhin Informationen über das auf, was sich unter Ihnen befindet, gleichzeitig ergibt die Gitterkonstruktion für die Augen – weil Sie gehen – eine sich permanent ändernde Struktur. Wenn Sie ganz aufmerksam sind, können Sie wahrnehmen, wie der Blick ganz automatisch unablässig und blitzschnell zwischen dem Gitter und den darunter ersichtlichen Objekten hin und her schießt. Ihr Gehirn bekommt auf diese Weise irritierende Informationen geliefert: nah – fern – fest – beweglich. Es kommt schier nicht mehr hinterher mit den Berechnungen und findet auch keine feststehenden Objekte mehr zur Orientierung. Das kann Irritation, Stress und Schwindel auslösen und verstärken. Die Kombination dieser drei Faktoren kann durchaus Angst verursachen.

Einen ähnlichen Effekt können übrigens auch Sturzsicherungen aus enger oder weiter gewebtem Eisengeflecht oder Vergleichbarem in Aussichts- oder Kirchtürmen haben. Die Treppe ist an der Außenseite am Turm befestigt, an der Innenseite der Treppe kann man mit zunehmender Höhe immer weiter nach unten blicken. Allein ein kurzer Blick nach unten kann, weil unvertraut, schon alarmieren. Wenn das Gehirn beim Verarbeiten der optischen Reize auch noch durch die Diskrepanz von Feststehendem (Treppe, Wände und Boden) und schnell Beweglichem (für das Auge bewegt sich das Gitter beim Gehen) irritiert wird, ist es kein Wunder, dass schon beim Aufstieg innerhalb eines Turmes Stress entstehen kann. Dieser Stress nimmt aufgrund von Unkenntnis über die richtige Art des Blickens ständig zu. Sie erinnern sich bestimmt: Je höher der Stresspegel, desto schneller reagiert der Körper auf potenzielle Alarmsignale. Verschießen Sie also Ihr Stress-Resistenzpulver durch falsches Blicken nicht schon IM Turm, damit Sie noch Reserven haben, um sich im richtigen Blicken VOM Turm aus zu üben. Das kennen Sie schon vom Kapitel über Höhenschwindel: vermeiden Sie schnelle Augenbewegungen, lassen Sie den Blick entlang konturierter Objekte wandern, von nah zu fern, von oben in die Tiefe, und lassen Sie dann den Blick nur kurz in der Tiefe oder Weite verweilen.

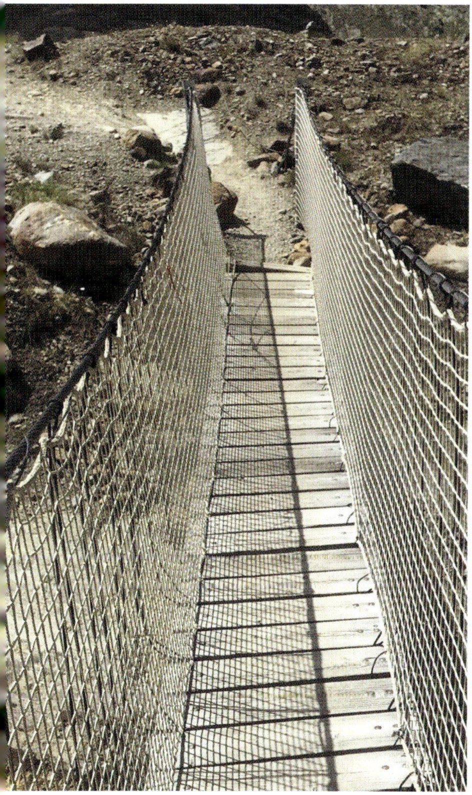

Auch bei seitlichen Gitterkonstruktionen droht beim falschen Blicken eher Schwindel als Sturzangst.

Hängebrücken, Eisenstege und Gitterwege – das kann helfen:

Machen Sie sich vertraut. Für viele Menschen ist das Begehen von Eisengitterwegen oder von ausgesetzten Konstruktionen mit durchblickbaren Seitensicherungen unvertraut. Bei einem bereits erhöhten Stresspegel kann Unvertrautes schnell als Alarmsignal eingeordnet werden und Stress verschärfen oder gleich Angst auslösen. Wenn Ihnen Eisengitterkonstruktionen, Türme und Vergleichbares bislang unheimlich waren und Stress oder Angst ausgelöst haben, gewöhnen Sie sich behutsam und mit erträglichem Stresspegel, aber konsequent und so oft wie möglich an diese Objekte. Ein Turm, eine Eisentreppe, selbst ein Eisensteg über ein schmales Gewässer lassen sich in Ihrer Region wohl finden. Dort können Sie üben: Beginnen Sie unter Anwendung der bereits bekannten Stressregulationstechniken mit einer Übungsstrecke von einem Meter oder zwei, drei Stufen. Am Ende dieser Übungsstrecke bleiben Sie stehen, drehen sich bedächtig um und gehen ohne Hast wieder zurück oder hinunter. Wiederholen Sie das Begehen dieser kurzen Strecke oder dieser zwei, drei Stufen so lange, bis Ihnen diese Aufgabe langweilig wird. Dann verlängern Sie die Übungsstrecke auf anderthalb, vielleicht zwei Meter oder dementsprechend viele Treppenstufen. Gehen Sie bedächtig, tief ein- und ausatmend so lange hin und zurück oder hinauf und hinunter, bis das Ganze wieder langweilig wird. Wenn Sie dann noch Lust und Energie haben, verlängern Sie die Übungsstrecke erneut.

Manchen Menschen gelingt es mit dieser Übung innerhalb kurzer Zeit, Stress zu regulieren und sich relativ entspannt auf Gittern, Stegen oder in Türmen zu bewegen. Andere brauchen länger, manchmal mehrere Wochen. Das sollten Sie wissen, damit Sie nicht zu früh aufgeben und sich vor allem nicht selbst überfordern, falls die Erfolge nicht so schnell eintreten wie erwartet.

Wenn Sie mit einer Begleitung unterwegs sind, die Affinität zu Gittereisen hat und es kaum erwarten kann, die Geisterklamm bei Mittenwald, den Turm der Michaeliskirche in Hamburg oder eine dieser weit über alpine Tiefen herausragenden Aussichtsplattformen zu erobern, gehen Sie ruhig mit – zumindest bis zum Fuße der Attraktion. Dann verabreden Sie einen Treffpunkt und wünschen Ihren Begleitenden eine gute Aussicht. Hier kann niemand verloren gehen, und Ihnen kann nicht viel mehr zustoßen als ordentlicher Kaffeedurst. Und dann üben Sie. Schritt für Schritt, Meter für Meter, hin und zurück, und das in aller Ruhe. Ohne das Ziel, diese Attraktion bewältigen zu müssen, sondern einfach nur mit der Absicht, sich behutsam zu gewöhnen. Selbst wenn Ihnen die Stressregulation in den ersten Momenten noch schwerfällt: Wenn Sie sich beim Üben nicht überfordern, werden Sie merken, dass der Stresspegel mit der Zeit absinkt und Sie am Ende vielleicht doch ganz entspannt und fröhlich grinsend ein Foto von sich in bislang nicht vorstellbarer, luftiger Höhe bekommen.

Richtig blicken. Wie bereits weiter oben erwähnt, entsteht die Irritation und der dadurch ausgelöste Schwindel immer dann, wenn die Augen Informationen über das, was sich unter dem Gitter befindet, aufnehmen, während Sie gehen und dabei zu nah vor sich auf den Boden

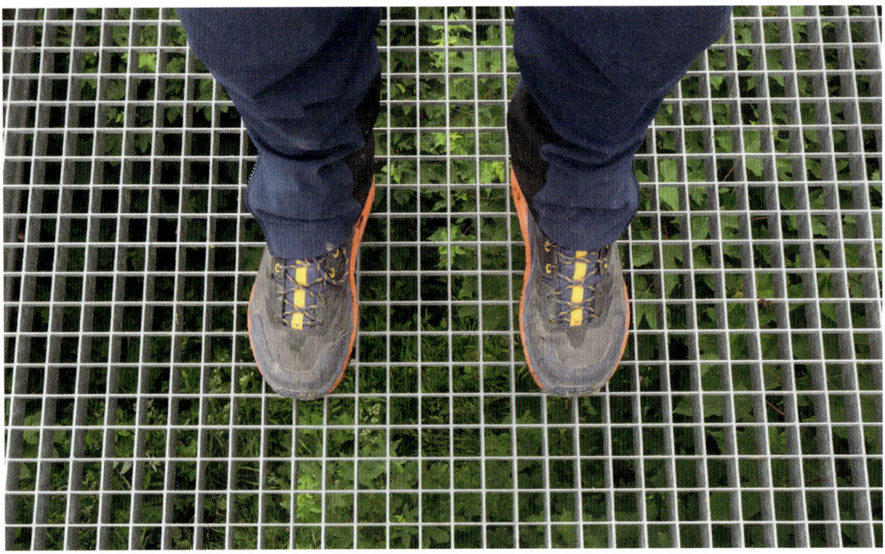

Der direkte Blick nach unten kann Sturzangst auslösen und beim Gehen schwindelig machen.

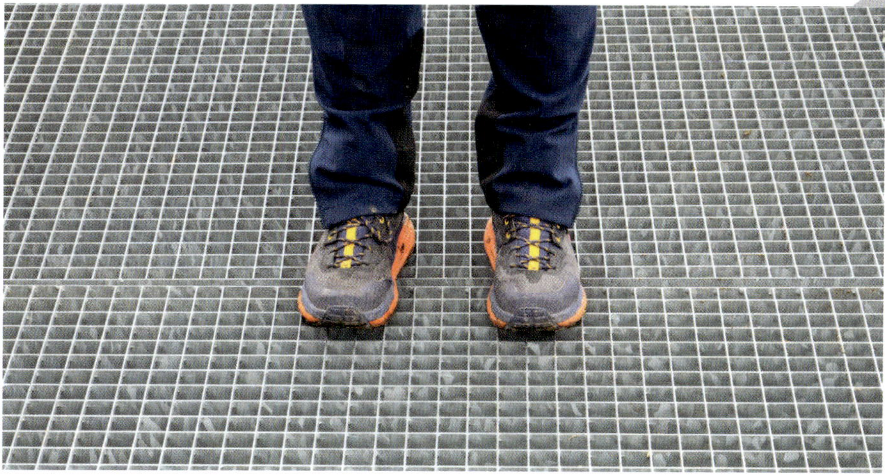

Je weiter Sie den Blick beim Gehen auf einem Eisengitter nach vorn richten, desto einheitlicher erscheint die Fläche vor Ihnen.

blicken. Je weiter Sie jedoch den Blick beim Gehen auf einem Eisengitter nach vorn richten, desto einheitlicher erscheint die Fläche vor Ihnen, und die Augen bekommen auch keine Informationen mehr über die Tiefe unter Ihnen.

Auf Wegen oder Stegen mit durchgehend festem Untergrund, aber seitlich durchblickbarer Begrenzung hingegen nutzt es meistens nicht, wenn Sie den Blick weiter vorn auf die Begrenzung richten. Das Problem sind hier die kurzen, schnellen Seitenblicke. Diese sollten Sie vermeiden und stattdessen den Blick bewusst und konsequent vor sich auf den Boden richten.

Ausblicke? Aber richtig! Wenn Sie sich umsehen oder Ausschau halten möchten, dann nur aus festem Stand heraus. Lassen Sie auch beim Blicken von Türmen, Stegen, Brücken oder luftigen Treppen den Blick stets langsam und entlang konturierter Flächen von nah nach fern oder in die Tiefe wandern. Wenn Sie zum Beispiel oberhalb einer Schlucht auf einem Steg stehen, bleiben Sie stehen, Sie dürfen sich dabei gern am Geländer festhalten, sofern dieses stabil ist, und dieses als taktilen Fixpunkt nutzen. Dann lassen Sie den Blick vom Steg aus so lange an der Wand unter Ihnen entlang in die Tiefe wandern, bis Sie die Talsohle erreicht haben. Lassen Sie den Blick dort unten nur so lange verweilen, wie Ihnen wohl ist. Also nicht zu lange, weil Sie glauben, sich überwinden zu müssen. Das wäre ein falscher Ansatz! Führen Sie dann den Blick auf der gegenüberliegenden Wand der Schlucht wieder nach oben und von dort aus zurück zu nahegelegenen feststehenden Objekten in unmittelbarer Nähe. Ebenso gut können Sie den Blick auf der gegenüberliegenden Seite der Schlucht langsam nach unten in die Tiefe wandern lassen. Beim Weitblicken gehen Sie vergleichbar vor: Lassen Sie dabei den Blick langsam an feststehenden Objekten entlang von sich weg bis zum Horizont wandern und auf demselben Weg wieder zurück.

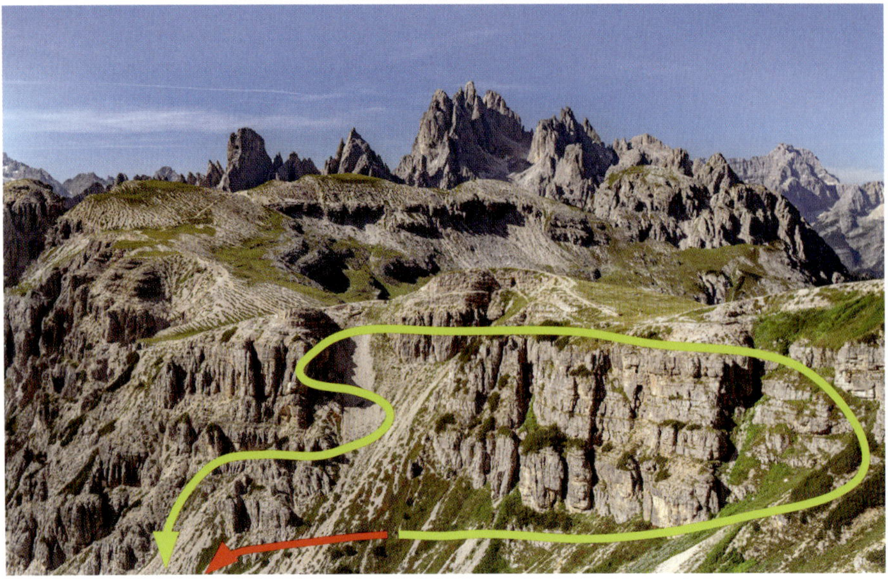

Den Blick entlang der Wände nach unten wandern lassen, unmittelbare Tiefblicke vermeiden.

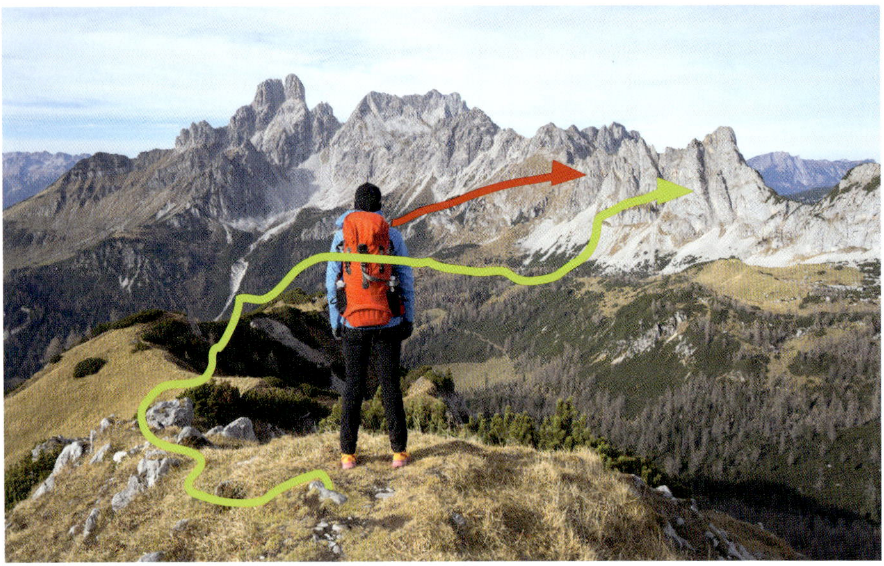

Schöne Aussicht? Den Blick entlang feststehender Objekte in die Ferne wandern lassen, unmittelbare Weitblicke vermeiden!

Rot: schnelles, direktes Blicken in die Tiefe/Weite.
Grün: Blick langsam entlang feststehender Objekte von der Nähe in die Tiefe/Weite wandern lassen.

Entspannt in den Bergen herumgondeln

Bergauf und bergab mit Gondeln, Berg- und Seilbahnen

Erleichtert stellen Sie fest, wie problemlos sich die freischwebende Eisentreppe vom Gipfelrestaurant zum Seilbahnsteig begehen lässt, wenn Sie, anstatt ständig nach unten zu blicken, den Blick weit nach vorn richten: »Wie ganz normaler Boden sieht das aus! Lassen Sie mich noch ein letztes Mal den Ausblick von hier oben genießen!« Soso. Ausblick genießen. Von einem Eisengitter aus. Ich schmunzele und mahne nach einer Weile doch zum Aufbruch, damit wir die nächste Kabine der historisch anmutenden Umlaufseilbahn bekommen, mit der wir gleich zurück ins Tal gondeln werden.

Wie so vielen anderen Menschen sind auch Ihnen Fahrten mit Seilbahnen und Sesselliften eher unheimlich. Auf meine Nachfrage fällt es Ihnen gar nicht leicht, die Ursachen für Ihr Unwohlsein genau zu benennen … vielleicht, weil es so schwankt? Oder weil Sie schon so viel über Zwischenfälle mit Bergbahnen gehört haben?

Diese beiden Argumente sind meiner Erfahrungen nach die beiden häufigsten Gründe für die Abneigung gegen Seil- und Gondelbahnen. Wobei die Erinnerungen an diverse tragische Zwischenfälle eher durch innere Bilder präsent sind und selten offen ausgesprochen werden. In beiden Fällen können Sie selbst etwas unternehmen und bestimmte Verhaltensweisen vermeiden, um sich sicherer zu fühlen und mich beim Ausschau-Halten nach den Gämsen, die in dem Gebiet unterhalb der Seilbahn leben, zu unterstützen.

Zum einen kann es hilfreich sein zu wissen, dass ein Gehirn permanent Bilder, Assoziationen und Gedanken produziert, oft ganz automatisch, ohne dass wir uns dessen bewusst sind oder es beabsichtigen. Das ist völlig normal: Denken, Assoziieren, Vorwegnehmen und Ähnliches sind Aufgaben des Gehirns. Nur manchmal ist das, was das Gehirn gerade produziert, nicht besonders hilfreich. Zum Beispiel sich beim Betreten der Seilbahnstation an gewisse Vorfälle zu erinnern, deren Eintreten um ein Vielfaches unwahrscheinlicher ist als Unfälle im Haushalt oder im Straßenverkehr. Die Bergbahn ist das zweitsicherste Verkehrsmittel nach dem Flugzeug (1 Unfall auf 113 Millionen Kilometer) und weit vor dem Pkw (1 Unfall auf 1,46 Millionen Kilometer): Sie müssten 17,1 Millionen Kilometer lang Seilbahn fahren, um laut Statistik einmal Opfer eines Unfalls zu werden.[3]

Sonderfall Klaustrophobie

Bereits im ersten Kapitel habe ich erwähnt, dass Höhenangst nicht automatisch eine Angststörung sein muss. Die Angst vor dem tatsächlichen oder gefühlten Eingesperrtsein in engen oder geschlossenen Räumen, Röhren oder Tunneln hingegen, also die Klaustrophobie, wird den Angststörungen zugeordnet.[4]

Schätzungsweise leiden etwa sieben Prozent der Bevölkerung unter klaustrophoben Ängsten. Leider kann mein Training in diesem Fall nicht helfen. Wenn Sie bei sich selbst eine Klaustrophobie vermuten, empfehle ich eine ärztliche oder psychotherapeutische Abklärung sowie gegebenenfalls die entsprechenden Therapie.

Ganz bei den Sinnen zu sein, kann störende Gedanken reduzieren

Sich dessen bewusst zu werden, was im Gehirn alles abläuft, kann man lernen. Ebenso wie die Fähigkeit, bestimmte Gedanken einfach wieder vergehen zu lassen anstatt sie aufzugreifen, mit weiteren Gedanken zu füttern und diese Gedankengebilde dadurch immer größer und bedrohlicher werden zu lassen. Dies kann beispielsweise durch Meditation oder durch sogenannte achtsamkeitbasierte Verfahren erreicht werden. Wenn Sie allerdings gerade hier und jetzt, im Wartebereich auf die nächste Gondelbahn, (noch) nicht über diese Fähigkeit verfügen, kann vielleicht eine andere, wissenschaftlich gut belegte Tatsache dabei helfen, mit störenden Gedanken oder Bildern umzugehen: »Wenn Sie ganz bei den Sinnen sind, sind Sie nicht im Denken.«

Ganz bei den Sinnen zu sein bedeutet, die Aufmerksamkeit darauf zu richten, was Sie über die Sinne wahrnehmen können: hören, tasten, spüren, riechen, sehen oder schmecken. Die Verarbeitung von Sinneseindrücken aktiviert bestimmte Areale im Gehirn, wodurch die Aktivität in anderen, für Gedanken, Assoziationen und mentale Vorstellungen zuständigen Arealen gedämpft wird.[5] Anstatt sich also vor und während einer Seilbahnfahrt weiterhin vergeblich darin zu versuchen, positiv zu denken oder sich sogenannte Glaubenssätze an- oder abzutrainieren – vergeblich deshalb, weil solche kognitiven Ansätze mit zunehmendem Stress immer weniger gut funktionieren –, üben Sie sich lieber darin, Ihre Aufmerksamkeit auf das zu fokussieren, was Sie hier und jetzt gerade tasten, spüren, hören oder riechen können. Spüren Sie den Rucksack in den Händen oder auf den Schenkeln? Spüren Sie Sonnenwärme oder einen kalten Luftzug auf der Haut? Können Sie mit den Füßen die Bodenbeschaffenheit der Gondel ertasten? Können Sie im Sessellift den Druck der Hände, die sich um den Haltebügel spannen, variieren? Mal fester, mal leichter zudrücken … was verändert sich? Und falls es Ihnen früher oder später doch noch möglich ist, die Augen zu öffnen oder aus dem Fenster zu blicken: Was können Sie alles entdecken? Worüber können Sie staunen?

Schwindel durch gegenläufige Sinneswahrnehmungen

Sessellifte und Seilbahnen können tatsächlich schwanken. Ältere Modelle stärker, während bei modernen Seilbahnanlagen das Schwanken durch Stabilisatoren auf ein Minimum reduziert ist. Dafür haben die dann meistens große Panoramafenster für ungehinderte Weit- und Tiefblicke. Nicht für alle ein Vergnügen, weil dadurch Sturzangst und Höhenschwindel entstehen und zunehmen können.

Das Schwanken von Gondeln, Sesseln und Kabinen kann bei manchen Menschen Schwindel auslösen. Allerdings wird dieser Schwindel weniger durch spärlich vorhandene oder fehlende feststehende Objekte in der Nähe ausgelöst. Vielleicht erinnern Sie sich an einen »unheimlichen Sessellift«, der mitten durch den Wald führte und in dem Ihnen trotz zahlreicher Bäume um Sie herum »irgendwie so schwindelig« war.

Diese Art von Schwindel, wie sie in Seilbahnen, aber auch auf Schiffen oder in Aufzügen auftreten kann, entsteht dadurch, dass ungewohnte beziehungsweise unerwartete Bewegungen (Schweben oder Schwanken) auf widersprüchliche Sinneseindrücke (Schwanken trotz sicherem Sitzen oder festem Stand plus ungewohnter Tiefblick) treffen. Den nun einsetzenden Prozess kennen Sie bereits aus den vorangegangenen Kapiteln: Kopf und Körper sind für einen kurzen Moment irritiert, registrieren dann sicherheitshalber erst einmal die möglichen Bedrohungen (Schwanken und Tiefe) und reagieren daraufhin womöglich mit Stress oder Angst.

Entspannt in Seilbahnen, Gondeln, Sesselliften und Aufzügen – das kann helfen:

Visuelle Fixpunkte innerhalb oder in der unmittelbaren Nähe des Gefährts suchen. Lenken Sie den Blick auf mögliche visuelle Fixpunkte, entweder innerhalb der Gondel, der Kabine oder am Sessel oder außerhalb, aber in der Nähe. Bei Bahnen in großer Höhe lieber bergauf als bergab blicken, um Tiefblicke zu vermeiden. So reduziert sich die irritierende Diskrepanz zwischen dem Schweben und Schwanken des Gefährts und den feststehenden Objekten inner- oder außerhalb der Kabine. Ich erlebe häufig, dass es individuelle Unterschiede bei der hilfreicheren Art von visuellen Fixpunkten gibt: Einigen Menschen hilft es eher, wenn sie den Blick auf etwas innerhalb des Gefährtes richten, andere empfinden weniger Schwindel beim Blick auf etwas Feststehendes außerhalb des Gefährts. Probieren Sie – tief atmend und körperlich so entspannt wie möglich – selbst aus, was Ihnen persönlich besser tut.

Taktile Fixpunkte nutzen: fester Stand, stabiler Sitz, festhalten. Bleiben Sie dabei möglichst locker und entspannt. Vermeiden Sie es, sich krampfhaft irgendwo festzuhalten. Nutzen Sie das Prinzip »Ganz bei den Sinnen zu sein«, siehe nächster Abschnitt.

Auf die Sinne fokussieren anstatt auf das, was alles passieren könnte. Beim Prinzip »Ganz bei den Sinnen sein« variieren Sie zum Beispiel den Händedruck beim Festhalten oder versuchen, jene Körperregionen deutlicher zu spüren, an denen Sie Kontakt zur Stand- oder Sitzfläche haben. Dadurch erleichtern Sie dem Gehirn die Orientierung an taktilen Fixpunkten. Sie können auch so verfahren wie ein kreativer Kursteilnehmer gemacht hat. Noch vor dem Betreten der Kabine zückte er sein Mobiltelefon und hat sich vorbereitet, um gleich auf den ersten Metern Fahrt seine Lieblingsmusik in voller Lautstärke abspielen zu können. (Als Kind hat vielleicht der eine oder andere laut gesungen, als er in den Keller ging, erinnern Sie sich? Leise singen hat schon damals nicht geholfen.) Eine überzeugende und ansteckende Umsetzung des Prinzips »Ganz bei den Sinnen zu sein«! Den anderen Gondelpiloten blieb gar nichts anderes mehr übrig als zuzuhoren und ob des ausgefallenen Musikgeschmacks zu schmunzeln.

Das mit der Gondelbahnfahrt hat viel besser geklappt, als Sie erwartet haben! Anders als bisher ist es Ihnen gelungen, Stress zu regulieren und das Maß der Aufregung auf einem erträglichen Niveau zu halten. Im Laufe der Seilbahnfahrt wurden Sie daher zunehmend entspannter und ruhiger, und als dann wirklich noch drei Gämsen im Steilhang unter der Seilbahn aufgetaucht sind, haben Sie ergriffen gestaunt: So nah hatten Sie diese schönen Tiere bislang noch nicht gesehen!

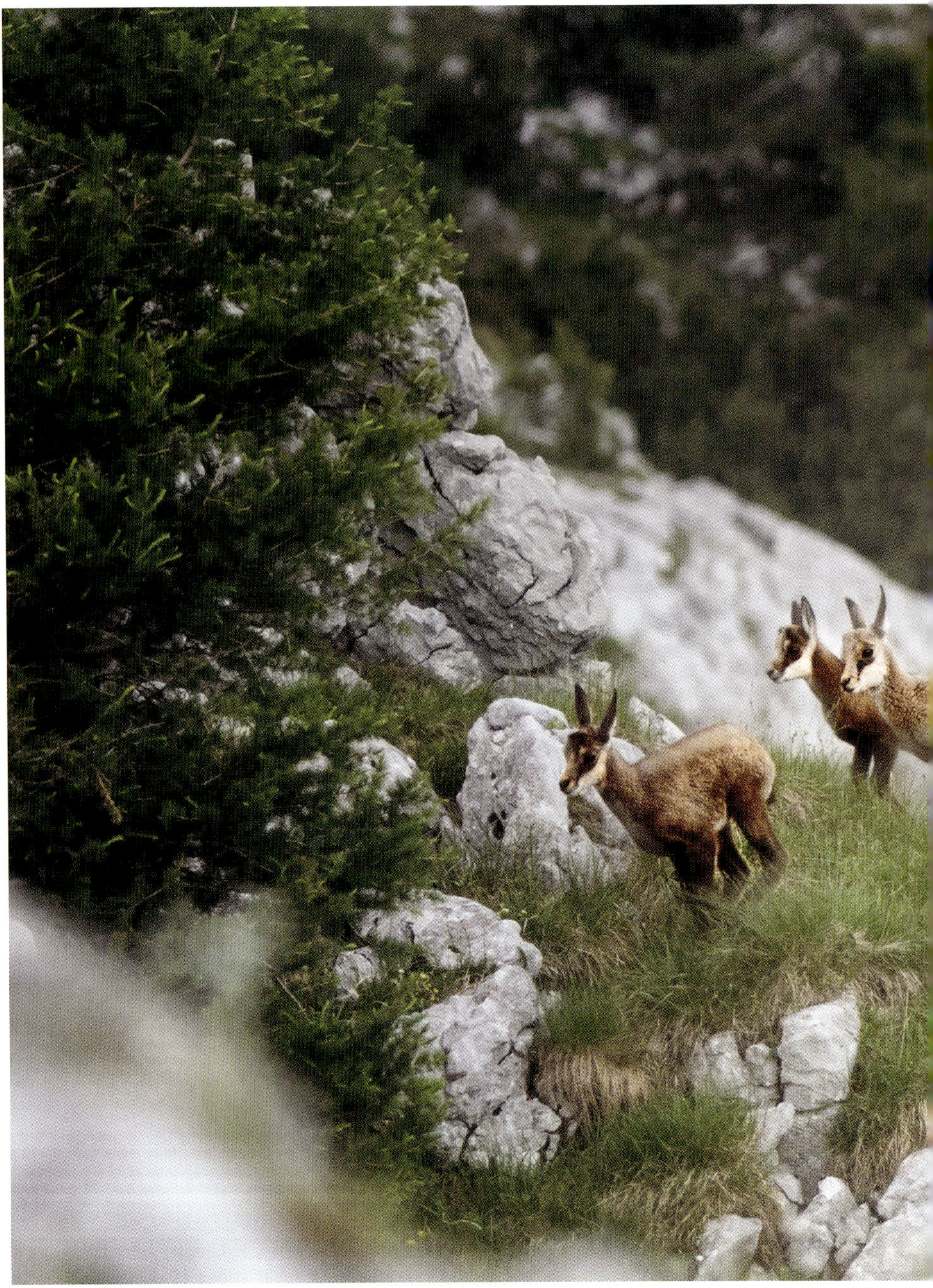

Irgendwo da unten müssen sie sein, die Gämsen.

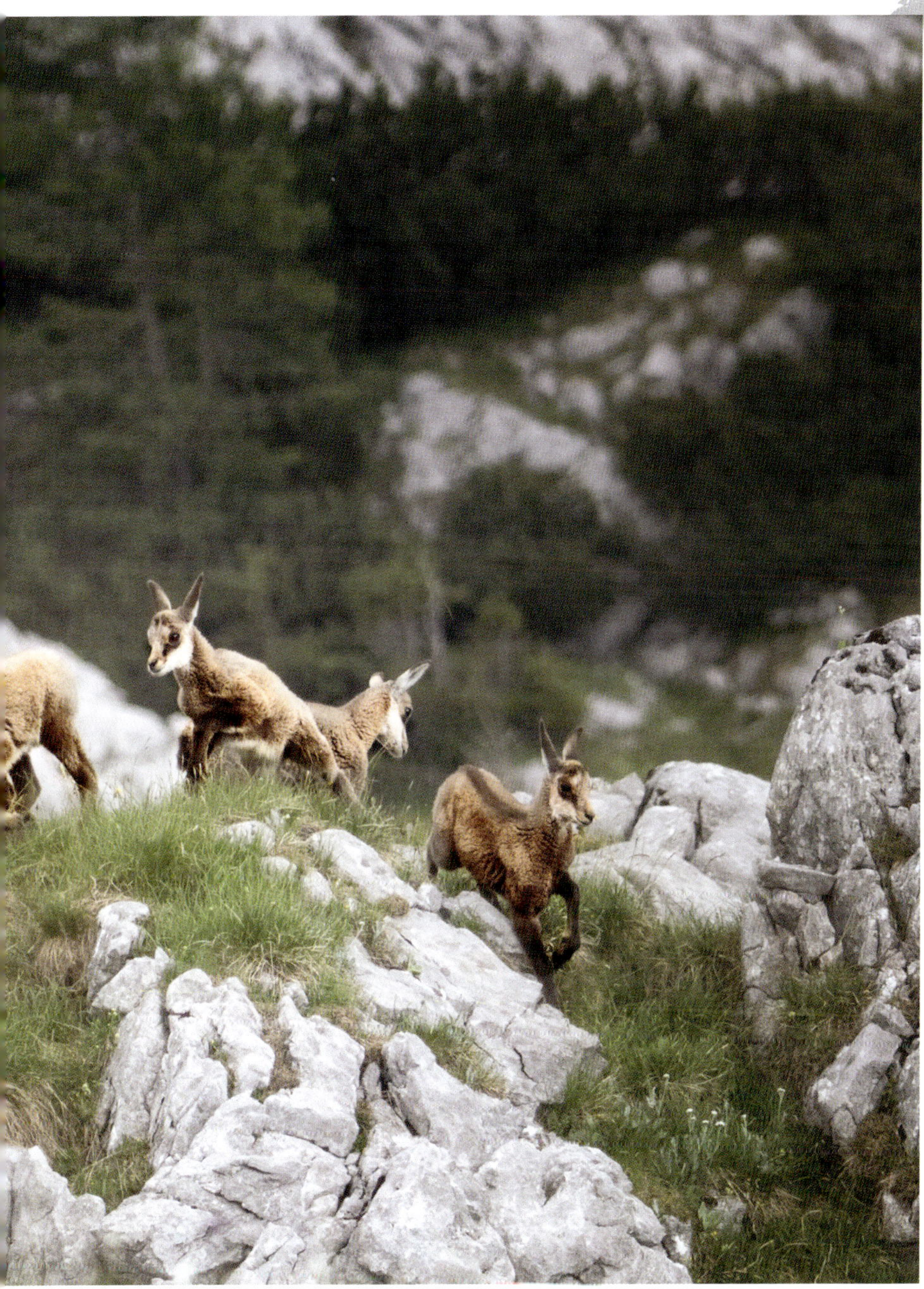

KAPITEL 5

Hilfreiche Stimmen im Ohr: Höhenmütige berichten

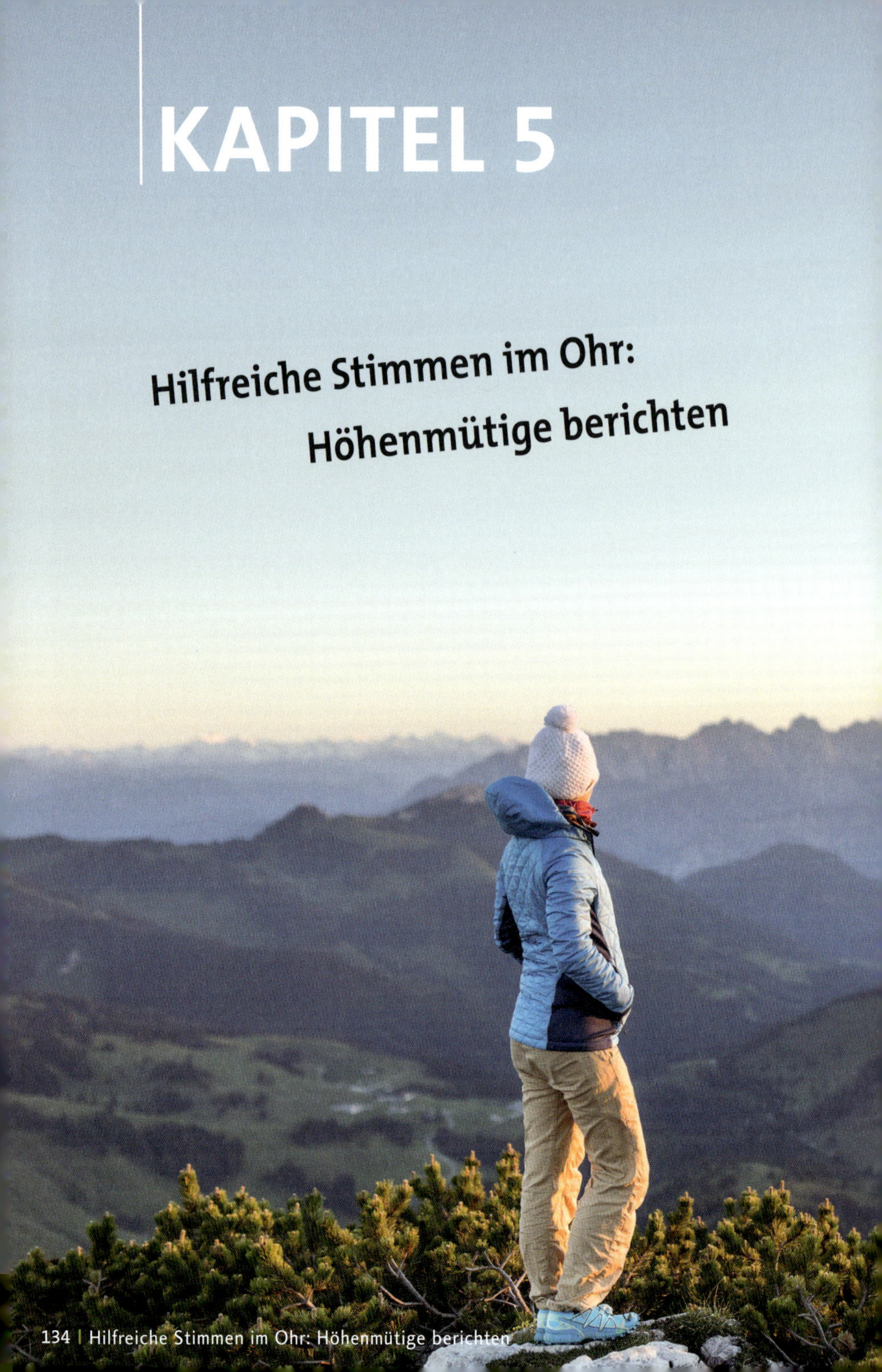

Was bisherigen Kursteilnehmerinnen und Kursteilnehmern zu mehr Höhenmut verholfen hat

Nun sitzen wir wieder im tiefen Tal auf unserer Bank von heute morgen. Müde, aber zufrieden strecken Sie die Beine lang aus, falten die Hände über dem Bauch und sind stolz und glücklich über das, was Ihnen heute alles gelungen ist. Aus meinem Rucksack nehme ich eine kleine stabile Schreibunterlage mit Stift und bitte Sie zum Abschluss unseres Höhenmuttrainings, sich Notizen zu machen: Was hat Ihnen gutgetan, was hat am meisten geholfen, was ist für Sie persönlich wichtig und bemerkenswert, was möchten Sie auf Ihren nächsten Übungstouren unbedingt umsetzen oder ausprobieren, und was fällt Ihnen zu heute sonst noch ein, dass Sie nicht vergessen möchten?

»Atmen! Ich habe schon oft gelesen, wie wichtig das Atmen ist, beim Yoga machen wir sogar regelmäßig Atemübungen. Aber mir war nicht bewusst, wie oft und vor allem wie unbemerkt ich die Luft anhalte, wenn es kniffelig wird.«

»Auf dem Hinweg den Rückweg checken! Stellen auf dem Hinweg, über die ich mir bisher die ganze Zeit über Sorgen gemacht haben, ob ich da jemals wieder hinunterkomme, gleich zu üben!«

»Erst einmal schauen. Das wird mein Motto fürs Wandern und für mein Leben überhaupt! Ich mache mir immer so viele Sorgen um alles, das Meiste davon trifft dann gar nicht ein, aber das stresst mich und verdirbt mir jede Gelegenheit, Schönes am Wegesrand zu entdecken.«

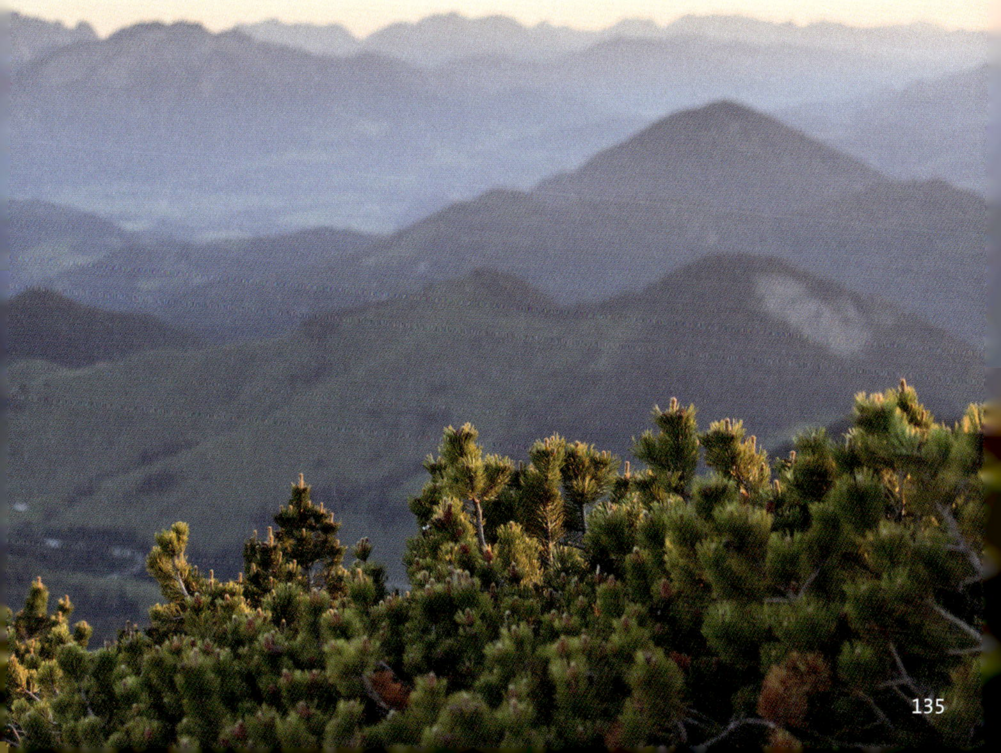

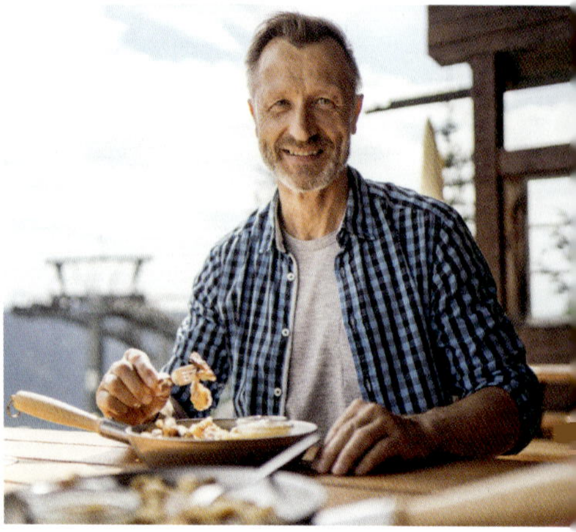

»**Feste auftreten.** Ich bin bisher immer zu zögerlich und zu ängstlich gegangen. Beim richtig feste auftreten – und da hilft mir die Anweisung Schritt!! Schritt!! Schritt!! – kann ich spüren, dass ich mich auf das Profil meiner Schuhsohlen verlassen kann und fühle mich gleich viel sicherer.«

»**Brustbein hoch!** Das hilft mir dabei, schnell wieder ins Gleichgewicht zu kommen. Und Deine Anregung »als ob ich ein königinnenhaftes Medaillon auf der Brust trage«, lässt mich gleich viel souveräner gehen!«

»**Bis zum nächsten sicheren Punkt**! Das nimmt mir den Druck, immer weitergehen zu müssen, obwohl ich nicht weiß, was da kommt. Das hat mir bisher immer große Sorgen bereitet: nicht zu wissen, was da hinter der nächsten Kuppe ist. Jetzt gehe ich bis zum nächsten sicheren Punkt, bleibe stehen, schaue ich mir das in aller Ruhe an und entscheide dann mit klarem Kopf, wie es weitergeht, anstatt wie bisher in Angst und Schrecken. Witzig finde ich ja, dass an 80 Prozent der Stellen, die mir bei unserer Wanderung heute auf den ersten Blick Sorgen bereitet haben, überhaupt nichts von dem, vor dem ich mich gefürchtet habe, zu sehen war.«

»**Gehen wie ein Seemann oder Cowboy** hilft mir mich zu erinnern, den Körperschwerpunkt bei jedem Tritt über den auftretenden Fuß zu verlagern und lockerer, beweglicher zu gehen. Sieht wahrscheinlich ein wenig seltsam aus, aber ich fühle mich dadurch sicherer.«

»**Kurze Schritte anstatt langer** sparen Kraft und geben mir mehr Sicherheit, egal ob bergauf oder bergab. Das hilft mir enorm!«

»Dein Satz: **›Wenn es unterwegs mal gar keinen Spaß mehr macht**, einfach umdrehen, den entspannten Weg nehmen und auf der Alm in aller Ruhe einen Kaiserschmarrn essen‹, hat mich schwer beeindruckt. Auf die Idee, eine Tour einfach mal nicht mit aller Gewalt zu Ende bringen zu wollen, wäre ich von allein nicht gekommen.«

»Durch das Training stelle ich fest, dass ich **weniger unter Höhenangst, als vielmehr unter einer Art »Lebensangst«** leide: Ich mache mir viel zu schnell und viel zu viele Gedanken und Sorgen um alles Mögliche, fast schon automatisch und wie aus Gewohnheit. DAS werde ich in Zukunft angehen, am besten mit professioneller Hilfe.«

»**Die Erklärungen zum Höhenschwindel!** Davon hatte ich ja bisher keinen blassen Schimmer, nun kann ich viele meiner bisherigen beängstigenden Erlebnisse viel besser verstehen. Sehr hilfreich finde ich es, den Blick langsam wandern zu lassen, von nah zu fern und von nah zu tief: Das gibt viel Ruhe, und mir wird auch nicht mehr schwindlig.«

»Mich vor dem Checken von unübersichtlichen Stellen mit potenzieller Höhenschwindelgefahr **klein zu machen und die Hände auf den Boden zu legen.** Dadurch kann ich mir in Ruhe ansehen, was hinter oder unter dem Wegesrand liegt. Außerdem wird das meine Notfallmaßnahme, falls ich mich aus Versehen doch mal wieder zu weit wage. So kann ich den Schwindel stoppen und mich durch tiefes Atmen wieder beruhigen, bevor ich entscheide, wie es weitergeht.«

»Wartezeiten zum Üben nutzen. Es kam schon mal vor, dass ich ab einer bestimmten Stelle nicht mehr weitergegangen bin und dort auf meine Mitwandernden gewartet habe, bis die vom Gipfel wieder zurückkamen. Wenn ich wieder mal nicht weiter mitkommen möchte, und mein Warteplatz sicher und geeignet ist, werde nicht mehr einfach nur rumsitzen, sondern die Zeit zum Üben nutzen!«

»Dass ›Sich-überwinden-Müssen‹ gar nichts bringt. Ich dachte bisher immer, ich müsste mich dazu zwingen, in die Tiefe oder Weite zu blicken, um mich daran zu gewöhnen. Jetzt verstehe ich, warum meine Höhenangst dadurch schlimmer statt besser wurde, und ich werde in Zukunft behutsamer vorgehen. Stresspegel auf 3, höchsten 4 und viel üben. Ich bin ja nicht gerade der geduldigste Mensch, aber diese Lektion habe ich verstanden: Jede Überforderung kann in meinem Kopf einen weiteren Alarmknopf installieren. Besser, ich übe mich in Geduld und freue mich über jede noch so kleine gelungene Erfahrung.«

… wie Eisengitterpassagen vor mir zu einer einzigen Fläche werden, wenn ich richtig schaue! Ich habe bisher beim Gehen tatsächlich andauernd hektisch und ängstlich direkt durch das Gitter nach unten gesehen und mich gewundert, warum mir so komisch wurde.«

»Ich werde meinem Mann sagen, er soll **einfach öfter mal die Klappe halten.** Der macht mich noch ganz verrückt mit seinen Sprüchen. Obwohl, eigentlich meint er es ja nur gut, aber er kann einfach nicht verstehen, wann und warum es mir an manchen Stellen so schlecht geht, und er weiß auch nicht, wie er mir helfen kann.«

Stopp! Das kann ich so nicht stehen lassen. Da möchte ich doch ganz zum Schluss noch ein kurzes Kapitel anhängen darüber, wann und auf welche Weise sich Menschen mit Höhenangst Unterstützung von anderen wünschen. Weil darüber viel zu selten gesprochen wird: aus Unwissenheit, weil man sich nicht blamieren möchte, weil man selber nicht weiß, was einem helfen könnte oder schlimmstenfalls aus Überheblichkeit. »Wie kann man sich so anstellen, da geht's doch bloß vier Meter runter, und der Weg ist echt toll in den Felsen gehauen.«

Öfter mal die Klappe halten … kann, muss aber nicht helfen

Hilfestellungen für Hilfsbereite

Wenn man nicht selbst davon betroffen ist, kann es tatsächlich schwerfallen, Höhenstress, Höhenangst und Höhenschwindel nachzuvollziehen. Dieses Unverständnis wiederum kann von den Betroffenen nicht verstanden und als Unwille oder Lieblosigkeit ausgelegt werden, was bei allen Beteiligten den Stresspegel erhöhen kann. Ab und zu erlebe ich auch, dass Höhenstress gar nicht so viel mit der

Höhe selbst zu tun hat, sondern vielmehr mit latenten oder offen ausgetragenen Unstimmigkeiten zwischen zwei Personen. Die können weit über die Diskussion hinausreichen, ob ein Weg begehbar ist, oder ob Bergwandern überhaupt eine geeignete Form gemeinsamer Unternehmungen ist. Häufiger allerdings beobachte ich bei den Höhenmut-Paartrainings oder bei fremden Paaren unterwegs, dass der oder die nicht von Höhenangst betroffene Partner:in sich keineswegs lieblos verhält, sondern vielmehr mitfühlend. Aber eben auch hilflos und nicht selten traurig darüber, was der oder die Partner:in in einem Höhenangstmoment durchleben muss.

Die Möglichkeiten, ob und auf welche Art sich jemanden mit Höhenstress oder Höhenangst vor und während einer Tour Unterstützung wünscht, sind so verschieden wie die Stellen und Situationen, die Probleme machen können. Es ist daher schwierig, allgemeingültige Anregungen zur Hilfestellung zu geben.

Meiner Erfahrung nach wird entweder aus Scham, Unwissenheit oder weil Sie bereits zu stark gestresst oder verängstigt sind, viel zu selten offen darüber gesprochen, in welchen Situationen und auf welche Art sich Höhenängstliche Unterstützung wünschen. Oder wann andere besser nichts sagen oder tun sollen. Deswegen möchte ich Sie mit der nachstehenden Checkliste anregen, sich Gedanken darüber zu machen, was Ihnen helfen könnte und was nicht, und das dann in den Spalten rechts entsprechend zu kennzeichnen. Diese Aufstellung mit den Beurteilungen der jeweiligen Maßnahmen als »hilfreich – ausprobieren – nicht nötig – das nervt« kann anschließend als Gesprächsgrundlage für den Austausch mit Ihrer Wanderbegleitung dienen. Entweder in

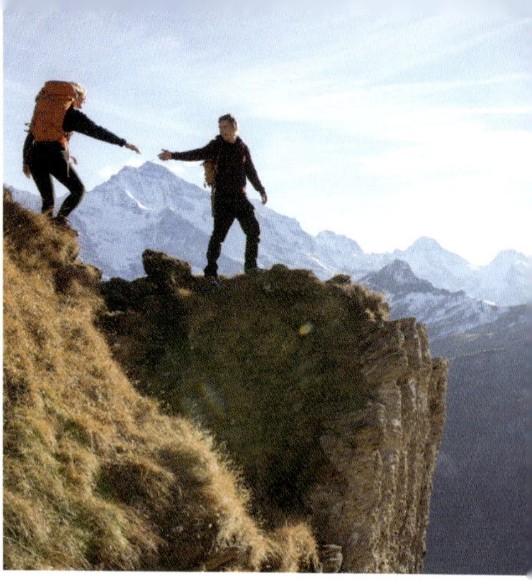

einem persönlichen Gespräch, oder Sie bitten die Person, von der Sie sich Unterstützung wünschen, sich aber nicht so recht trauen, das offen zu sagen, dieses Buch mitsamt der ausgefüllten Checkliste zu lesen. Woraufhin sich dann hoffentlich für Sie beide erhellende und hilfreich Gespräche ergeben.

Checkliste: Hilfestellungen und Unterstützung

Bitte beachten Sie, dass jede der vorgestellten Maßnahme nur dann angewendet werden darf, wenn sie in der entsprechenden Situation kein zusätzliches Risiko darstellt. Weder für Sie noch für Ihre Begleitung, auch nicht für unbeteiligte Personen oder Bergretter.

Checkbox-Legende:

☺ = das kann mir helfen
?? = ich bin nicht sicher, lass es mich/uns ausprobieren
nn = das ist **n**icht **n**ötig
☹ = das nervt mich, bitte bleiben lassen!
* = vorab entsprechende (Hand-)Zeichen vereinbaren

Teil A: Hilfestellung beim Finden und Ausdrücken von Maßnahmen, die Ihnen helfen könnten:

Lass uns die Touren gemeinsam aussuchen und planen.	☺️	??	nn	☹️
Lass mich die Touren selbstständig aussuchen und planen.	☺️	??	nn	☹️
Lass uns zunächst einmal einfachere Touren gehen.	☺️	??	nn	☹️
Lass uns zunächst einmal kürzere Touren gehen.	☺️	??	nn	☹️
Trau mir ruhig etwas mehr zu!	☺️	??	nn	☹️

Bitte erinnere mich rechtzeitig daran, …

- … tief und ruhig zu atmen.	☺️	??	nn	☹️
- … den Rückweg zu checken.	☺️	??	nn	☹️
- … feste aufzutreten: Schritt!!! Schritt!!! Schritt!!!	☺️	??	nn	☹️
- … das Brustbein anzuheben.	☺️	??	nn	☹️
- … den Weg zu scannen.	☺️	??	nn	☹️
- … locker, beweglich, lebendig zu gehen.	☺️	??	nn	☹️
- … mein »ideales Gangbild« einzunehmen.	☺️	??	nn	☹️
- … Höhenschwindelgelände rechtzeitig zu erkennen.	☺️	??	nn	☹️
- … »den Blick im Auge zu behalten«.	☺️	??	nn	☹️
- … wo und wann ich eine solche Stelle schon einmal gut gemeistert habe.	☺️	??	nn	☹️

Bitte lass mir Zeit …

- … die Stress-Regulationstechniken anzuwenden.	☺️	??	nn	☹️
- … für den »Lagecheck«.	☺️	??	nn	☹️
- … bestimmte Stellen mehrmals zu üben.	☺️	??	nn	☹️
- … für Erholungspausen.	☺️	??	nn	☹️
- … zum Genießen.	☺️	??	nn	☹️
- … für's »Erstmal-Schauen!«	☺️	??	nn	☹️
- … mich nach kritischen Momenten wieder abzuregen und zu beruhigen.	☺️	??	nn	☹️

Das kannst Du tun:

- Lass mich an bestimmten Stellen deine Hand nehmen.	☺️	??	nn	☹️
- Gehe dicht vor mir, damit ich auf deine Füße sehen kann.	☺️	??	nn	☹️
- Bleibe in meiner Nähe.	☺️	??	nn	☹️
- Gehe ein bisschen weiter weg oder voraus.	☺️	??	nn	☹️
- Lasse mich auf ein bestimmtes Zeichen* hin bitte in Ruhe.	☺️	??	nn	☹️
- Bitte schweige auf ein bestimmtes Zeichen* hin.	☺️	??	nn	☹️
- Stelle dich nah zu mir und atme hörbar tief und langsam.	☺️	??	nn	☹️
- Stelle dich vor mich und schirme mich ab.	☺️	??	nn	☹️
- Rede mir gut zu und ermutige mich.	☺️	??	nn	☹️
- Sage am besten gar nichts.	☺️	??	nn	☹️
- Lach doch öfter mal mit mir!	☺️	??	nn	☹️
- Sage mir ehrlich, wie es dir damit geht, wenn wir eine Tour abbrechen oder eine andere Route wählen, damit ich mir wegen meiner Gedanken darüber nicht umsonst den Kopf zerbreche.	☺️	??	nn	☹️

Anstatt zu sagen ______________________,
sag doch lieber ______________________

Anstatt zu tun ______________________,
tu doch lieber ______________________

Das kannst Du tun:

Sage mir bitte deutlich und rechtzeitig, wenn du dich schon bei der Planung einer Tour überfordert fühlst.	☺️	??	nn	☹️
Sage mir bitte deutlich und rechtzeitig, wenn du dich während einer Tour überfordert fühlst.	☺️	??	nn	☹️
Sage mir unterwegs bitte deutlich, wann und wie ich Dir helfen kann.	☺️	??	nn	☹️
Lass uns zeitweilig auch ohne einander wandern oder bergsteigen gehen, um danach wieder unbeschwerte Zeit mit dem zu verbringen, was uns beiden und gemeinsam Freude bereitet.	☺️	??	nn	☹️

Anstatt zu sagen ______________________,
sag doch lieber ______________________

Anstatt zu tun ______________________,
tu doch lieber ______________________

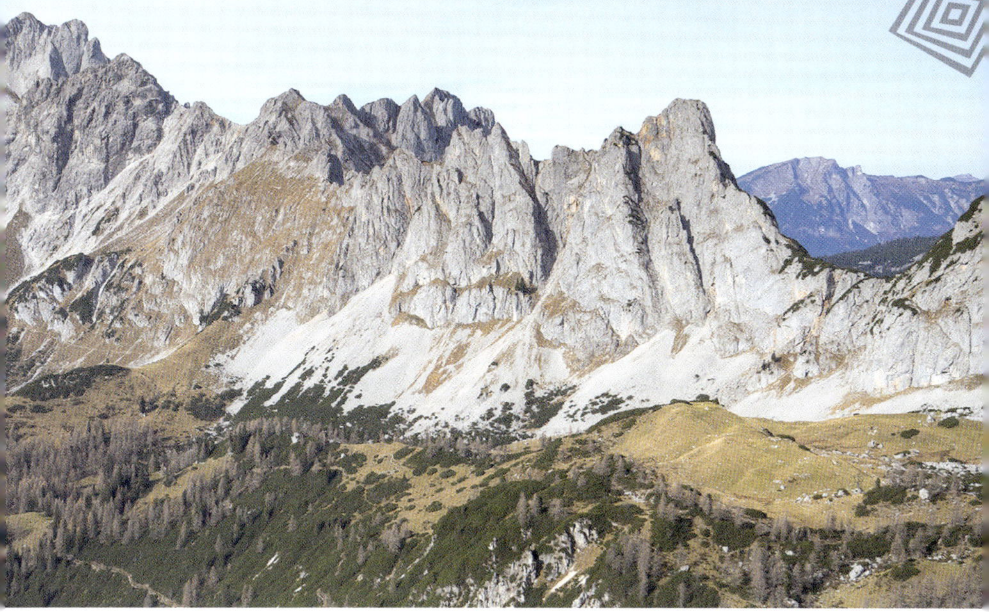

Was Fremde tun können, die unterwegs unterstützen möchten:

- → Offen fragen: »Kann ich Ihnen helfen? Was kann ich tun?«
- → Anbieten, über eine Passage die Hand zu reichen (sofern gefahrlos möglich).
- → Anbieten, dem oder der Verängstigten nah voranzugehen, um deren Blick Führung zu ermöglichen.
- → Kein großes Gewese um den oder die Betroffenen zu machen → keine zusätzliche Scham zu verursachen.
- → Ruhe und Zuversicht ausstrahlen.
- → Andere Wegenutzer freundlich darauf aufmerksam machen, vom Betroffenen Abstand zu halten, Ruhe zu bewahren und nichts Unnötiges zu sagen, was die Situation verschlimmern könnte.

Vor einer Kursteilnahme sollten Betroffene den Kursleiter schon bei der Anmeldung über Ihre Höhenangst informieren und klären, ob die Teilnahme unter den gegebenen Umständen möglich ist. Gegebenenfalls können Anbieter:innen oder Kursleitende schon bei der Anmeldung abfragen oder um Nachricht bitten, wenn jemand unter starker Höhenangst leidet (zum Beispiel durch eine Checkbox im Anmeldeformular). Wenn Kursleitende unterwegs unerwartet mit starker Höhenangst einzelner Teilnehmer:innen konfrontiert werden, kann das zu erheblichen Umständen für die ganze Gruppe führen.

Bergerfahrene können verpflichtet sein, andere – vor allem bei offensichtlich fehlender Befähigung – auf potenzielle Risiken und Gefahren aufmerksam zu machen. Verbuchen Sie daher entsprechende Hinweise von Fremden, Kursleitenden oder Bergpersonal bitte dankend unter dem Aspekt der Aufklärungspflicht statt unter »blöden Sprüchen«.

Jetzt sind Sie dran!

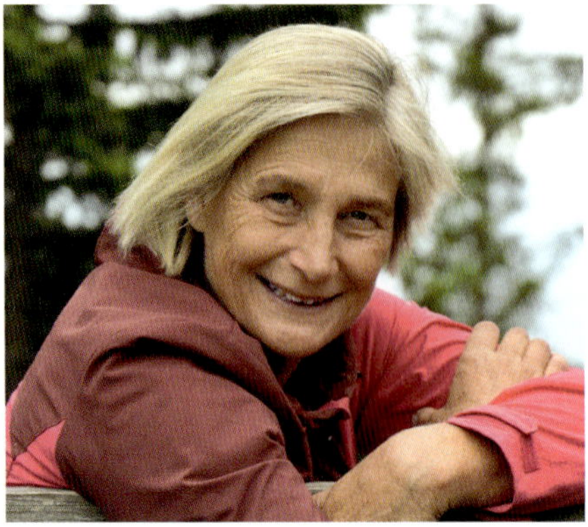

In Ihrem Blick kann ich sehen, dass bei Ihnen der Groschen gefallen ist: »Ha! Miteinander reden. Sagen, was mir hilft und was ich mir wünsche. Das habe ich bisher viel zu selten gemacht«, murmeln Sie leise vor sich hin, atmen einmal tief durch und erklären dann strahlend: »Das Beste an unserem Tag heute war zu erleben, was ich alles selbst tun und lassen kann, wenn meine Höhenangst mal wieder zuschlägt. Und wie wichtig es ist, meinen Stress rechtzeitig zu regulieren, sodass meine Angst gar nicht erst so übermächtig wird und schneller wieder vergeht. Jetzt freue ich mich so richtig auf meine nächsten Wanderungen und aufs Üben!«

Das freut mich sehr zu hören! Nun bleibt mir nur noch, Ihnen viele schöne, gelingende Bergerlebnisse zu wünschen. Dazu den Mut, die eine oder andere Anregung aus diesem Buch dabei konsequent umzusetzen. Und den Mut, rechtzeitig aufzugeben, bevor Sie sich überfordern. Dann doch lieber viele kleine und größere gelingende Erfahrungen, die Freude, Mut und Selbstvertrauen schenken!

Vielen Dank und alles Gute!

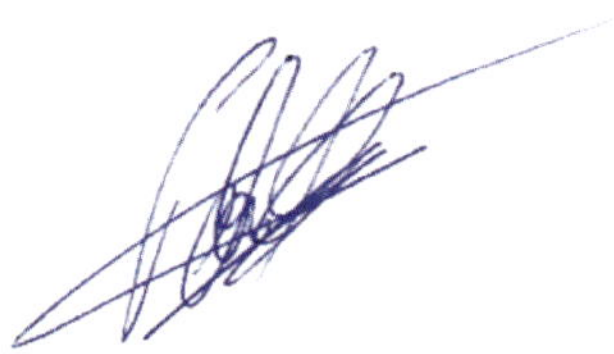

Petra Müssig

Quellen/Fußnoten

1 »Das Können ist des Dürfens Maß.« https://www.bergwelten.com/a/vom-koennen-und-duerfen-am-berg#: :text=Das%20Können%20ist%20des%20Dürfens,Preuß%20(1886%2D1913).

2 Höhenschwindel betrifft rund 30 % der Bevölkerung https://www.gesundheitsforschung-bmbf.de/de/wenn-ein-blick-in-die-tiefe-alarm-in-kopf-und-beinen-auslost-14160.php

3 Bergbahnunfälle-Statistik: https://www.rainews.it/tgr/tagesschau/articoli/2021/05/tag-Seilbahn-Stresa-Absturz-Cavalese-Cermis-Sicherheit-Verkehrsmittel-Statistik-3cf4d12e-51ea-4991-bbb0-3c5165ff3b8a.html

4 Klaustrophobie: https://de.wikipedia.org/wiki/Klaustrophobie

5 Unterschiedliche Aktivierung von Gehirnarealen »Die Wissenschaft der Achtsamkeit« von Prof. Yi-Yuan Tang, Junfermann Verlag, ISBN: 978-3-95571-782-7, Seiten 23 ff

Kontakt zur Autorin:

Homepage: www.hoehenmut.de
Email: petra@hoehenmut.de